山东师范大学
法学院博士文丛

两汉经义法律化研究

林丛 著

法律出版社 | LAW PRESS
北京

图书在版编目（CIP）数据

两汉经义法律化研究 / 林丛著. -- 北京：法律出版社, 2023
（山东师范大学法学院博士文丛）
ISBN 978-7-5197-8060-9

Ⅰ. ①两… Ⅱ. ①林… Ⅲ. ①法制史—研究—中国—汉代②经学—研究—中国—汉代 Ⅳ. ①D929.34 ②Z126.273.4

中国国家版本馆CIP数据核字（2023）第117129号

两汉经义法律化研究
LIANGHAN JINGYI FALÜHUA YANJIU

林　丛　著

策划编辑 朱　峰
责任编辑 李天一
装帧设计 贾丹丹

出版发行 法律出版社
编辑统筹 辞书·融出版编辑部
责任校对 晁明慧
责任印制 吕亚莉
经　　销 新华书店

开本 710毫米×1000毫米　1/16
印张 18.25　**字数** 276千
版本 2023年11月第1版
印次 2023年11月第1次印刷
印刷 北京建宏印刷有限公司

地址：北京市丰台区莲花池西里7号（100073）
网址：www.lawpress.com.cn
投稿邮箱：info@lawpress.com.cn
举报盗版邮箱：jbwq@lawpress.com.cn

销售电话：010-83938349
客服电话：010-83938350
咨询电话：010-63939796

书号：ISBN 978-7-5197-8060-9　**定价**：78.00元

凡购买本社图书，如有印装错误，我社负责退换。电话：010-83938349

序　言

儒家经典与传统法律之间的关系历来是法律史学科的研究重点。两者之间的互动始于两汉，尤其是武帝独尊儒术以后。从经学领域来看，彼时由昌明而渐鼎盛，统治者以经典治天下，推行经典政治。皮锡瑞称“盖其时公卿大夫士吏未有不通一艺者也”，又言“而三代后政教之盛，风化之美，无有如两汉者”〔1〕，比较客观地反映了经学在汉代历史上所起的作用。从法学层面来看，汉承秦制，基本延续了秦代的法律制度并有所损益，形成了以律令科比为主体的较完备的法律体系，诸多制度性规定影响较大，成为后代编纂法典的重要参考，正所谓“历代之律，皆以汉《九章》为宗”〔2〕。因此，经律两者实为汉代治世的两大支柱，亦是汉世留给后代的两大遗产。在这一历史背景之下，探讨儒家经典与汉代法律之间的关系便显得格外重要。由于经书是彰显儒家思想的载体，而汉律则在相当程度上以法家精神为指导，故不得不提及儒家思想与法家思想的分歧问题。在中国古代法学领域中儒家思想和法家思想谁占主导曾一度成为学者争论的焦点。这一争论的实质就是儒术独尊后中国古代的法律实践究竟呈现“法律儒家化”还是“儒家法家化”的演进模式。就目前而言，“法律儒家化”已成为学界共识。虽然“儒家法家化”也有一定的道理，即汉代以后的儒家确实受到了法家因素的影响，尤其是在利用法家的法律条文与君主统治术

〔1〕（清）皮锡瑞：《经学历史》，台北，艺文印书馆1974年版，第101页。

〔2〕（清）张廷玉：《明史·刑法一》，中华书局1974年版，第2279页。

维护专制统治这一方面表现得比较明显。但从严格意义上来讲，说儒家开始了法家化进程与史实尚有一定出入，因为汉儒对仁义道德的信奉与追求较之于先秦儒家而言并无很大差异，只不过是秉承实用主义的态度来看待法，承认其在政权统治中的正当地位而已。但儒家在面对法家制定的法律时必不能完全赞同，故其在政治上得势后一定会对之改造以渗入自身思想，这正是瞿同祖提出“法律儒家化”这一命题的基础，亦是笔者主张“经义法律化”的前提。

以往研究多着眼于阐释“法律儒家化”，探讨法律如何体现儒家经义，而鲜有学者以儒家经义本身作为课题，探讨其如何发挥法律规范的作用。事实上，如果我们不把经典之义纳入考察范围，不将之视为一种在法律实践甚至整个政治实践中发挥巨大影响力的规范性准则，显然是难以服众的。故本书尝试以经典之义在两汉时期的法律化为研究对象，在兼顾传世文献与出土文献的基础上，从多个角度对经义在彼时的法律化表现进行阐述，内容涉及文化背景、内在诱因、智识支撑、实践路径、强制保障以及意义等多个方面，意图系统全面地审视汉代经义与法律之间的关系，从而重述传统法律文化中的礼法观，以此致力于为学界提供一种回应“法律儒家化”的新思路，并期冀为当前的法治建设提供有力借鉴。

目　录

第一章　文化背景：汉代儒家经典统治地位的确立

儒家经典并非自出现之日起即被奉为圭臬，而是在传播过程中渐渐得到社会各阶层的认可。自先秦至两汉，儒家经典由王官之学渐入私门，后几近消亡，终成为官方意识形态之载体。而在这一漫长的历史演进中，两汉时期具有特殊的地位。儒家经典权威性之强化及统治地位之确立与稳固即在此时。这也成为经典之义理得以开启法律化进程的文化背景。盖当时多以经典为依据推行政教，风化天下。甚至可以在一定程度上认为，若无两汉时期对儒家经典的推崇，即无日后历朝历代经学研究之盛况，中国古代与近代的学术史或将因此改写。

第一节　经与经典

一、“经”之含义

“经”之本义，多与织丝有关。《说文》云：“织（从丝）也，从糸巠声。九丁切。”段玉裁注云：“织之从丝谓之经。”[1]章太炎也指出，“经字原意

---

[1] （东汉）许慎撰，（清）段玉裁注：《说文解字注》，上海古籍出版社1981年版，第644页。

只是一经一纬的经，即是一根线”〔1〕。也就是说，“经”是纺织机上纵向布设的绷紧的丝线。在纺织过程中，此纵线固定不动，以供横向的纬线穿梭交织。由此，“经”便具有了长久固定不变的含义，故其在典籍中通常被训为“常”。如《释名·典艺篇》：“经，径也，常典也。”《广雅·释诂》：“经，常也。”《白虎通·五经》：“经，常也。”在这个意义上，它又同“法”相通。段玉裁《说文解字注》认为“法”可“引伸为凡模范之称”〔2〕。《尔雅·释诂》亦云：“法，常也。”〔3〕盖“法”亦可训为“常”，因此“经”与“法”两者之间常常互释。《周礼·大宰》：“大宰之职，掌建邦之六典。”郑玄注曰：“典，常也，经也，法也。”〔4〕《左传·宣公十二年》：“兼弱攻昧，武之善经也。”杜预注曰：“经，法也。”〔5〕《礼记·礼器》：“故必举其定国之数，以为礼之大经。”孔颖达正义曰：“礼，物必乡之所有，故有国者，必书其国内所生物多少定数，以为国之大法也。经，法也。”〔6〕当然，此处之“法”不仅具有“律”“刑”等法律意义，更应被解释为“法则”“秩序”。故而从字义上来看，“经”与“法”“刑”“律”等法学概念有相通之处，都代表一种固定不变因而可以衡量他物的准则。〔7〕此外，有学者认为，经还可引申为书籍之义。章太炎曰：“案‘经’者，编丝缀属之称……此以竹简成书，亦编丝缀属也。”〔8〕马宗霍等也认为“《说文解字》：‘经，织也。’引申之，但凡

---

〔1〕 章太炎讲演：《国学概论》，曹聚仁整理，上海古籍出版社1997年版，第4页。

〔2〕（东汉）许慎撰，（清）段玉裁注：《说文解字注》，上海古籍出版社1981年版，第551页。

〔3〕（晋）郭璞注，（宋）邢昺疏：《尔雅注疏·释诂》，北京大学出版社1999年版，第15页。

〔4〕（东汉）郑玄注，（唐）贾公彦疏：《周礼注疏·大宰》，北京大学出版社1999年版，第24页。

〔5〕（西晋）杜预注，（唐）孔颖达正义：《春秋左传正义·宣公十二年》，北京大学出版社1999年版，第638页。

〔6〕（东汉）郑玄注，（唐）孔颖达正义：《礼记正义·礼器》，北京大学出版社1999年版，第717、719页。

〔7〕 刘师培认为：“后世以降，以《六经》为先王之旧典也，乃训经为法。又以《六经》为尽人所共习也，乃训经为常。此皆经字后起之义也。”笔者认为此论断值得商榷。将“经”训为“常”“法”确为其后起之义，但认为“经”代表先王旧典故有“法”之义、受众范围广故有“常”之义则失之偏颇。“法”与“常”之义均应引申于“经”之固定不变的纵线之原义。参见（清）刘师培：《经学教科书》，上海古籍出版社2006年版，第8页。

〔8〕 章太炎：《国故论衡》，上海古籍出版社2003年版，第53页。

编次而成之册，无论用韦亦或用丝，皆可名之曰‘经’。‘典’字从‘册’、从‘丌’，象形置于几案上之‘册’。《尔雅》：‘典，经也。’正‘经’引申为‘册’之证”[1]。这一观点证之史实也不无道理。“经”这一称谓在先秦时期可遍指诸子百家之作，如墨家之《墨经》，道家之《道德经》，法家之《法经》等，故以其指代书籍似无不妥。而经所具有的“书籍”之义其实也与“常”之义具有内在联系，盖书籍“具有普遍持久的价值，它们能向世界提供秩序和结构”[2]。

自汉武帝设立五经博士、独尊儒术后，“经”之儒学属性日渐增强，内涵亦越发狭窄。《汉书》载翼奉言：

> 天地设位，悬日月，布星辰，分阴阳，定四时，列五行，以视圣人，名之曰道。圣人见道，然后知王治之象，故画州土，建君臣，立律历，陈成败，以视贤者，名之曰经。贤者见经，然后知人道之务，则《诗》、《书》、《易》、《春秋》、《礼》、《乐》是也。[3]

翼奉将宇宙万物之规律与秩序视为“道”，而将圣人仿照其进行的社会建构如划分地域、设立尊卑、编订律历等称为“经”，其载体为《诗》《书》《礼》《易》《春秋》《乐》六部作品。故从广义上讲，“经”是圣人据天道而为人事之行为；从狭义上讲，经则专指关乎人事的《诗》《书》《礼》《易》《春秋》《乐》六部典籍。在汉儒看来，经与圣人之间实有很强的纽带：

> 圣人作经，艺（贤）者传记，匡济薄俗，驱民使之归实诚也。[4]
>
> 有五常之道，故曰《五经》。《乐》仁，《书》义，《礼》礼，《易》智，《诗》信也。人情有五性，怀五常不能自成，是以圣人像天五

---

〔1〕 马宗霍、马巨：《经学通论》，中华书局2011年版，第8页。

〔2〕［美］陆威仪：《早期中华帝国：秦与汉》，王兴亮译，中信出版集团股份有限公司2016年版，第212～213页。

〔3〕（东汉）班固：《汉书·眭两夏侯京翼李传》，中华书局1962年版，第3172页。

〔4〕（东汉）王充撰，黄晖校释：《论衡校释·对作》，中华书局1990年版，第1177页。

常之道而明之，以教人成其德也。[1]

诸儒或讥以为雄非圣人而作经，犹春秋吴楚之君僭号称王，盖诛绝之罪也。[2]

(尹)敏对曰："谶书非圣人所作，其中多近鄙别字，颇类世俗之辞，恐疑误后生。"[3]

在汉人的观念里，只有圣人才具备作经之资格，其目的是"教人成德"，使民众复归朴实真诚。故《太玄》(杨雄作)与谶书均不可冠之以"经"。随着圣人被神化，经也成为合于天地之道、放之四海皆准的真理："孔子作法五经，运之天地，稽之图象，质于三王，施于四海。"[4]至此，经的权威性已无以复加，甚至颇具神学典籍的意味。

综上而言，"经"始为"常""册"之义，后渐变为儒家典籍的代名词，经学则成为研究儒家典籍尤其是《诗》《书》《礼》《易》《春秋》《乐》的学问。[5]而本书所言之"经"，多数情形下指六经，但也包括《孝经》《论语》《孟子》《荀子》等广泛意义上的儒家典籍；所言之"经学"，主要以六经之学为主，但也兼及其他儒家典籍。

二、先秦儒家经典的形成与传播

儒家经典的形成与传播得益于儒家学派的努力，而儒家学派的出现又与教授经典有关。早在西周时期，王室公室即设有专门教授先王典籍

〔1〕（东汉）班固撰，（清）陈立疏：《白虎通疏证·五经》，中华书局1994年版，第447页。

〔2〕（东汉）班固：《汉书·杨雄传下》，中华书局1962年版，第3585页。

〔3〕（刘宋）范晔：《后汉书·儒林列传上》，中华书局1965年版，第2558页。

〔4〕（清）赵在翰辑：《七纬（附论语谶）》，载《秦汉齐博士论议集　七纬　附论语谶》，齐鲁书社1997年版，第717页。

〔5〕值得注意的是，自道教与佛教兴盛后，其文献典籍也多以"经"为名，如《太平经》《金刚经》等。但一般而言，古代官方文献中的"经"仍多指儒家经典，尤其是孔子亲自整理过的文献典籍。至少在佛道两教影响相对较小的两汉时期确实如此。

的教职，或为“儒”之原型。据《周官·天官宰冢》记载，太宰“以九两系邦国之民”，“四曰儒，以道得民”。郑玄注曰：“儒，诸侯保氏，有六艺以教民者。”贾公彦认为，儒“掌养国子以道德，故云‘以道得民’，民亦谓学子也”。〔1〕《地官司徒》中亦有大司徒“以本俗六安民”“四曰联师儒”之说。班固受刘向父子《七略》影响，于《汉书·艺文志》中提出“儒家者流，盖出于司徒之官，助人君顺阴阳明教化者也”〔2〕，也将儒家的出现与教化的兴起相关联。许慎在《说文》中认为：“儒，柔也。术士之称。从人需声。”他将儒等同于术士，即拥有一技之长者。段玉裁注曰：“郑《目录》云：儒行者，以其记有道德所行。儒之言优也，柔也，能安人，能服人。又儒者，濡也，以先王之道能濡其身。”〔3〕即儒者为有较高德行者，能够通晓先王治国治民之道，并以此来安民服人。此先王之道则被记载于典籍之中。近人章太炎勾勒出了“儒”之历史演进：儒之义初为术士，包括一切方术之士；之后缩小为专门教民的儒；最终演变为“祖述尧舜，宪章文武，宗师仲尼”的儒〔4〕。在这一过程中，“儒”之职责均未脱离教化，总与传授典籍有关。傅斯年提出，“所谓儒者乃起于鲁流行于各地之‘教书匠’”〔5〕。冯友兰也主张“所谓儒是一种有知识有学问之专家；他们散在民间以为人教书相礼为生”〔6〕。因此，可以推定，“儒”之最初含义可能确实是指一种教职，大概为有一技之长的术士，且往往德行高尚。他们以传授典籍、教书相礼为己任，实为西周时期“王官文化”的产物，是官学知识分子的代表。春秋以降，官学衰落，私学兴起，原来在官府中从事教化者流落民间。他们聚徒讲学，普及先王典章旧制，渐渐形成一社会团体。而作为学术传授活动的客体

〔1〕（东汉）郑玄注，（唐）贾公彦疏：《周礼注疏·太宰》，北京大学出版社1999年版，第40页。
〔2〕（东汉）班固：《汉书·艺文志》，中华书局1962年版，第1728页。
〔3〕（东汉）许慎撰，（清）段玉裁注：《说文解字注》，上海古籍出版社1981年版，第366页。
〔4〕详情参见章太炎：《国故论衡》，上海古籍出版社2003年版，第104～107页。
〔5〕傅斯年：《傅斯年全集》（第2卷），湖南教育出版社2003年版，第258页。
〔6〕冯友兰：《原儒墨》，载《清华学报》1935年第2期。

“六艺”[1]官学，则演变成为日后儒家所尊崇的经典。

其实早在王官学时代，统治者便已经注重推行典籍教化，只不过研习者皆为贵族子弟。《国语》载：

> 教之《春秋》，而为之耸善而抑恶焉，以戒劝其心；教之《世》，而为之昭明德而废幽昏焉，以休惧其动；教之《诗》，而为之导广显德，以耀明其志；教之《礼》，使之上下之则；教之《乐》，以疏其秽而镇其浮；教之《令》，使访物官；教之《语》，使明其德，而知先王之务，用明德于民也；教之《故志》，使知废兴者而戒惧焉；教之《训典》，使知族类，行比义焉。[2]

《春秋》《世》《诗》《礼》《乐》《令》《语》《故志》《训典》即为贵族学习时所使用的“教材”。其中，《春秋》指国史，《世》指“先王之世系”，《令》指“先王之官法、时令也”，《语》指“治国之善语”，《故志》“谓所记前世成败之书”，《训典》为“五帝之书”[3]，可见其授受内容广泛，涉及历史典故、行政命令、诗歌文学、礼乐制度等，而儒家“六艺”之雏形已见于其中：《春秋》《诗》《礼》《乐》自不必多言，《世》亦可归入《春秋》历史类典籍

---

〔1〕 六艺有大小之说，大六艺为《诗》《书》《礼》《易》《春秋》《乐》。此说源于贾谊《新书·六术》：“是故内本六法，外体六行，以与《诗》《书》《易》《春秋》《礼》《乐》六者之术，以为大义，谓之六艺。”小六艺为礼、乐、射、御、书、数。此说源于《周官·地官·保氏》：“而养国子以道，乃教之六艺：一曰五礼，二曰六乐，三曰五射，四曰五驭，五曰六数，六曰九数。”当今学术界往往以六艺指代六经，即采大六艺说，但遭到了部分学者的反对。邓安生认为，汉儒所言之六艺本指孔子为教学而开设的六门传统课程，孔子授课只有《诗》《书》《易经》三部古代文献；他讲授礼、乐主要是根据《诗》《书》，而《春秋》则是他唯一的手编教材。“六经”为“六艺”之尊称，“六经”之“经”，是常道、常法之义，与“五经”之“经”的意蕴有别。参见邓安生：《论“六艺”与“六经”》，载《南开大学学报（哲学社会科学版）》2000年第2期。吴龙辉认为，“六艺”是从课程的角度对六部经典的总称，而“六经”是从课本的角度对六部经典的总称。故汉儒立论出发的角度不同，则称谓不同。参见吴龙辉：《六艺的变迁及其与六经的关系》，载《中国哲学史》2005年第2期。蒋国保则认为，“六经”在战国中后期即已流行，而“六艺”的流行则在汉初以后。汉儒将“六经”改称“六艺”，是服务于其变“经”为“艺”，变“学”为“术”的学术转向。参见蒋国保：《汉儒称“六经”为“六艺”考》，载《中国哲学史》2006年第4期。本书则在通常意义上使用“六艺”，将其视为六部经典的统称。

〔2〕 徐元诰：《国语集解》，中华书局2002年版，第485～486页。

〔3〕 徐元诰：《国语集解》，中华书局2002年版，第485～486页。

中。而《令》《语》《故志》《训典》属行政命令类文献，大概与《书》之内容有所重合。其中唯缺《易》类文献。[1]在以典籍推行教化的过程中，六艺经传渐渐得以产生并定型。故虽难以断定六艺经传的作者分别为何人，却仍能够将之视为三代流传下来的古老典籍之汇编。[2]老子曾为周史官，他便认为“夫六经，先王之陈迹也”[3]，将三代典籍当作六艺经传的渊源。而三代典籍又多是以历史资料的形式出现的，由史职类官员保藏，故“六经皆史”之论生焉。唐代刘知己在《史通·六家》中径直将《尚书》家与《春秋》家视为史家；清儒章学诚则提出，“六艺非孔氏之书，乃《周官》之旧典也。《易》掌太卜，《书》藏外史，《礼》在宗伯，《乐》隶司乐，《诗》领于太师，《春秋》存乎国史”[4]。虽然将六艺等同于史书略显极端，但他们对六艺与三代典籍之间继受关系的关注确实有一定道理。因此，《诗》《书》《礼》《易》《春秋》《乐》六部儒家经典正是三代王官典籍教化的核心与精髓，是数百年来的文化积累。

自王官学衰败后，六艺典籍散入民间，但仍有诸多没落的官学知识分子与新兴的诸子百家研习传授之。故六艺传统一直未曾中断。孔子便是

---

〔1〕 对此，董恩林的解释不无道理：“《周易》虽然早已产生，并掌握在太卜之手，但它属占卜之书，易传‘十翼’未出现以前，无法作为教材使用，应该是最晚进入六经系列的这也可能是孔子‘晚而喜《易》’的原因。”参见董恩林：《从王官之学到经学儒学》，载《孔子研究》2012年第6期。

〔2〕 关于六经的作者问题，众说纷纭，争议颇大，主要集中在以下几部经典中：一为《易》之作者。对于《易经》，一派认为《卦辞》《爻辞》为文王所作，如郑玄；一派认为仅《卦辞》为文王所作，《爻辞》为周公所作，如马融、陆绩等；一派认为《卦辞》《爻辞》均为孔子所作，如皮锡瑞等；还有一派认为《易》为杂凑而成，根本与孔子无关，此多以近代新史学为代表。对于《易传》，今文学者认为其为孔子所作，古文学者反对将孔子视为《易传》作者，宋儒认为《系辞》《文言》以下皆非孔子所作。二为《诗》之《鲁颂》、《商讼》与《诗》序作者，关于《鲁讼》，古文学者认为是季孙行父所作，今文学者则认为是奚斯所作；关于《商颂》，古文学者认为是宋戴公时正考父得于周太师，今文学者则认为是正考父所作；关于《诗》序作者，学者观点亦不一致，有子夏作、子夏毛公合作、卫宏作、子夏作而毛公卫宏润饰、后人假托子夏作、诗人自作、孔子作、孔门弟子各以师说作等。三为《以礼》的作者，古文学者认为是周公作，今文学者认为是孔子作。关于这些问题更为详细的论述，可参见朱维铮主编：《周予同经学史论著选集（增订本）》，上海人民出版社1996年版，第222～353页。

〔3〕 （清）郭庆藩辑：《庄子集释·天运》，中华书局1961年版，第532页。

〔4〕 （清）章学诚撰，王重民通解：《校雠通义通解·原道》，上海古籍出版社2009年版，第2页。

尤为重要的一人。《庄子》载孔子谓老子曰:“丘治《诗》《书》《礼》《乐》《易》《春秋》六经。”[1]则孔子将研究与传授六经作为自己终身的学术目标。但孔子的成就还不止于此,更体现在他对这六部经典的整理与重述上。司马迁明言孔子删《诗》为三百五篇,编次《书》百篇并为之序,修订《礼》《乐》,序《易》之《彖》《系辞》《象》《文言》,并亲修《春秋》以明王道。[2]班固在《汉书·艺文志》中也表达了相似的观点。朱熹也曾指出,“孔子删《诗》、《书》,定《礼》、《乐》,赞《周易》,修《春秋》,皆传先王之旧”[3]。概言之,历代学者虽然就孔子对某一经典的影响力之大小有争议,[4]但大多认可六经由孔子手定后方才成型,或者至少肯定六经与孔子之间具有密切的联系。[5]而正是因为孔子对六经的整理与重述,才使得儒家经典得以体系化,经学得以真正成为一门系统的学问。“孔子为了设教的需要,对各种故国文献,加以搜集和整理,以充当教本。这些教本,传下来便成为儒家学派的‘经典’。”[6]也正是在这个层面上,孔子被历代学者推崇为经学创始人。相较于三代典籍而言,孔门六经不仅在文字数量上有所减少,而且在内容义旨上也有较大变动。尤为明显的便是孔子将自身

---

〔1〕(清)郭庆藩辑:《庄子集释·天运》,中华书局1961年版,第531页。

〔2〕《史记·孔子世家》言:孔子“追迹三代之礼,序《书传》,上纪唐虞之际,下至秦缪,编次其事。……故《书传》、《礼记》自孔氏”;“古者《诗》三千馀篇,及至孔子,去其重,取可施于礼义,上采契后稷,中述殷周之盛,至幽厉之缺,始于衽席,……三百五篇孔子皆弦歌之,以求合《韶》《武》《雅》《颂》之音”;“孔子晚而喜《易》,序《彖》、《系》、《象》、《说卦》、《文言》”;“乃因史记作《春秋》,上至隐公,下讫哀公十四年,十二公。据鲁,亲周,故殷,运之三代。约其文辞而指博”。(西汉)司马迁:《史记·孔子世家》,中华书局1959年版,第1935～1937、1943页。

〔3〕(南宋)朱熹:《朱子全书》(第6册),上海古籍出版社、安徽教育出版社2010年版,第120页。

〔4〕该争议多集中在《春秋》究竟为孔子亲自制作还是缘鲁史誊写抄录以及《易》之“十翼”是否全由孔子撰述两个方面。

〔5〕在此需要提及两种比较极端的观点。一种观点认为,六经皆由孔子制作,无孔子则无六经。持此观点者为皮锡瑞、康有为。另一种观点认为,六经与孔子完全无关,不仅不是其制作,甚至未经其整理。持此观点者为钱玄同。两种观点均有失客观,均反映了提出者之特殊政治目的。皮锡瑞、康有为崇今文而贬古文,以孔子为改制第一人,故有意拾高孔子的地位以此鼓吹、支持变法改制。钱玄同是五四新文化运动中“打倒孔家店”的主力,故刻意贬低孔子,鄙视旧文化而提倡新文化。详情可参见朱维铮主编:《周予同经学史论著选集(增订本)》,上海人民出版社1996年版,第795～798页。

〔6〕朱维铮主编:《周予同经学史论著选集(增订本)》,上海人民出版社1996年版,第800页。

对“仁”“礼”的追求贯彻其中，使六经之文承载了仁政与礼制的价值，成为反映儒家伦理道德与行为规范的普适之作。或者说，六经之经法确实源于三代帝王的政教实践，是一种历史性的体现，具有“史”的特征无疑；但经孔子的整理与重述后，六经的意义已经超越了其产生与形成之初的本义而上升到普遍性的层面。在这一过程中，儒家的道德要求与行为准则作为核心义旨被注入其中并确定下来，成为这些典籍得以长久流传的根基。故“经”也就真正具有了“常”之含义，而不再仅仅是记录历史事例之“册”。

儒家经典的保存与普及同孔门弟子的积极传授密切相关。据《史记》记载，“孔子以诗书礼乐教，弟子盖三千焉，身通六艺者七十有二人”〔1〕。陶潜云：“颜氏传《诗》为道，为讽谏之儒。孟氏传《书》为道，为疏通致远之儒。漆雕氏传《礼》为道，为恭俭庄敬之儒。仲梁氏传《乐》为道，以和阴阳，为移风易俗之儒。乐正氏传《春秋》为道，为属辞比事之儒。公孙氏传《易》为道，为絜静精微之儒。”〔2〕不过，这些早期传经者的姓名与师承多已无法考证。孔子弟子中可考者以子夏传经功绩最著。洪迈《容斋随笔》云：“孔子弟子惟子夏于诸经独有书，虽传记杂言未可尽信，然要为与它人不同矣。于《易》则有传，于《诗》则有序。而《毛诗》之学，一云子夏授高行子，四传而至小毛公，一云子夏传曾申，五传而至大毛公。于《礼》则有《仪礼·丧服》一篇，马融、王肃诸儒多为之训说。于《春秋》，所云‘不能赞一辞’，盖亦尝从事于斯矣。公羊高实受之于子夏，谷梁赤者，《风俗通》亦云子夏门人。于《论语》，则郑康成以为仲弓、子夏等所撰定也。后汉徐防上疏曰：‘《诗》、《书》、《礼》、《乐》定自孔子；发明章句始于子夏。’斯其证云。”〔3〕可见子夏曾传《诗》《易》《礼》《春秋》，而《公羊》《谷梁》二传亦以其为宗。此外，子夏还曾参与撰定《论语》，并发明了汉世常用之

〔1〕（西汉）司马迁：《史记·孔子世家》，中华书局1959年版，第1938页。
〔2〕（东晋）陶渊明：《陶渊明集笺注》，中华书局2003年版，第596页。
〔3〕（南宋）洪迈：《容斋随笔》，中华书局2005年版，第397～398页。

章句训诂法。又有商瞿传《易》可考："孔子传《易》于瞿，瞿传楚人馯臂子弘，弘传江东人矫子庸疵，疵传燕人周子家竖，竖传淳于人光子乘羽，羽传齐人田子庄何，何传东武人王子中同，同传菑川人杨何。何元朔中以治《易》为汉中大夫。"〔1〕汉代治《易》者皆宗田何，而田何实为商瞿的五传弟子。儒家集大成者荀子在经学传授中也颇具功劳："《释文序录·毛诗》，一云：'孙卿子传鲁人大毛公'，则《毛诗》为荀子所传。《汉书·楚元王交传》：'少时尝与鲁穆生、白生、申公同受诗于浮丘伯。伯者，孙卿之门人。'《鲁诗》出于申公，则《鲁诗》亦荀子所传。《韩诗》今存外传，引《荀子》以说诗者，四十有四，则《韩诗》亦与《荀子》合。《序录》：'左丘明作《传》以授曾申。申传卫人吴起。起传其子期。期传楚人铎椒。椒传赵人虞卿，卿传同郡荀卿。'则《左氏春秋》，荀子所传。《儒林传》云：'瑕丘江公受《谷梁春秋》及《诗》于鲁申公。'申公为荀卿再传弟子，则《谷梁春秋》亦荀子所传。《大戴·曾子立事篇》载荀子《修身》《大略》二篇文，《小戴乐记》、《三年间》、《乡饮酒义》篇载荀子《礼论》、《乐论》篇文，则二戴之《礼》亦荀子所传。刘向称荀卿善为《易》，其义略见《非相》、《大略》二篇。是荀子能传《易》、《诗》、《礼》、《乐》、《春秋》，汉初传其学者极盛。"〔2〕"荀庄皆出子夏门人"〔3〕，故荀子本身便批判继承了子夏之学。不过，其所传较子夏而言更广，师承关系也更为清晰，甚至涉及多部经典内部的不同学派与师法，如《鲁诗》、《韩诗》、《毛诗》、《左传》、《谷梁传》以及大小戴《礼记》等。刘师培认为，"是子夏、荀卿者集《六经》学术之大成者也。两汉诸儒殆皆守子夏、荀卿之学派者与"〔4〕；蒋伯潜提出，"荀子继子夏之学者也。汉儒所传之经，即由于此"〔5〕。则由孔子定经、子夏荀子传经之大体脉络可明。由

〔1〕（西汉）司马迁：《史记·仲尼弟子列传》，中华书局1959年版，第2211页。
〔2〕（清）皮锡瑞：《经学历史》，台北，艺文印书馆1974年版，第44～45页。
〔3〕（清）章学诚：《文史通义·经解上》，上海书店1988年版，第26页。
〔4〕（清）刘师培：《经学教科书》，上海古籍出版社2006年版，第21～22页。
〔5〕蒋伯潜：《十三经概论》，上海古籍出版社1983年版，第9页。

此亦可知子夏、荀子之学对于汉世经学研究所产生的重要影响。

总体而言，孔门弟子的传经活动使得六艺典籍并未消亡于战国乱世百家争鸣之中。“故邹、鲁之民，咸身习《六经》之文，彬彬向学，迄于周末弗衰。”[1]不唯受礼乐文化影响较深的齐鲁地区如此，其他地区亦然。《庄子·天下篇》曾言：“其数散于天下而设于中国者，百家之学时或称而道之。”[2]也就是说，本为王官之学的六艺典籍在私学兴盛的战国时期已为整个知识阶层所熟知，且成为不同学派论证自家理念学说与制度设计的主要依据。章太炎曾说：“六籍者，道、墨所周闻。故墨子称《诗》、《书》、《春秋》，多大史中秘书。而老聃为守藏史，得其本株。”[3]可见道墨两家亦通晓六艺。甚至《管子》《吕氏春秋》中也可见六艺之学的影响。当然，百家中儒家的表现最为突出。《史记》载：“于威、宣之际，孟子、荀卿之列，咸遵夫子之业而润色之，以学显于当世。”[4]则孟荀对于弘扬儒家经典并适用于时政功不可没。孟子通五经并长于《诗》《书》，更深谙《春秋》之义，故其倡导仁政以行王道；荀子传经之举已如前述，又吸纳法家学说而“隆礼重法”，将经典所载与现实所趋相结合，开后世礼法结合治国模式的理论先河。《孟子》《荀子》二书立足于六艺典籍，在诠释文本时提出并阐发自己的政治主张，尝试在政治实践层面构建合于经典之义的制度。此外，《礼记》《周官》等后世经书也被部分学者视为战国儒家所作，体现了彼时儒家学派的政治理想。从这点来看，战国时期正是儒学由先秦家言子学向两汉官方经学过渡的重要时期，而儒家对六艺典籍的诠释与应用则是导致这一变化的主要原因。或者说，正是因为继承孔子衣钵的战国儒家仍专注于治六艺典籍、守先王之道，故能够同受王官之学与礼乐文化影响较小的其他

---

〔1〕（清）刘师培：《经学教科书》，上海古籍出版社2006年版，第26页。

〔2〕（清）郭庆藩：《庄子集释·天道》，中华书局1981年版，第1067页。

〔3〕章太炎：《检论·订孔上》，载《章太炎全集（三）》，上海人民出版社1984年版，第423页。

〔4〕（西汉）司马迁：《史记·儒林列传》，中华书局1959年版，第3116页。

学派区别开来，为后世大一统王朝的统治者所青睐。而本为诸家共奉的六艺经典也渐渐成为儒家的专学。

第二节　汉代经学之发展轨迹

汉代是经学鼎盛时代，但此局面之形成绝非一帆风顺，而是颇为曲折。秦代一统天下后，经学曾一度遭受毁灭性打击。秦亡后，经学由禁学而显学则经过了漫长的时期，并具有时代性特征。考诸史料，两汉的经学发展可分为四个阶段：

一、经书在汉初的传播与统治者的态度

从高祖封汉王到武帝独尊儒术之前的这段时间，经学发展相对缓慢。追根溯源，则同秦朝焚书坑儒所带来的恶性影响有关。经过这场浩劫，民间藏书遭到了致命毁灭，儒生也受到了沉重打击。秦博士虽仍藏有六艺经典，但博士本身"特备员弗用"〔1〕；且秦末项羽又屠烧咸阳、焚毁秦宫，官方藏书大多亦随之灰飞烟灭。〔2〕总之，自焚书始，六艺经学在社会上的传播一度受挫，不少经生不得不放弃学业。如楚元王刘交"少时尝与鲁穆生、白生、申公俱受《诗》于浮丘伯。……及秦焚书，各别去"〔3〕。但在这一文

〔1〕（西汉）司马迁：《史记·秦始皇本纪》，中华书局1959年版，第258页。

〔2〕据《史记·萧相国世家》记载，刘邦入咸阳后，萧何"独先入收秦丞相御史律令图书藏之"。但萧何所收文书中应不含六艺经典。其因有二：其一，六艺经典应藏于博士官，不为丞相与御史所有；其二，《史》载"汉王所以具知天下厄塞，户口多少，强弱之处，民所疾苦者，以何具得秦图书也"，可见萧何所得之书多为涉及地理、户籍、赋税、财政等官方文书。

〔3〕（东汉）班固：《汉书·楚元王传》，中华书局1962年版，第1921页。

化灭绝政策面前，经生也采取了相应措施。首先便是转为私自藏书。“魏人陈馀谓孔鲋曰：‘秦将灭先王之籍，而子为书籍之主，其危哉！’子鱼曰：‘吾为无用之学，知吾者惟友。秦非吾友，吾何危哉！吾将藏之以待其求；求至，无患矣。’”[1]“秦时禁《书》，伏生壁藏之。”[2]“《孝经》者，孔子为弟子曾参说孝道，因明天子庶人五等之孝，事亲之法。亦遭焚烬。河间人颜芝为秦禁藏之。”[3]可见有大量经典文献通过私藏得以躲过秦火。此外便是将某些典籍的传播方式改为口耳相传。例如，《诗》之所以“遭秦而全者，以其讽诵，不独在竹帛故也”[4]；“《春秋》所贬损大人当世君臣，有威权势力，其事实皆形于传，是以隐其书而不宣，所以免时难也”[5]。则《诗》与《春秋》皆因口耳相传、未著于形而逃过一劫。概而论之，秦朝的经学传播困难较大，在官方焚毁民间藏书并严惩“偶语《诗》《书》”的政策下，诸多典籍的授受被迫中断，或不见诸文字。因此该时期有关师承关系的记载十分模糊，难以考察。

秦汉之际，刘邦即以轻儒贱儒而名声在外：“沛公不好儒，诸客冠儒冠来者，沛公辄解其冠，溲溺其中。与人言，常大骂。未可以儒生说也”[6]；“上置酒对众折随何曰腐儒，‘为天下安用腐儒哉！’”[7]。其对儒家典籍亦嗤之以鼻，将之视为无益于治国的迂腐之作：“陆生时时前说称《诗》《书》。高帝骂之曰：‘乃公居马上而得之，安事《诗》《书》！’”[8]但他称帝后不久，即意识到了儒家经典对统治的重要性，因此对经学的态度有所改观。汉高祖五年（公元前201年），刘邦授意叔孙通为汉起礼仪，征鲁诸

[1] （北宋）司马光：《资治通鉴》，中华书局1956年版，第244页。
[2] （东汉）班固：《汉书·儒林传》，中华书局1962年版，第3603页。
[3] （唐）陆德明：《经典释文汇校·序录》，黄焯汇校，中华书局2006年版，第24页。
[4] （东汉）班固：《汉书·艺文志》，中华书局1962年版，第1708页。
[5] （东汉）班固：《汉书·艺文志》，中华书局1962年版，第1715页。
[6] （西汉）司马迁：《史记·郦生陆贾列传》，中华书局1959年版，第2692页。
[7] （东汉）班固：《汉书·韩彭英卢吴传》，中华书局1962年版，第1886页。
[8] （西汉）司马迁：《史记·郦生陆贾列传》，中华书局1959年版，第2699页。

生三十余人；十二年，过鲁以太牢祠孔子并允许申公以弟子从师入见于鲁南宫。此时统治者阶层中亦有喜好儒家经典者，如刘邦之弟楚元王刘交好《诗》，“诸子皆读《诗》”，并“次之《诗》传，号曰《元王诗》，世或有之”〔1〕。但整体而言，鉴于战事刚刚结束，刘邦采取与民休养政策，未有闲暇推广教化。且此时公卿大夫多为出身于匹夫与文法吏的功臣，对儒家经典也不感兴趣。因此整个社会上层均不甚重视经典教化，在朝之士可称为儒生者唯有叔孙通与陆贾。叔孙通为秦博士，归汉后为汉定礼仪，“采古礼与秦仪杂就之”〔2〕，被正统鲁儒视为“不合古”。陆贾之《新语》推行儒家宽严相济、仁义为本的政治理念，确实得到了统治者的首肯，史载其“每奏一篇，高帝未尝不称善，左右呼万岁，号其书曰‘新语’”〔3〕。但陆贾本人为“有口辩士，居左右，常使诸侯”〔4〕，颇具纵横家的特色，亦极力倡导黄老道家所认可的无为而治，似乎又不为“醇儒”。总之，高祖初建汉朝时，鉴于统治者的出身以及当时的社会状况，虽有定礼仪、祀孔子之举，但总体上并不重视经学，甚至还以儒生为“迂腐”，故于官方层面少见传经习经之举。相较之下，研习经书的现象反在民间率先出现：“及高皇帝诛项籍，举兵围鲁，鲁中诸儒尚讲诵习礼乐，弦歌之音不绝，岂非圣人之遗化，好礼乐之国哉？”〔5〕则秦亡之后，经学已于深受儒家文化影响的齐鲁大地复苏。

惠帝除“挟书律”，广开献书之路，打破了儒家学术发展的枷锁，从法律上正式认可了经学的传播。这成为私人讲学在汉初迅速繁盛的诱因之一。史载，“汉定，伏生求其书，亡数十篇，独得二十九篇，即以教于齐鲁之间。学者由是颇能言《尚书》，诸山东大师无不涉《尚书》以教矣”〔6〕；“于

〔1〕（东汉）班固：《汉书·楚元王传》，中华书局1962年版，第1922页。

〔2〕（西汉）司马迁：《史记·刘敬叔孙通列传》，中华书局1959年版，第2722页。

〔3〕（西汉）司马迁：《史记·郦生陆贾列传》，中华书局1959年版，第2699页。

〔4〕（西汉）司马迁：《史记·郦生陆贾列传》，中华书局1959年版，第2697页。

〔5〕（西汉）司马迁：《史记·儒林列传》，中华书局1959年版，第3117页。

〔6〕（西汉）司马迁：《史记·儒林列传》，中华书局1959年版，第3124～3125页。

今独有《士礼》，高堂生能言之”〔1〕；“有河间人颜贞出其父芝所藏《孝经》，凡一十八章，以相传授”〔2〕。至文景之时，汉代社会进入稳定发展时期，经学复苏也已成大势。其首先表现为博士官职的大量涌现。“博士一官，盖置于六国之末，而秦因之”〔3〕。西汉中期以前，博士之职主要为“掌通古今”〔4〕，即执掌对策以备垂询，扮演着帝王顾问的角色。高祖之博士叔孙通与文帝之博士贾谊便负有此责。但文景之时又出现了另一种类型的博士，专门负责研习儒家经典。如“文帝时，闻申公为《诗》最精，以为博士”〔5〕；韩婴“孝文帝时为博士”〔6〕；胡毋生治《公羊春秋》，“孝景时为博士”〔7〕；董仲舒“以治《春秋》，孝景时为博士”〔8〕；辕固生“以治《诗》，孝景时为博士”〔9〕。则《诗》《春秋》二经彼时已立于学官。“孝文帝时，天下无治《尚书》者，独闻济南伏生故秦博士，治《尚书》，年九十余，老不可征，乃诏太常使人往受之。太常遣错受《尚书》伏生所。”〔10〕盖文帝有感于《尚书》治国之用，故使太常派人学习之，以立于学官。该举动在确保《尚书》流传延续性的同时，又将《尚书》一经纳入官学体系中。此外，“孝文皇帝欲广游学之路，《论语》、《孝经》、《孟子》、《尔雅》皆置博士”〔11〕。可见，被汉世日后视为传记的多部儒家典籍亦设有专门研习传授的博士。其次表现为经

〔1〕（西汉）司马迁：《史记·儒林列传》，中华书局1959年版，第3126页。李梅、郑杰文等所著《秦汉经学学术编年》将伏生传《书》与高堂生传《礼》系于惠帝四年三月除《挟书律》之后，认为“至是年始有官方诏书除挟书律，诸经传授必大昌，故将伏生传《尚书》系于是年”“高堂生传《士礼》之确年，实不可考，系于是年之理由仿上条”。今从此说。参见李梅、郑杰文等著：《秦汉经学学术编年（上）》，凤凰出版社2015年版，第56～57页。

〔2〕（唐）李隆基注，（北宋）邢昺疏：《孝经注疏·序》，北京大学出版社1999年版，第14页。

〔3〕王国维：《观堂集林·汉魏博士考》，中华书局1959年版，第106页。

〔4〕（东汉）班固：《汉书·百官公卿表上》，中华书局1962年版，第726页。

〔5〕（东汉）班固：《汉书·楚元王传》，中华书局1962年版，第1922页。

〔6〕（西汉）司马迁：《史记·儒林列传》，中华书局1959年版，第3124页。

〔7〕（西汉）司马迁：《史记·儒林列传》，中华书局1959年版，第3128页。

〔8〕（西汉）司马迁：《史记·儒林列传》，中华书局1959年版，第3127页。

〔9〕（西汉）司马迁：《史记·儒林列传》，中华书局1959年版，第3122页。

〔10〕（西汉）司马迁：《史记·袁盎晁错列传》，中华书局1959年版，第2745页。

〔11〕（东汉）赵岐注，（北宋）孙奭疏：《孟子注疏》，北京大学出版社1999年版，第9页。

学作品与代表人物的大量涌现。“汉兴，北平侯张苍及梁太傅贾谊、京兆尹张敞、太中大夫刘公子皆修《春秋左氏传》。谊为《左氏传》训诂，授赵人贯公，为河间献王博士”[1]；“至汉景帝时，寿乃与齐人胡毋子都著于竹帛”[2]。则《左传》之出现、流传，《公羊传》之成书均在文景之时。而申公、韩婴传《鲁诗》《韩诗》大约亦在此时：“及王郢卒，戊立为楚王，胥靡申公。申公耻之，归鲁，退居家教，终身不出门，复谢绝宾客，独王命召之乃往。弟子自远方至受业者百余人”[3]；“韩生推《诗》之意而为《内外传》数万言，其语颇与齐鲁间殊，然其归一也。淮南贲生受之。自是之后，而燕赵间言《诗》者由韩生”[4]。此外，还有《易》的传授：“韩生亦以《易》授人，推《易》意而为之传”[5]；“景帝时，宽为梁孝王将军距吴楚，号丁将军，作《易说》三万言，训故举大谊而已。今《小章句》是也”[6]。不难发现，汉代经学研究中的奠基人物如公羊寿、胡毋生、董仲舒、申公、韩婴、丁宽等皆活动于此时，这大概与当时富裕的经济生活、柔和的统治政策以及宽松的学术环境关系密切。同时，文景时期的儒生亦开始渐渐参与政事，可见于史书者主要有二：一为文帝即位之初，“鲁人公孙臣上书曰：‘始秦得水德，今汉受之，推终始传，则汉当土德，土德之应黄龙见。宜改正朔，易服色，色上黄’”[7]，要求依经典之义改制以建构汉政，意图在形式上去秦政之特色。这应当是汉儒在势力壮大之后第一次要求改革政治制度。而文帝最终也接受了他们的提议，拜公孙臣为博士，以汉为土德，改历易服色，后又“使博士诸生刺六经中作《王制》，谋议巡狩封禅事”[8]。此时儒生大有登上

〔1〕（东汉）班固：《汉书·儒林传》，中华书局1962年版，第3620页。
〔2〕（东汉）何休解诂，（唐）徐彦疏：《春秋公羊传注疏》，北京大学出版社1999年版，第3～4页。
〔3〕（西汉）司马迁：《史记·儒林列传》，中华书局1959年版，第3121页。
〔4〕（西汉）司马迁：《史记·儒林列传》，中华书局1959年版，第3124页。
〔5〕（东汉）班固：《汉书·儒林传》，中华书局1962年版，第3613页。
〔6〕（东汉）班固：《汉书·儒林传》，中华书局1962年版，第3597～3598页。
〔7〕（西汉）司马迁：《史记·封禅书》，中华书局1959年版，第1381页。
〔8〕（西汉）司马迁：《史记·封禅书》，中华书局1959年版，第1382页。

政治舞台之势，但终因新垣平谋反事件而告失败。二为景帝时，有辕固生与黄生当庭争论汤武伐桀纣之事，实为儒家与黄老道家的一次较量，亦是儒家为其“受命论”能否成为官方政治哲学所作的一次努力。此事最终却因涉及汉朝建立之合法性的问题而被景帝制止。但此时儒家实力已然壮大，儒生开始意图以自己学派的思想指导政治实践。

司马迁曾指出：“故汉兴，然后诸儒始得修其经艺，讲习大射乡饮之礼。叔孙通作汉礼仪，因为太常，诸生弟子共定者，咸为选首，於是喟然叹兴于学。然尚有干戈，平定四海，亦未暇遑庠序之事也。孝惠、吕后时，公卿皆武力有功之臣。孝文时颇征用，然孝文帝本好刑名之言。及至孝景，不任儒者，而窦太后又好黄老之术，故诸博士具官待问，未有进者。”〔1〕统观汉初，是为经学的复兴与积淀阶段。秦时私藏之书得以面世，经师传授活动蓬勃兴起，民间学术渐渐由凋敝而繁荣。统治阶层亦逐渐改变蔑视儒家的态度，废《挟书律》，广开献书之路，征用与信任儒生，也曾一度意图以其政治理想为蓝本构建新社会。但总体而言，汉初官方对经学的态度仍是不甚重视，也未赋予儒生很大的参政议政空间。这一方面是因为汉初经历战火之后急需休养生息，故统治阶层崇尚节俭而反对繁文缛节；另一方面则是源于统治阶层出身草野，多视儒生所言为迂腐，且因袭秦政而任法术，同时又崇信黄老之学而主张清静无为，故经学在思想界虽有欣欣向荣之象，但在政治生活中发挥的作用却十分有限。

二、“罢黜百家，表彰六经”

武帝初期，儒家已有取代黄老道家活跃于政治舞台之势：“元年，汉兴已六十余岁矣，天下乂安，荐绅之属皆望天子封禅改正度也。而上乡儒术，

---

〔1〕（西汉）司马迁：《史记·儒林列传》，中华书局1959年版，第3117页。

招贤良，赵绾、王臧等以文学为公卿，欲议古立明堂城南，以朝诸侯。草巡狩封禅改历服色事未就。"[1]儒家意欲依据经典之义设明堂、朝诸侯、巡狩封禅、改正朔、令列侯就国、除关隘等。但这些举措却引起了好黄老之言的窦太后的反感，最终使改制行动大部流产。

武帝并未就此放弃，而是在艰难中继续执行儒家化政策，后终有"罢黜百家、表彰六经"之举。而这一政策的提出亦有深刻的历史背景：其一，七国之乱虽然已被平定，但王国问题继续威胁着中央政权。为强化中央的权力，巩固中央集权，彻底解决王国问题，需要借助思想上的统一。其二，南北边疆皆有少数民族之患，欲开疆拓土平定四夷，也需要统一思想作指导。其三，秦时的法家思想与汉初的黄老之道已经不完全适应巩固政权的需要，无力应对彼时的新局面。其四，以董仲舒为代表的新儒家杂取法家、道家等各派的主张，重述先秦儒家思想，提出了"君权神授""大一统"等理论，符合时政的需要与武帝的喜好。在这些因素的合力作用下，儒家思想强势崛起。所谓的"罢黜百家、表彰六经"其实是对武帝时期一系列慕古向化、尊儒尊孔措施的总称。其实施亦经历了若干步骤。早在建元元年，丞相卫绾就奏请"所举贤良，或治申、商、韩非、苏秦、张仪之言，乱国政，请皆罢"[2]。此为该措施的第一步。这一举动率先从体现秦政特色的"刑名"与代表战国乱政的"纵横"入手，以迎合当时要求改秦弊端、实现太平的呼声。此举得到了汉武帝的认可，成为在思想领域尊儒的先声。[3]建元五年（公元前136年），武帝置五经博士，将其执掌局限在五经领域。此为第二步。五经博士因不治诸子百家之言而有别于秦朝至汉初所立"掌

〔1〕（西汉）司马迁：《史记·孝武本纪》，中华书局1959年版，第452页。

〔2〕（东汉）班固：《汉书·武帝纪》，中华书局1962年版，第156页。

〔3〕钱穆认为，卫绾以谨慎敦厚闻名文景两朝，且该奏请未见于卫绾《本传》，又其不久之后即以不任职罢免，似乎有悖常理。故钱穆主张"此议发动，实不在绾。盖是年举贤良，仲舒预焉"，并认为其与董仲舒天人三策中所提绝不在六艺之道者有所相同。故将这一奏请的幕后推手视为董仲舒。参见钱穆：《两汉经学今古文平议》，商务印书馆2001年版，第195页。

通古今”之博士，又因只治《诗》《书》《礼》《易》《春秋》而有别于文帝时期所置《论语》《孟子》等传记博士。顾颉刚认为，“这是一个急剧的转变，使得此后博士的执掌不为‘通古今’而为‘作经师’。换句话说，学术的道路从此限定只有经学一条了”〔1〕。也就是说，武帝有意识地引导世人的目光焦聚于经学，以便完成思想上的统一。值得一提的是，罢治刑名纵横者与置五经博士两事均发生在窦太后在世时〔2〕，却未见其反对。大概由于前一事未涉及黄老道家，且黄老道家本身因主张清静无为也反对法家的严刑苛法与纵横家的巧言善辩。而在后一事中，武帝增设五经博士之初并未废除诸子百家博士，故而治黄老者仍然在官学中占有一席之地。喜好黄老的窦太后死后，尊儒崇经的过程才进一步加快：“及窦太后崩，武安侯田蚡为丞相，绌黄老、刑名百家之言，延文学儒者数百人。”〔3〕此为第三步。田蚡本人既好儒术，又得武帝授意，因而在任丞相后大力打击治百家之言者而提拔儒生。较卫绾奏议更进一步的是，田蚡对黄老道家进行了清算，将其列入罢黜的对象，并进一步压制刑名法家。至此，汉初得以同儒家经学相抗衡的道家黄老学与法家刑名学已经被从官学领域中清除出去，官方学术研究进一步向经学倾斜。元光元年（公元前134年），武帝诏问贤良，董仲舒对策曰：“诸不在六艺之科孔子之术者，皆绝其道，勿使并进。邪僻之说灭息，然后统纪可一而法度可明，民知所从矣。”〔4〕武帝对此欣然接受并付诸实践。此为第四步。董仲舒的这一言语颇具杀伤力：其一，他以是否在“六艺之科孔子之术”为标准对学术进行二分，将除儒家经典之外的诸子百家言全部纳入对立面，不为儒家所认可者皆被视为“邪僻之说”而遭到排斥。其二，“皆绝其道”彻底扼杀了诸子百家言在官方话语系统中的

〔1〕顾颉刚：《汉代学术史略》，人民出版社2008年版，第45页。

〔2〕据《汉书·武帝纪》记载，罢治刑名纵横者发生在建元元年（公元前140年），置五经博士发生在建元五年（公元前136年）春，而窦太后离世则发生建元六年（公元前135年）五月。

〔3〕（西汉）司马迁：《史记·儒林列传》，中华书局1959年版，第3118页。

〔4〕（东汉）班固：《汉书·董仲舒传》，中华书局1962年版，第2523页。

地位。"绝"意为"彻底消灭"，即完全清除诸子百家在统治阶层中的研习与传播，从而消灭其在官学中的影响力，将官学直接等同于经学。其三，"勿使并进"表面上看是为了维护官学的纯正性，但实际上亦含有整顿私学之意。也就是说，虽然允许私人研习诸子百家，但研习者即便学识再高也无从得到官方认可，更无法凭此进入官僚体系中获得功名利禄。这不免含有以政治地位引诱士人弃诸子而向经书的意味。长此以往，势必百家消而经学盛。诸子百家言在民间也将渐失立足之地。其四，"统纪可一""法度可明""民知所从"表明董仲舒从未将经学视为纯学术，而是要以其义理控制社会，管理民众，发挥规范作用。在他看来，社会生活应以经为统，法律政令应以经为准，百姓民众则应以经为教。这便将六艺经传上升为治世的根本大法。元朔五年（公元前124年），武帝诏劝礼官劝学，太常进博士弟子贤才，后公孙弘又设立选举、考课博士弟子的制度。此为第五步。史载："为博士官置弟子五十人，复其身。太常择民年十八以上仪状端正者，补博士弟子。郡国县官有好文学，敬长上，肃政教，顺乡里，出入不悖，所闻，令相长丞上属所二千石。二千石谨察可者，常与计偕，诣太常，得受业如弟子。一岁皆辄课，能通一艺以上，补文学掌故缺；其高第可以为郎中，太常籍奏。即有秀才异等，辄以名闻。其不事学若下材，及不能通一艺，辄罢之，而请诸能称者。"[1]于是，官方通过为博士置弟子以传授经典的方式确保经学能够延续而不致中断。这些弟子被从中央或地方中选拔出来，于受业之后接受考课，并根据成绩担任一定官职。此举渐渐变为汉世固定不易的经学学制。鉴于此，至少从理论上讲，无论受业弟子的出身如何，均可凭借自身的经学造诣高低获得不同官职，从而进入官僚体系。长此以往，对经学的研习程度便成为决定士人官宦生涯起点高低的重要标准。经由这五步，思想领域中的独尊儒术渐次完成。

---

〔1〕（东汉）班固：《汉书·儒林传》，中华书局1962年版，第3594页。

就经学本身而言，亦有自己独特的发展表现。武帝时的经学师承授受已比较清晰："言《易》自淄川田生；言《书》自济南伏生；言《诗》，于鲁则申培公，于齐则辕固生，燕则韩太傅；言《礼》，则鲁高堂生；言《春秋》，于齐则胡毋生，于赵则董仲舒。"〔1〕而此时之师法亦较为严谨，儒生遵循先师旧说，对经义的解释也多阐发微言大义。因而在许多学者看来，此阶段之经学理论最近古义。《汉书》记载，"初，《书》唯有欧阳，《礼》后，《易》杨，《春秋》公羊而已"〔2〕。唯《诗》有三家之说。但从整体上而言，彼时之博士仍未详分家法，因此还不存在"分文析字，烦言碎辞，学者罢老且不能究其一艺"〔3〕的混乱状况。同时，武帝一朝，治学风气仍较为朴实，既有守成而专研旧说者，又有开放而着眼现实者，其解经都在合理限度内，并无穿凿附会与破碎大道之举。故皮锡瑞认为"尊孔子者，必遵前汉最初之古义，勿惑于后起之歧说"〔4〕；钱穆也提出"然则东京所谓'古学'者，其实乃西汉初期经师之遗风"〔5〕。这种良好的研习风气在一定程度上得益于武帝抑百家而尊儒术的举措，即以政治权力保证经学的发展与延续，并以功名利禄诱导经师进入官僚体系之中。此方式的确激发了士人习经的热情与动力，也于无形中加强了经学学术与政治生活之间的关联。鉴于此，经学渐变为"经世致用"的学问。同时，新的经学文本也于此时被发现，古文经书在民间开始流传，有学者如孔安国专门对此进行研习，郡国层面甚至专设博士以传承之，"献王所得书皆古文先秦旧书，《周官》、《尚书》、《礼》、《礼记》、《孟子》、《老子》之属，皆经传说记，七十子之徒所论。其学举六艺，立《毛氏诗》、《左氏春秋》博士"〔6〕；"武帝末，鲁共王坏孔子宅，欲以

〔1〕（东汉）班固：《汉书·儒林传》，中华书局1962年版，第3593页。
〔2〕（东汉）班固：《汉书·儒林传》，中华书局1962年版，第3620～3621页。
〔3〕（东汉）班固：《汉书·楚元王传》，中华书局1962年版，第1970页。
〔4〕（清）皮锡瑞：《经学历史》，台北，艺文出版社1974年版，第90页。
〔5〕钱穆：《两汉经学今古文平议》，商务印书馆2001年版，第238～239页。
〔6〕（东汉）班固：《汉书·景十三王传》，中华书局1962年版，第2410页。

广其宫，而得《古文尚书》及《礼记》、《论语》、《孝经》凡数十篇，皆古字也”[1]。

三、武帝以后的西汉经学发展

“表彰六经”后，经学研究逐步兴盛。“自武帝立五经博士，开弟子员，设科射策，劝以官禄，讫于元始，百有余年，传业者浸盛，支叶蕃滋，一经说至百余万言，大师众至千余人，盖禄利之路然也。”[2]西汉统治者以“禄利”为饵，吸引大批士人通经入仕，故学习经学者数量之多，热情之高，前所未有。夏侯胜曾说：“士病不明经术；经术苟明，其取青紫如俛拾地芥耳。”[3]“青”指“银印青绶”，象征御史大夫；“紫”指“金印紫绶”，象征丞相，则青紫实为三公的代名词，亦可泛指高官厚禄。天下学士皆争相学经，欲凭此获得政治资本并飞黄腾达。虽然许多人读经习经的动机可能不纯，但这种行为本身的确成为一种社会风气，这在一定程度上有利于经学的发展。

随着经学的快速发展，大师辈出，学派林立。按照《汉书·儒林传》记载：《易》有施、孟、梁丘、京氏，均自田何出。施氏有张、彭之学，孟氏有翟、孟、白之学，梁丘氏有士孙、邓、衡之学。此外，还有费氏、高氏古文学。《书》有欧阳、大小夏侯，均自伏生出。欧阳氏有平、陈之学，大夏侯氏有孔、许之学，小夏侯氏有郑、张、秦、假、李之学。还有习《古文尚书》者。《诗》于汉初便有齐、鲁、韩三家。其后，《鲁诗》有韦、张、唐、褚、许之学，皆出自申公一系；《齐诗》有翼、匡、师、伏之学，皆出自辕固生一系；《韩诗》有王、食、长孙之学，皆出自韩婴一系。并有古文《毛诗》传世。

---

[1] (东汉)班固:《汉书·艺文志》，中华书局1962年版，第1706页。
[2] (东汉)班固:《汉书·儒林传》，中华书局1962年版，第3620页。
[3] (东汉)班固:《汉书·畦两夏侯京翼李传》，中华书局1962年版，第3159页。

《礼》有大小戴与庆氏三家，均出自高堂生。大戴有徐氏学，小戴有桥、杨之学。《春秋》分《公羊》《谷梁》今文与《左氏》古文，《公羊》有颜、严两家，颜家又有筦、冥之学；《谷梁》有尹、胡、申章、房氏之学。则治同一经者可分为数家，而每一家内又可分出不同学派。“但凡言某经有某氏之学者，皆指师法而言；但凡言某家有某氏之学者，则指家法而言。”[1]不同师法以及同一师法下不同家法对同一经典之理解与解释相去甚远，甚至多有抵牾，故歧义生焉。如“景、武之世，董仲舒治《公羊春秋》，始推阴阳，为儒者宗。宣、元之后，刘向治《谷梁春秋》，数其祸福，传以《洪范》，与仲舒错”[2]。则《公羊》《谷梁》对《春秋》当中所记灾异的解释大相径庭。又如夏侯胜认为“建所谓章句小儒，破碎大道”，夏侯建“亦非胜为学疏略，难以应敌”[3]，则《尚书》大小夏侯之间亦不屑于彼此的治学方法。天下习经者多为此而感到困惑，经典之义的统一性也遭到了极大的挑战。为解决这一问题，宣帝曾于甘露三年（公元前51年）召开石渠阁会议，令诸儒讲《五经》异同，并亲称制临决。其结果为“复广立《谷梁春秋》《梁丘易》《大小夏侯尚书》，义虽相反，犹并置之”[4]。即最终决定将现存的几种师法家法均立于学官，承认并维持一经有数解的现状，希望通过官方的权威将对经义的解释限定在这几家范围内，以阻止他义产生，扰乱习经者的思想。这一举措初衷固然很好，但在实践中反而导致经义出现愈加混乱的情形。由于经生认识到统治者对待解经学说的态度是“与其过而废之也，宁过而立之”[5]，因此他们在解经之时便穿凿附会、标新立异甚至违反经典原义，以求使自己的学说立于学官。故师法之盛，正在于其立于官学；家法之兴，亦在于某经师官运亨通。师法家法的流传与发展均与政治地位、官场

〔1〕 马宗霍、马巨：《经学通论》，中华书局2011年版，第217页。
〔2〕（东汉）班固：《汉书·五行志上》，中华书局1962年版，第1317页。
〔3〕（东汉）班固：《汉书·眭两夏侯京翼李传》，中华书局1962年版，第3159页。
〔4〕（东汉）班固：《汉书·楚元王传》，中华书局1962年版，第1971页。
〔5〕（东汉）班固：《汉书·楚元王传》，中华书局1962年版，第1971页。

派系相关联。此外，新任统治者自身也欲发展学术以超越先帝，故新的家言学派不断被纳入官学体系：元帝时立京氏《易》，平帝时立《左氏春秋》、逸《礼》、《毛诗》、《古文尚书》。与这种允许歧义并存之现象相伴而生的是章句治学方法的广泛采用。“夫经之有篇也，犹有章句也；有章句，犹有文字也。文字有意以立句，句有数以连章，章有体以成篇，篇则章句之大者。”〔1〕也就是说，章句之学比较重视对经典中的字、词、句、章、篇进行训诂与注疏，不以解释经书大义为主。由于其注重析文训词，且善于逐字逐段逐章来解释意义，故而所涉及的内容十分繁杂，甚至出现了“说五字之文，至于二三万言”〔2〕以及“一经说至百余万言”〔3〕这种极端情况。而不同博士之家法以及不同学派之主张正凭借自身独特之章句表现出来。《汉书·艺文志》记载：章句施、孟、梁丘氏各二篇；欧阳章句三十一卷，大小夏侯章句各二十九卷；《公羊》章句三十八篇，《谷梁》章句三十三篇。《汉书·匡张孔马传》载张禹“为《论语》章句献之”，是《论语》亦有章句。此均为今文经领域。又“歆治《左氏》，引传文以解经，转相发明，由是章句义理备焉”〔4〕，则古文经领域亦有章句之学。章句之学过于重视经典中的细节，并常以此为本而引申，具文饰说，使得对经典的解释反而偏离了原义。这便导致研习者在读经学经时难以通晓其本来意义，常常困于细枝末节，甚至本末倒置不求大义，难以做到通经致用。长此以往，经典本身便渐渐失去了其原有的活力与弹性，在运用于政治实践时也失去了原有的可塑性。

但从总体上来看，武帝以后的西汉时期其实是儒生政治上最为得意之时。在这段历史时期内，经生力量雄厚，博士弟子数额激增：“昭帝时举贤

〔1〕（东汉）王充撰，黄晖校释：《论衡校释·正说》，中华书局1990年版，第1129页。

〔2〕（东汉）班固：《汉书·艺文志》，中华书局1962年版，第1723页。

〔3〕（东汉）班固：《汉书·儒林传》，中华书局1962年版，第3620页。

〔4〕（东汉）班固：《汉书·楚元王传》，中华书局1962年版，第1967页。

良文学，增博士弟子员满百人，宣帝末增倍之。元帝好儒，能通一经者皆复。数年，以用度不足，更为设员千人，郡国置五经百石卒史。成帝末，或言孔子布衣养徒三千人，今天子太学弟子少，于是增弟子员三千人。岁余，复如故。平帝时王莽秉政，增元士之子得受业如弟子，勿以为员，岁课甲科四十人为郎中，乙科二十人为太子舍人，丙科四十人补文学掌故云。"〔1〕儒生通过成为博士弟子这一途径迅速进入官僚体系之中，发挥自身参政议政的职能，参与到国家建设当中，甚至晋升为公卿重臣。如韦玄成、匡衡、张禹、翟方进、孔光、平当、王嘉、马宫、平晏等位极人臣者，均由经术入仕。而他们所信奉的经典也开始渐渐成为各种政治行为的依据与准则。"儒者通经，皆以经世，以《禹贡》行水，以《洪范》察变，以《春秋》折狱，以《诗》三百五篇当谏书。盖六经之文无一字不可见于用，教之所以昌也。"〔2〕此处或有夸大经书作用之嫌，但确实生动形象地描述了经义在政治生活中的重要地位。诸多国家制度亦因不合于经典所载而遭到汉儒的抨击，如庙制、婚制、郊祀之制等。儒生在针对某一制度发表自己观点以及驳斥对方观点时无不以经义为据，以增强其论述的权威性。如此，经义之可适用性越来越强，其已然具有了类似于法律条文的规范性特征。

概言之，武帝"罢黜百家，表彰六经"之后，西汉经学欣欣向荣。在学术上，同一师法之下不同家法出现，章句注疏之学逐渐流行，故一经之内始分家言派别，而歧义渐生。在政治上，治经之儒生的参政议政力度增强，其中不乏诸多位至公卿者。在"经世致用"思想的影响下，他们对因袭秦政之汉政也迸发出强烈的不满，意图以经典所载古义对之进行改造，以实现太平。儒生们"相信上古三代才是理想境界、政治之楷模，以下则无足取；相信经典中包含了现实问题的一切答案，以六经为政治教科书；把特

---

〔1〕（东汉）班固：《汉书·儒林传》，中华书局1962年版，第3596页。

〔2〕梁启超：《梁启超全集》（第1卷），北京出版社1999年版，第85页。

定形态的礼制如服色、正朔、明堂、辟雍等视为‘王道’的具象，甚至是达致‘王道’的直接手段；相信天人感应，人事的处理、人间的秩序应服从于超现实的神圣安排和灾异符瑞的启示”[1]。自王莽秉政后，继续在政治生活中贯穿经义：以五经定嫁娶之礼，立官稷及学官并置经师，起明堂、辟雍、灵台，行迎春礼、大射礼、养老礼，依《周书》作《大诰》等。其称帝建新后，更是以经典为依据推行国政：依《周官》建立新官制，依古礼实行井田制，颁布《符命》四十二篇，置六经祭酒，依《周官》重新划分行政区划，依《周官》改革俸禄制度等。这些举措虽然合于经义古制，却严重脱离社会现实，故最终失败。但士人习经之热情却并未因政治动荡而有所降低，经学也依旧作为一种意识形态之学流传下去，并影响了中兴后之东汉王朝的基本政策。

四、东汉经学发展及特色

东汉一朝，对经学研习之热情有增无减。首要原因便是帝王的大力支持。尤其在光武帝、明帝、章帝、和帝四朝，可谓呈现了经学盛世的局面。光武帝时期，就已经恢复了西汉以及新莽时期的一系列制度，如立十四博士，要求其以家法教授，保证经学的延续。又如修太学、建辟雍、备古礼等以契合经义。明章二帝时期是经学发展的鼎盛时期。“明帝即位，亲行其礼。天子始冠通天，衣日月，备法物之驾，盛清道之仪，坐明堂而朝群后，登灵台以望云物，袒割辟雍之上，尊养三老五更”[2]，其行为一准于经典中对圣王的要求。明帝本人也爱好经术，曾亲自讲授经典并接受儒生的问难，还“自制《五家要说章句》”[3]，具有较高的经学素养。他在普及经

---

[1] 阎步克：《士大夫政治演生史稿》，北京大学出版社1996年版，第397页。

[2] （刘宋）范晔：《后汉书·儒林列传上》，中华书局1965年版，第2545页。

[3] （刘宋）范晔：《后汉书·桓荣丁鸿列传》，中华书局1965年版，第1254页。

典，推行教化方面也功不可没："其后复为功臣子孙、四姓末属别立校舍，搜选高能以受其业，自期门羽林之士，悉令通《孝经》章句，匈奴亦遣子入学。"〔1〕章帝"大会诸儒于白虎观，考详同异，连月乃罢"〔2〕，并亲临裁断，著为通义。"又诏高才生受《古文尚书》、《毛诗》、《谷梁》、《左氏春秋》，虽不立学官，然皆擢高第为讲郎，给事近署，所以网罗遗逸，博存众家。"〔3〕和帝继承三朝遗风，数临东观阅览经典。自和帝后期，东汉经学始有衰微之象，史载"今不依章句，妄生穿凿，以遵师为非义，意说为得理，轻侮道术，寖以成俗，诚非诏书实选本意"〔4〕。则此时经生言经已开始不遵师法家法而刻意求新。邓后称制时，"博士倚席不讲，儒者竞论浮丽，忘謇謇之忠，习諓諓之辞"〔5〕。此时儒者只讲辞藻华丽优美而不重内容切合实际，博士已近乎于名不副实，其中混有大量沽名钓誉之辈。安帝亲政后儒风进一步浸衰，"博士倚席不讲，朋徒相视怠散，学舍颓敝，鞠为园蔬，牧儿荛竖，至于薪刈其下"〔6〕。则此时太学郡国学已然有荒废之势。顺帝时，"章句渐疏，而多以浮华相尚，儒者之风盖衰矣"〔7〕。桓灵二帝时期，"党人既诛，其高名善士多坐流废，后遂至忿争，更相言告，亦有私行金货，定兰台桼书经字，以合其私文"〔8〕。党锢之争使儒生士大夫群体遭到了巨大打击，其政治地位一落千丈。追名逐利之徒趁势以金钱将自家言窜入官方文字。可见整个经学界已呈现混乱不堪的局面。但东汉后期的统治者针对官学衰败的现象亦非无动于衷，而是采取了许多措施：安帝、顺帝、桓帝、灵帝时曾多次诏举贤良方正、明经有道术以及能直言进谏者，并多次改革课试经生

〔1〕（刘宋）范晔：《后汉书·儒林列传上》，中华书局1965年版，第2546页。
〔2〕（刘宋）范晔：《后汉书·儒林列传上》，中华书局1965年版，第2546页。
〔3〕（刘宋）范晔：《后汉书·儒林列传上》，中华书局1965年版，第2546页。
〔4〕（刘宋）范晔：《后汉书·邓张徐张胡列传》，中华书局1965年版，第1501页。
〔5〕（刘宋）范晔：《后汉书·樊宏阴识列传》，中华书局1965年版，第1126页。
〔6〕（刘宋）范晔：《后汉书·儒林列传上》，中华书局1965年版，第2547页。
〔7〕（刘宋）范晔：《后汉书·儒林列传上》，中华书局1965年版，第2547页。
〔8〕（刘宋）范晔：《后汉书·儒林列传上》，中华书局1965年版，第2547页。

的制度，意图应对经学发展中呈现的乱象。不过，这一时期仍有两件经学事件值得称述：一为安帝永初四年（110年），“以经传之文多不正定，乃选通儒谒者刘珍及博士良史诣东观，各仇校（汉）家法”[1]。二为灵帝“熹平四年，灵帝乃诏诸儒正定五经，刊于石碑，为古文、篆、隶三体书法以相参检，树之学门，使天下咸取则焉”[2]。此二事均为官方对经典之整理与重述，体现了东汉王朝对儒家经典的重视，同时亦是统治者迫切希望以政治权威解决经学界因典籍流传疑误所出现之混乱现象的努力。

东汉经学之最重要特色便是古文经学的兴起与繁盛。所谓“古文”者，通说认为，即经文不以汉隶书而以先秦时期古文字（如篆文）所撰写者。刘师培认为，“不知独体曰文，合体曰字，古代之所谓文，犹今日所谓字也。字有今古，故《班志》所谓古今文者，均指文字而言。今文者，书之用汉代通行文字者也。古文者，书之用古代文字者也”[3]。章太炎也提出，“今古文的区别，本来只在文字版本上。因为《六经》遭秦火，秦代遗老就所能记忆的，用当代语言记出，成为今文；后来从山崖屋壁发现古时原本，称为古文，也不过像近代今板古板的分别罢了。但今文所记忆，和古文所发现的篇幅的多少，已有不同；今文家所主张和古文家所说，根本上又有不同；因此分道扬镳”[4]。则今古文之别本在文字篇章，但因存在这些差异，故而对经义的理解也产生了分歧，由此便衍生出了所谓的“今文”与“古文”之别。周予同曾系统而又全面地总结了两者之间的区别，他认为，两者的差距主要体现在对孔子地位的认定、经的传授是否可考、是否被立为官学、对谶纬的态度、盛行时间与阶层以及先王旧制内容记载等多个方

[1] （刘宋）范晔：《后汉书·宦者列传》，中华书局1965年版，第2513页。
[2] （刘宋）范晔：《后汉书·儒林列传上》，中华书局1965年版，第2547页。
[3] （清）刘师培：《刘师培讲经学》，凤凰出版社2008年版，第132页。
[4] 章太炎讲演：《国学概论》，曹聚仁整理，上海古籍出版社1997年版，第21页。

面。[1]但亦有不少学者认为今古文之间的区别并不大，甚至不存在实质意义上的差异。刘师培主张，今古文立说多同，并非为针锋相对的两派，并举出了立说相同者九条。[2]钱穆则进一步认为，两汉时期并无今古文经之争，仅有今古学之争："今学"即治章句者，"古学"则为治经书大义者。他主张以治学方法而非文字差异划分两汉经学。[3]事实上，两汉时期的今古文经学之间确实存在一定的差异，但并非如后世所说那般激烈，或者至少不是截然对立而全无相同点。最起码如钱穆所言，章句、大义确实是两派学者共同使用的治经进路。如西汉时刘歆治《左氏春秋》，亦曾为其作章句注疏；东汉何休治《公羊春秋》，却反对章句之学而崇尚"古义"。只不过两者对两种进路的偏重程度有所不同。而且今文学者虽然批判以《左传》为代表的古文，却从未对其真实性予以质疑，只是认为其与孔子之间的关系暧昧不清，且没有令人信服的师承关系。古文学者对今文学者的责难也主要在于其对于谶纬的过度重视以及对于章句注疏的过度推崇，其虽有争立官学之举，却不存在取代今文经的意图。因此才会在东汉后期出现合流之势。不过，从整体上来看，东汉的古文经学比今文经学更受欢迎。早在西汉哀帝时，刘歆便曾争立《左氏春秋》、《毛诗》、《古文尚书》、逸《礼》，但遭到太常博士的激烈阻挠而不得不终止。平帝至新莽时，古文经典被立于学官，王莽更是依据《周官》进行了大幅度改革。新朝覆灭后，古文经学不衰反盛，颇得学者青睐，因而大行于世，如"陈元、郑众皆传《费

〔1〕 周予同指出："今文经学的主要特征是：崇奉孔子；尊孔子是'受命'的'素王'；认为孔子是哲学家、政治家、教育家；移孔子为'托古改制'；以六经为孔子作；以《春秋公羊传》为主；为经学派；经的传授多可考；西汉都立于学官；盛行于西汉；斥古文经传是刘歆伪造之作；今存《仪礼》、《公羊》、《谷梁》、《小戴礼记》和《韩诗外传》；信纬书，以为孔子微言大义间有所存。古文经学的主要特征是：崇奉周公；尊孔子为先师；认孔子是史学家；以孔子为'述而不作，信而好古'，以六经为古代史料；以《周礼》为主；为史学派；经的传授不大可考；两汉多行于民间；盛行于东汉；斥今文经传是秦火残缺之余；今存《毛诗》、《周礼》、《左传》；斥纬书为诬妄。"参见朱维铮主编：《周予同经学史论著选集（增订本）》，上海人民出版社1996年版，第9页。

〔2〕 参见（清）刘师培：《刘师培讲经学》，凤凰出版社2008年版，第138～140页。

〔3〕 参见钱穆：《两汉经学今古文平议》，商务印书馆2001年版，第235～248页。

氏易》，其后马融亦为其传。融授郑玄，玄作《易注》，荀爽又作《易传》，自是《费氏》兴，而《京氏》遂衰”〔1〕；又如“扶风杜林传《古文尚书》，林同郡贾逵为之作训，马融作传，郑玄注解，由是《古文尚书》遂显于世”〔2〕；再如“中兴，郑众传《周官经》，后马融作《周官传》，授郑玄，玄作《周官注》”〔3〕等，说明古文经已有压倒今文经的势头。而古文经的繁荣盖源于其重文本本义而不甚重经典中不曾明示的微言大义，因而较今文经而言更为严谨，更加强调以圣人原意为立论依据。同深陷于师法家法和章句解释中而导致本末倒置、大义破碎的今文经相比，古文经摆脱了经说繁杂所带来的混乱局面，从而更利于统一习经者的思想认识。而诸如贾逵、马融等古文学者也乐于通过阐发经典本义来为统治者的治理提供理论依据。这便是古文经能够获得统治者青睐的主要原因。史载光武帝时曾一度立《左氏春秋》于官学，但其后由于多数儒生与公卿的反对，最终被废除。章帝“降意儒术，特好《古文尚书》、《左氏传》。建初元年，诏逵入讲北宫白虎观、南宫云台。帝善逵说，使发出《左氏传》大义长于二传者”〔4〕，后又“令群儒选高才生，受学《左氏》、《谷梁春秋》，《古文尚书》，《毛诗》，以扶微学，广异义焉”〔5〕。安帝时“诏选三署郎及吏人能通《古文尚书》、《毛诗》、《谷梁春秋》各一人”〔6〕。灵帝时“诏公卿举能通《[古文]尚书》、《毛诗》、《左氏》、《谷梁春秋》各一人，悉除议郎”〔7〕。在帝王的引导下，郡县层面也开始重视古文经学，如寇恂在任汝南太守时，“乃修乡校，教生徒，聘能为《左氏春秋》者，亲受学焉”〔8〕。则古文于东汉时期虽然始终未成为官学，但

〔1〕（刘宋）范晔：《后汉书·儒林列传上》，中华书局1965年版，第2554页。
〔2〕（刘宋）范晔：《后汉书·儒林列传上》，中华书局1965年版，第2566页。
〔3〕（刘宋）范晔：《后汉书·儒林列传下》，中华书局1965年版，第2577页。
〔4〕（刘宋）范晔：《后汉书·郑范陈贾张列传》，中华书局1965年版，第1236页。
〔5〕（刘宋）范晔：《后汉书·肃宗孝章帝纪》，中华书局1965年版，第145页。
〔6〕（刘宋）范晔：《后汉书·孝安帝纪》，中华书局1965年版，第237页。
〔7〕（刘宋）范晔：《后汉书·孝灵帝纪》，中华书局1965年版，第344页。
〔8〕（刘宋）范晔：《后汉书·邓寇列传》，中华书局1965年版，第624页。

已流传广泛，盛于今文。在这种环境中，产生了一大批兼治今古文的学者，如郑兴“少学《公羊春秋》。晚善《左氏传》，遂积精深思，通达其旨，同学者皆师之”[1]；贾逵“弱冠能诵《左氏传》及五经本文，以《大夏侯尚书》教授，虽为古学，兼通五家《谷梁》之说”[2]；尹敏“初习《欧阳尚书》，后受古文，兼善《毛诗》、《谷梁》、《左氏春秋》”[3]；马融、郑玄更成为集今古文之大成的一代经师。

东汉经学的另一特色便是谶纬之学的流行。谶纬之学是东汉经学发展中无法避免的话题，在经学发展史上影响巨大。《说文解字·言部》：“谶，验也，有征验之书。河、洛所出书曰谶。”则“谶”是指占验之书，依靠模糊诡秘的预言向人们揭示吉凶祸福、治乱兴衰，在汉代专指《河图》《洛书》一类。如前所述，经之本义为织布机上纵向的线，而根据《释名·释典艺》：“纬，围也，反复围绕以成经也。”故“纬”之原义即织布机上横向的线，穿梭于纵向的经线之间，后引申为以阴阳、五行、灾异等理论比附儒家经典的作品。“汉人左右六经之书谓之祕纬。”[4]谶、纬二者概念虽有不同，但应视为一个整体来研究。顾颉刚即认为“谶是预言，纬是对经而立的……这两种在名称上好像不同，其实内容并没有什么大分别。实在说来，不过谶是先起之名，纬是后起的罢了”[5]；钟肇鹏也以汉代史料为据，指出“在汉人的著述中所谓‘经谶’、‘图谶’实际上都包括纬书，而‘谶’、‘纬’也往往互称，并无区别”[6]。自西汉中后期起，谶纬便开始出现，其与当时思想界天人感应、阴阳灾异的流行相同步，“成、哀之后，乃

---

〔1〕（刘宋）范晔：《后汉书·郑范陈贾张列传》，中华书局1965年版，第1217页。
〔2〕（刘宋）范晔：《后汉书·郑范陈贾张列传》，中华书局1965年版，第1235页。
〔3〕（刘宋）范晔：《后汉书·儒林列传上》，中华书局1965年版，第2558页。
〔4〕（东汉）许慎撰，（清）段玉裁注：《说文解字注》，上海古籍出版社1981年版，第644页。
〔5〕顾颉刚：《汉代学术史略》，人民出版社2008年版，第116页。
〔6〕钟肇鹏：《谶纬论略》，辽宁省教育出版社1991年版，第9页。

始闻之"[1]。东汉一朝，谶纬繁盛，大多数皇帝对之深信不疑：光武帝以赤九谶即位、封禅，后"宣布图谶于天下"[2]，划定了官方认可的图谶范围，并"多以决定嫌疑"[3]；明帝曾以谶纬改革乐制乐官；章帝曾意图以《河图》《尚书纬》等谶书记载为据改革礼制；安帝诏"其百僚及郡国吏人，有道术明习灾异阴阳之度琁机之数者，各使指变以闻"[4]。在帝王的政策引导下，谶纬被尊为"秘经""内学"。公卿大臣与士人乡绅争相研习之，甚至将谶纬视为与经书具有同等地位而并修，成为一代风气。如杨由"少习《易》，并七政、元气、风云占候"[5]；廖扶"习《韩诗》、《欧阳尚书》，教授常数百人。……专精经典，尤明天文、谶纬，风角、推步之术"[6]；公沙穆"习《韩诗》、《公羊春秋》，尤锐思《河洛》推步之术"[7]；韩说"博通《五经》，尤善图纬之学"[8]；故有"自中兴之后，儒者争学图纬，兼复附以訞言"[9]之论。在研习谶纬的同时，以谶解经亦成为常态。如樊鯈"就侍中丁恭受《公羊严氏春秋》。……永平元年，拜长水校尉，与公卿杂定郊祠礼仪，以谶记正《五经》异说"[10]；曹褒"依准旧典，杂以《五经》谶记之文，撰次天子至于庶人冠婚吉凶终始制度，以为百五十篇"[11]；马融、郑玄著经之作亦常多引谶纬为证。而东汉官方权威之作《白虎通义》也经常以谶纬来讨论、定夺经学问题，"如果把《白虎通义》的文句和散引于各书中的谶纬文句对照，各篇都是一样的，百分之九十的内容出于谶纬"[12]。更有甚者，在东汉时

[1] (刘宋)范晔:《后汉书·张衡列传》，中华书局1965年版，第1912页。
[2] (刘宋)范晔:《后汉书·光武帝纪下》，中华书局1965年版，第84页。
[3] (刘宋)范晔:《后汉书·桓谭冯衍列传》，中华书局1965年版，第959页。
[4] (刘宋)范晔:《后汉书·孝安帝纪》，中华书局1965年版，第210页。
[5] (刘宋)范晔:《后汉书·方术列传上》，中华书局1965年版，第2716页。
[6] (刘宋)范晔:《后汉书·方术列传上》，中华书局1965年版，第2719页。
[7] (刘宋)范晔:《后汉书·方术列传下》，中华书局1965年版，第2730页。
[8] (刘宋)范晔:《后汉书·方术列传下》，中华书局1965年版，第2733页。
[9] (刘宋)范晔:《后汉书·张衡列传》，中华书局1965年版，第1911页。
[10] (刘宋)范晔:《后汉书·樊宏阴识列传》，中华书局1965年版，第1122页。
[11] (刘宋)范晔:《后汉书·张曹郑列传》，中华书局1965年版，第1203页。
[12] 侯外庐等:《中国思想通史》(第2卷)，人民出版社1957年版，第229页。

期，对谶纬本身的态度以及研习谶纬水平的高低，不仅成为衡量士人学术能力的重要尺度，还成为考察其是否忠于君主、拥护统治的基本标准，甚至能够决定其在仕途上的最终结局。故范晔言："及光武尤信谶言，士之赴趣时宜者，皆骋驰穿凿，争谈之也。故王梁、孙咸名应图箓，越登槐鼎之任。郑兴、贾逵以附同称显，桓谭、尹敏以乖忤沦败，自是习为内学，尚奇文，贵异数，不乏于时矣。"〔1〕

总览东汉一朝，在统治阶层的大力扶持之下，经学研究持续繁荣，涌现出众多兼通数经、融汇今古文的经学大师。在他们的努力下，今古文经学出现合流趋势，对后世产生了深远影响。当此时，"所谈者仁义，所传者圣法也。故人识君臣父子之纲，家知违邪归正之路"〔2〕。在政治层面，统治者信奉"尊经必尊其能实行经义之人"〔3〕，故西汉通经入仕之政策继续贯彻实施，经明行修成为考察官吏的重要标准。东汉宗室外戚以及公卿大臣均有较高的经学造诣，皆习得一经或数经。而在中央的带动下，地方教化亦迅速发展。因此至少从意识形态上来看，经学在东汉时期得到了更大的尊重。难怪顾炎武认为："三代以下风俗之美，无尚于东京者。"〔4〕但东汉中期以后，经学盛极而衰，尽管统治者时时采取措施补救之，但未能逆转这一历史趋势。其原因可从多方面论述之：盖彼时章句繁多，治经者牵强附会，"至有分争王庭，树朋私里，繁其章条，穿求崖穴，以合一家之说"〔5〕。则经义混乱，大道破碎，经典已失圣人原意。此为其一。"后汉取士，必经明行修；盖非专重其文，而必深考其行"〔6〕，甚至行重于文，故不习经学而只修德行者亦可凭借较高声誉被官员察举入仕，其中不乏沽名钓誉

---

〔1〕（刘宋）范晔：《后汉书·方术列传上》，中华书局1965年版，第2705页。
〔2〕（刘宋）范晔：《后汉书·儒林列传下》，中华书局1965年版，第2589页。
〔3〕（清）皮锡瑞：《经学历史》，台北，艺文出版社1974年版，第125页。
〔4〕（清）顾炎武著，（清）黄汝成释：《日知录集释》，上海古籍出版社2006年版，第752页。
〔5〕（刘宋）范晔：《后汉书·儒林列传下》，中华书局1965年版，第2588页。
〔6〕（清）皮锡瑞：《经学历史》，台北，艺文出版社1974年版，第98页。

善于伪装之徒。久之则习经之气不再浓厚，而争誉现象日渐严重。此为其二。经学谶纬神学化，成为汉统治者论证自己受命神圣性的工具。汉儒对谶纬的追求导致经学理论与现实社会相脱节，难以再具有致用性。而不能解决社会问题的学问势必会衰落。此为其三。经学所提倡的君权神授、天人感应理论不仅无力应对外戚宦官专权的现象而加强君权，反而成为这类权臣迫害治经者的借口，故妖言之罪、党锢之祸起而经学衰矣。此外，经学在政治生活中的软弱无力也使其在士人心目中的地位下降，尤其在汉末乱世中遭到王符、仲长统、崔寔等的激烈批判，加剧了它的式微，此为其四。不过，东汉王朝之所以能在这种情形下继续维持近一百年，经学对士人忠君报国品格之熏陶的作用实不可估量。故范晔感叹曰："自桓、灵之闲，君道秕僻，朝纲日陵，国隙屡启，自中智以下，靡不审其崩离；而权强之臣，息其窥盗之谋，豪俊之夫，屈于鄙生之议者，人诵先王言也，下畏逆顺执也。"[1]

五、汉代经学的特点

综而论之，汉代经学整体上具有如下特点：由研习方法而言，其重名物训诂。名物训诂即"解物以释名（词义）"[2]，以解释某一事物的名称、特征来理解该事物之义。汉儒多采此法注经作传，形成了重原义、偏考据的解经风气。就传授进路而言，其重师法家法。汉儒诠释经典，以恪守师法家法为主，"传（儒）者传学，不妄一言，先师古语，到今具存"[3]，其解经不敢背离师说家言，故汉学之盛，正盛于师法家法的绵延不绝。就思维方式而言，其重天人之学。皮锡瑞曾言："汉有一种天人之学而齐学尤盛。《伏

〔1〕（刘宋）范晔：《后汉书·儒林列传下》，中华书局1965年版，第2589页。
〔2〕黄金贵：《初谈名物训诂》，载《语言研究》2011年第4期。
〔3〕（东汉）王充撰，黄晖校释：《论衡校释·定贤》，中华书局1990年版，第1114页。

传》五行，《齐诗》五际，《公羊春秋》多言灾异，皆齐学也。《易》有象数占验，《礼》有明堂阴阳，不尽齐学，而其旨略同。”〔1〕汉人特别重视天人感应理论，尤善于以阴阳五行、灾异祥瑞解释经典并附会时政，以阐发自己的观点。就治学目的而言，其重经世致用。“综览秦以后中国社会发展的历史，虽然累朝累代都提倡以儒术治国，然而只有在汉代才真正将经学由理论推向实践，建立起一套制度体系。”〔2〕经学是儒生入仕与晋升的主要途径，明经者被委以要职，甚至官居三公。同时，汉儒以经学服务政治，其据经典解说政治得失，依经典议定礼制，以经义决狱，援经典作为奏疏及诏令的依据。这些特点使得两汉经学不同于历史上其他阶段的经学。当然，经学在两汉又略有不同之处，主要表现为：西汉以今文经为主流，重微言大义；东汉以古文经为主流，重文本本义。〔3〕蒙文通先生曾言：“是东京之学不为放言高论，谨固之风起而恢宏之致衰，士趋于笃行而减于精思理想。”〔4〕也就是说，西汉经学家仍有诸子遗风，常有“放言高论”，善于精思明辩，以学问附会政治。而东汉经学家则以谨慎考证为本，并更强调用经义治身修行，砥砺名节。这实为两种治学模式之差异的具体表现。但总体来看，两汉经学的传承沿袭一以贯之，仍可以在经学史上被作为一个整体而对待，所谓“不同”亦只在于偏重某一方面而已，并无本质差别。

---

〔1〕（清）皮锡瑞：《经学历史》，台北，艺文出版社1974年版，第125页。

〔2〕姜广辉主编：《中国经学思想史》（第2卷），中国社会科学出版社2003年版，第377页。

〔3〕皮锡瑞还认为西汉重师法，东汉重家法，并将之作为两汉经学的主要区别。但笔者认为，此特征似并不明显，因家法在西汉宣帝以后就已经十分盛行，并非肇始于东汉。《汉书·儒林传》中已经列举了诸多有名的“家法”，且研习、恪守这些“家法”者甚众，则家法在西汉时亦已受到重视。东汉时期正是由于古文经的兴盛与章句之学的流行导致了家法的混乱，朝廷与知名经师才强调“以家法教授”“课试家法”以统一思想。这并不能成为其论证西汉较之于东汉不重家法的依据。更有学者指出，“师法、家法原是前汉、后汉对经学传承的不同说法，各持其说，皆因经学状况相异”。则师法、家法其实是两汉传承的不同称谓，并无太大区别。参见孙筱：《两汉经学与社会》，中国社会科学出版社2002年版，第196页。故以师法家法区别前后汉之经学似有不妥，笔者于此不采。

〔4〕蒙文通：《论经学三篇》，载《中国文化》1991年第1期。

第二章　内在诱因：儒家经义本身的法律属性

儒家经典在汉代成为主流意识形态的载体之后，在社会生活的方方面面都发挥着重要作用。其最主要的表现便是经义成为社会各阶层为人处世的基本行为准则。作为儒家典籍的核心与灵魂，经义最能彰显儒家学派的道德要求与政治主张。它是孔门思想理念与价值追求的形象表述，既连通先贤今王，又杂融古学今说，具有明确的指引性与约束性。受“推明孔氏”“表彰六经”国策的影响，经义在两汉时期得到了最大限度的尊崇，成为社会生活中类似于法律的准则，起着调节、规范诸多社会关系的作用。而它之所以能够在实践中被当作法律来对待，与其自身固有的法律属性不无关联。也就是说，经义本身的法律属性正是其得以法律化的内在诱因。

第一节　经义价值观的政治表达

所谓价值观，是指人们认定事物、辨别是非的一种思维或取向。经义价值观即儒家价值观，也就是儒家学派在认定事物、辨别是非时所持的态度与取向，其由儒家经典中抽象而来，对于指引、调节儒者个体的行为意义重大。儒家创始人孔子尤重“仁”，认为“君子去仁，恶乎成名”[1]，“无求生以害仁，有杀身以成仁”[2]，将以“爱人”“立人”“达人”为内涵的“仁”作为至上的道德品行与成为君子的必备资质。欲达到“仁”，则需“克己复礼”，即将遵从与践行礼制秩序作为实现“仁”的途径。鉴于此，孔子又提出了“非礼勿视，非礼勿听，非礼勿言，非礼勿动”[3]，以“礼”来衡量并规范人的一切言行举止。可以说，孔子的一切思想均为实现“仁”与“礼”而服务，故“仁”“礼”二者既是孔子心目中最基本的价值观念，亦成为儒家价值观的核心。其后，孟子进一步阐发了孔子的价值观，将“义”与“智”也纳入了基本价值体系，为此，他提出了“四心”说：

> 恻隐之心，人皆有之。羞恶之心，人皆有之。恭敬之心，人皆有之。是非之心，人皆有之。恻隐之心，仁也。羞恶之心，义也。恭敬之心，礼也。是非之心，智也。仁、义、礼、智，非由外铄我也，我固有之也，弗思耳矣。[4]

在孟子看来，恻隐之心、羞恶之心、恭敬之心、是非之心是人人生来皆有的四心，其外在表现即为仁、义、礼、智四种品行。这四者实为人之先天资质，亦是人所以为人而不同于禽兽之所在，故可以将其视为儒家所倡导的基本价值观念。至西汉时期，“信”也被纳入其中。董仲舒借《春秋》论“信”：“《春秋》尊礼而重信。信重于地，礼尊于身”[5]；“《春秋》之义，贵信而贱诈。诈人而胜之，虽有功，君子弗为也”[6]。也就是说，“信”是《春秋》所要求为人处世的准则，故其也应当被视为儒家最为基本的价值观

〔1〕（魏）何晏注，（北宋）邢昺疏：《论语注疏·里仁》，北京大学出版社1999年版，第48页。
〔2〕（魏）何晏注，（北宋）邢昺疏：《论语注疏·卫灵公》，北京大学出版社1999年版，第210页。
〔3〕（魏）何晏注，（北宋）邢昺疏：《论语注疏·颜渊》，北京大学出版社1999年版，第157页。
〔4〕（东汉）赵岐注，（北宋）孙奭疏：《孟子注疏·告子章句上》，北京大学出版社1999年版，第300页。
〔5〕（西汉）董仲舒撰，（清）苏舆义证：《春秋繁露义证·楚庄王》，中华书局1992年版，第6页。
〔6〕（西汉）董仲舒撰，（清）苏舆义证：《春秋繁露义证·对胶西王越大夫不得为仁》，中华书局1992年版，第268页。

念。由此，董仲舒指出：

> 夫仁谊礼知信五常之道，王者所当脩饬也；五者脩饬，故受天之祐，而享鬼神之灵，德施于方外，延及群生也。[1]

“五常之道”即仁、义、礼、智、信五种行为品格与道德准则，这是王者在施政中最应重视的，亦是理想社会中作为独立个体的人应具备的。这一观念被汉代时人所接受，成为王朝通说。《白虎通义》便将“五常”神圣化，视其为治民之源：

> 人皆怀五常之性，有亲爱之心，是以纲纪为化，若罗纲之有纪纲而万目张也。[2]
>
> 有五常之道，故曰《五经》。《乐》仁，《书》义，《礼》礼，《易》智，《诗》信也。[3]

在汉儒看来，五常是人之为人的表现，亦是统治者得以教化民众、践行经典的根基。正是自汉代起，“五常”成为儒家经典所承载的最基本的价值观念。在五常之中，礼与仁义智信又具有不同之处。仁义智信主要被视为一种道德规范，是对人之内心的约束，意在提高人之内在修养。礼虽然也在一定程度上约束着人的内心，但更在乎对人之外在行为的规制。故就统治者治理与控制社会而言，礼显然较其他四常更具实用意义。礼本身所强调的便是一种长幼尊卑有别的社会秩序，“礼也者，小事大，大字小之谓”[4]。礼之基本精神为“亲亲”“尊尊”，而“亲亲之恩莫重于孝，尊尊之义莫大于忠”[5]，故“亲亲”“尊尊”为忠孝之道。换言之，忠孝实为“亲

---

〔1〕（东汉）班固：《汉书·董仲舒传》，中华书局1962年版，第2505页。

〔2〕（东汉）班固撰，（清）陈立疏：《白虎通疏证·三纲六纪》，中华书局1994年版，第374页。

〔3〕（东汉）班固撰，（清）陈立疏：《白虎通疏证·五经》，中华书局1994年版，第447页。

〔4〕（西晋）杜预注，（唐）孔颖达正义：《春秋左传正义·昭公三十年》，北京大学出版社1999年版，第1516页。

〔5〕（东汉）班固：《汉书·宣元六王传》，中华书局1962年版，第3320～3321页。

亲”“尊尊”之关键要求，亦是考量礼是否能够真正实现的唯一标准。在这两者之中，忠主要被用于规范政治上的隶属关系，尤其表现在对国家、君主、长官等；孝则主要被用于规范家族内的血缘关系，尤其表现在对父母、祖先、宗族等。二者各有侧重，正反映了礼在规制、调整国家生活与家庭生活时的区别。从道德品行在实践中的落实程度来看，忠与孝也具有极大的优势。只要是生活在社会中的“人”，就能够践行礼所要求的忠孝之道，几乎不需考虑践行主体本身所具有的诸如智识、修养、身份、地位、财力等特殊条件。而其余四常则不然：仁与义是至上的道德品格，需要践行主体具有极高的道德修养，故其常常成为评价一个人是否是君子的标准；智需要践行主体具有一定的知识背景，难以适用于广大平民；信虽有立身之本之称，但其实现亦要求践行主体具有较高的素质与修养。故仁义智信虽然被视为儒家的基本价值，但要求人人践行却不切实际。而作为礼之表现形式的忠与孝则不然，上至王公贵族下至平民百姓都可以做到，虽然由于其政治经济实力不同而可能有不同的表现形式。从这个层面上来看，儒家经典之义理自然以提倡社会生活中的忠孝为己任。也就是说，忠孝正是经义价值观在政治层面的准确表述。这在以尊儒尊经著称的两汉时期更是如此。

一、“孝”及其政治表达

从宏观上来看，孝在儒家道德体系中具有十分重要的位置：“夫孝，德之本也”[1]，“孝，礼之始也”[2]。可见“孝”是德与礼之源。进言之，孝既是各种德行教化得以施行的基础，又是诸多政治制度得以建立的依据。因此孝于观念和制度层面都具有本源性地位。故准确把握“孝”之内涵便

---

〔1〕（唐）李隆基注，（北宋）刑昺疏：《孝经注疏·开宗明义》，北京大学出版社1999年版，第3页。

〔2〕（西晋）杜预注，（唐）孔颖达正义：《春秋左传正义·文公二年》，北京大学出版社1999年版，第498页。

显得至关重要。《尔雅》曰："善父母为孝。"《说文》亦释"孝"为"善事父母者"。则孝之客体以父母为主。《礼记·祭统》云："孝者，畜，蓄养也。"《礼记·孔子闲居》郑玄注："畜，孝也，使万邦之民竞为孝也"，亦将"畜"等同于"孝"。《孝经纬·援神契》曰："庶人之孝曰畜，五孝不同，庶人但取畜养而已，不能百事皆顺。"也就是说，天子、诸侯、卿大夫、士人、庶民五阶层皆行孝，但因其身份、财力不同，则孝之内容与要求也不同。[1]"畜"代表了最广大的庶民之孝，实际上亦是最低限度的"孝"。而儒家所倡导的"孝"不止于此："今之孝者，是谓能养。至于犬马，皆能有养。不敬，何以别乎？"[2]相较于物质层面的赡养，行为与精神层面的尊敬与顺从更为重要："孝有三，大孝尊亲，其次弗辱，其下能养。"[3]在这三种类型的"孝"中，"尊亲""弗辱"都是行为与精神层面的，位阶较高；"养"是物质层面的，位阶较低。而要做到这些，则应当"从命不忿，微谏不倦，劳而不怨"[4]，甚至终身在父母面前保持恭谨谦卑，即"大孝，终身慕父母"[5]。不过，"孝"也绝非无原则的顺从，而是应当谏诤父母的过失，避免陷之于不义："故当不义则争之，从父之令，又焉得为孝乎？"[6]可见"谏"亦为"孝"所要求。故"孝"实有"蓄养""尊敬""劝谏"三层含义。对父母的孝不仅要表现在父母健在时，还要延续到父母去世后，生前之养、死时之葬以及死后之祭都是孝道的表现。不论父母健在与否都要遵循其教诲不可改变："父在观其志，父没观其行，三年无改于父之道，可谓孝矣。"[7]甚至要"色不忘乎目，声不绝乎耳，心志嗜欲不忘乎心"[8]。此外，"身体发肤，受

---

〔1〕《孝经》专有《天子》《诸侯》《卿大夫》《士》《庶人》五章以论述此五阶层"孝"之不同。

〔2〕(魏)何晏注，(北宋)邢昺疏：《论语注疏·为政》，北京大学出版社1999年版，第17页。

〔3〕(东汉)郑玄注，(唐)孔颖达正义：《礼记正义·祭义》，北京大学出版社1999年版，第1332页。

〔4〕(东汉)郑玄注，(唐)孔颖达正义：《礼记正义·坊记》，北京大学出版社1999年版，第1409页。

〔5〕(东汉)赵岐注，(北宋)孙奭疏：《孟子注疏·万章章句上》，北京大学出版社1999年版，第244页。

〔6〕(唐)李隆基注，(北宋)刑昺疏：《孝经注疏·谏争》，北京大学出版社1999年版，第48页。

〔7〕(魏)何晏注，(北宋)邢昺疏：《论语注疏·学而》，北京大学出版社1999年版，第10页。

〔8〕(东汉)郑玄注，(唐)孔颖达正义：《礼记正义·祭义》，北京大学出版社1999年版，第1312页。

之父母，不敢毁伤，孝之始也。立身行道，扬名于后世，以显父母，孝之终也"[1]；"不辱其身，不羞其亲，可谓孝矣"[2]。对自己身体的毁损与因自己的行为使身体受辱都是不孝的表现，"无后"更被视为大不孝。相反，建功立业、名传千古则是对父母最大的"孝"。"孝"还扩展至父母之外的与自己具有血缘关系的旁系亲属："睦於父母之党，可谓孝矣。"[3]概言之，孝虽然以敬事父母为核心，但其外延却十分宽泛：就客体而言，不仅涉及如何对待父母，还包括如何对待自己以及其他旁系亲属；就时间而言，不仅发生在客体在世时，还应延续到其离世后。故孝之主体的一切行为举动都可以被纳入规制范围内："居处不庄，非孝也。事君不忠，非孝也。莅官不敬，非孝也。朋友不信，非孝也。战陈无勇，非孝也。"[4]甚至"断一树，杀一兽，不以其时，非孝也"[5]。由此出发，孝无所不包，确实成为了"天之经也，地之义也，民之行也"[6]。

孝不仅仅是一种高尚的道德品格，还成为人人都必须遵守的伦理准则。孝是社会关系的总和，是调解、稳定与巩固社会秩序的有效方法。因此它被纳入政治制度之中而受到统治者的关注。早在三代时期，统治者就注意到了"孝"在治理国家中的作用。舜有"慎徽五典，五典克从"[7]之说，已然将"孝"作为一种教化内容。康叔也曾要求妹土之民"肇牵车牛，远服贾，用孝养厥父母"[8]。但真正在政治实践与社会管理中充分利用"孝"，仍当首推两汉。盖其时标榜孝治，视"孝"甚重。统治者认为，"孝

---

〔1〕（唐）李隆基注，（北宋）刑昺疏：《孝经注疏·开宗明义》，北京大学出版社1999年版，第3～4页。

〔2〕（东汉）郑玄注，（唐）孔颖达正义：《礼记正义·祭义》，北京大学出版社1999年版，第1336页。

〔3〕（东汉）郑玄注，（唐）孔颖达正义：《礼记正义·坊记》，北京大学出版社1999年版，第1409页。

〔4〕（东汉）郑玄注，（唐）孔颖达正义：《礼记正义·祭义》，北京大学出版社1999年版，第1332～1333页。

〔5〕（东汉）郑玄注，（唐）孔颖达正义：《礼记正义·祭义》，北京大学出版社1999年版，第1333页。

〔6〕（唐）李隆基注，（北宋）刑昺疏：《孝经注疏·三才》，北京大学出版社1999年版，第19页。

〔7〕孔安国认为五典为"父义、母慈、兄友、弟恭、子孝"。（西汉）孔安国传，（唐）孔颖达正义：《尚书正义·舜典》，北京大学出版社1999年版，第51页。

〔8〕（西汉）孔安国传，（唐）孔颖达正义：《尚书正义·酒诰》，北京大学出版社1999年版，第376页。

悌，天下之大顺也”[1]，“导民以孝，则天下顺”[2]，故采取了多种措施以推广“孝”，使其深入人心，为社会各阶层所接受，大致包括以下几点：其一，优待孝悌之人，时常举孝悌力田并给予一定的赏赐，甚至加封民爵，以教化乡里。其二，对老年人予以特殊照顾，以诏令的形式保证其能够享受一定的福利，尤其是赐予部分老者以王杖，赋予其法律上的特权。其三，不断要求郡国举荐有孝行者，后逐渐成为察举孝廉这一选官定制。不举孝廉的地方官甚至以刑律处罚。其四，奉行“罪莫大于不孝”[3]之论，以刑律严惩不孝罪，同时在一定程度上宽宥因孝犯罪的行为，如允许亲亲相隐等。其五，多次依据经义尊事三老五更，将之作为一种固定的国家礼仪以彰显孝道。其六，重视并大力普及《孝经》，不断提高《孝经》的地位，将《孝经》列为官学的必修科目，令天下人研习之。此外，汉代皇室为了标榜自身行孝治，几乎都以“孝”为谥号之一。[4]而且“隆汉盛典，尊崇母氏，凡在外戚，莫不加宠”[5]，皇帝对太后干政以及外戚擅权的默认也与孝具有极大关联。因此，统治者从标榜亲情、孝道入手，以身作则、抚慰民众，正始于汉代，并为日后历朝历代所延续。

二、“忠”及其政治表达

如果说“孝”是人人都应奉行的家族伦理，那么“忠”就是人人都应具备的政治品格。《说文》释“忠”为“敬”，并认为“尽心曰忠”。段玉裁注曰：“敬者，肃也。未有尽心而不敬者。”[6]所谓“尽心”者，竭尽心力也。

---

〔1〕（东汉）班固：《汉书·文帝纪》，中华书局1962年版，第124页。

〔2〕（东汉）班固：《汉书·宣帝纪》，中华书局1962年版，第250页。

〔3〕（唐）李隆基注，（北宋）邢昺疏：《孝经注疏·五刑》，北京大学出版社1999年版，第40页。

〔4〕《汉书·惠帝纪》引颜师古注曰：“孝子善述父之志，故汉家之谥，自惠帝以下皆称孝也。”（东汉）班固：《汉书·惠帝纪》引颜师古注，中华书局1962年版，第86页。

〔5〕（刘宋）范晔：《后汉书·皇后纪下》，中华书局1965年版，第441页。

〔6〕（东汉）许慎撰，（清）段玉裁注：《说文解字注》，上海古籍出版社1981年版，第502页。

则忠之本义为竭尽心力以示尊敬。如《尚书·伊训》："居上克明，为下克忠。"[1]《论语·学而》："为人谋而不忠乎？"[2]可见广义的"忠"并不仅仅适用于政治关系之间，更不局限于下级对上级，而是一种人们都应当具备的尽力而为的品格。但从狭义来讲，忠则仅指臣民对君主、属吏对长官的一种单向的道德品质，意为忠诚。如《尚书·蔡仲之命》："尔尚盖前人之愆，惟忠惟孝。"[3]《左传·僖公九年》："公家之利，知无不为，忠也。"[4]《孝经·事君》："进思尽忠，退思补过。"[5]这个层面的"忠"往往具有臣民利公利国不利私的意义。在传统观念中，"普天之下，莫非王土；率土之滨，莫非王臣"，君主便是国家的象征，是天下的管理者，受上天委托教化万民，因而利公利国在相当程度上与利君主是一致的。故政治意义上的"忠"在多数情况下即指臣下对君主与国家社稷的忠诚。也正是在这个层面上，"忠"被历代统治者与学者极力提倡与鼓吹。

两汉时期的"忠"虽然仍有竭尽心力以示尊敬之义，但更多情况下是指臣下对君主的单向关系。"'忠'，在汉代社会，已经成为臣民们一种以下仰上、诚惶诚恐、毕恭毕敬的共同心理模式。"[6]汉代思想家心目中的"忠"即臣民"无二心"，一心一意地侍奉君主。其中尤以董仲舒的论述较为完备："心止于一中者，谓之忠；持二中者，谓之患。患，人之中不一者也。不一者，故患之所由生也。是故君子贱二而贵一。"[7]具言之，于内心表示上，臣民应该"止于一者"，即只认同君主的权威，从内心尊奉之；于外在表现上，臣民不能以卑犯尊，而应该"委身致命，事无专制"，不擅

---

〔1〕（西汉）孔安国传，（唐）孔颖达正义：《尚书正义·伊训》，北京大学出版社1999年版，第204页。
〔2〕（魏）何晏注，（北宋）邢昺疏：《论语注疏·学而》，北京大学出版社1999年版，第4页。
〔3〕（西汉）孔安国传，（唐）孔颖达正义：《尚书正义·蔡仲之命》，北京大学出版社1999年版，第453页。
〔4〕（西晋）杜预注，（唐）孔颖达正义：《春秋左传正义·僖公九年》，北京大学出版社1999年版，第359页。
〔5〕（唐）李隆基注，（北宋）邢昺疏：《孝经注疏·事君》，北京大学出版社1999年版，第54页。
〔6〕王子今：《秦汉社会意识研究》，商务印书馆2012年版，第75页。
〔7〕（西汉）董仲舒撰，（清）苏舆义证：《春秋繁露义证·天道无二》，中华书局1992年版，第346～347页。

权作乱，服从君主的意志。为了使这一要求更具有神圣性，董仲舒还从哲学层面对其予以论证。他认为君臣关系效法了天地之位，“天为君而覆露之，地为臣而持载之”[1]，故臣遵地道，“勤劳在地，名一归于天，非至有义，其孰能行此？故下事上，如地事天也，可谓大忠矣”[2]。《春秋》的记载也被他作为证据来增强臣遵地道的权威性：“是故《春秋》君不名恶，臣不名善，善皆归于君，恶皆归于臣。臣之义比于地，故为人臣者，视地之事天也。”[3]将臣之忠提升为自然秩序中的地之道，成为不得不遵循的自然法则。《白虎通义》也支持董仲舒的观点：“子顺父，妻顺夫，臣顺君，何法？法地顺天也。”[4]将“忠”作为构成宇宙秩序的神圣准则，令它的推行更为名正言顺。鉴于此，“忠”不再仅仅是一种高尚的品格，更成为臣民对君主的一项义务。故汉儒多以“忠”为政治生活中的首要规范，主张“圣人之行，莫贵于忠”[5]，提出“忠正以事君，信法以理下，所以居官也”[6]。汉代皇帝也将“忠”彰显于国家礼仪之中。早在汉初，刘邦即命“叔孙通制礼仪，以正君臣之位”[7]，可见礼仪中对“忠”的规定与要求是重中之重，其通过朝仪、朝觐等仪节形式表现出来。此外，汉代皇帝还经常奖励忠诚者，为其加官晋爵、厚待子孙，如“上以为式朴忠，拜为齐王太傅”[8]；“元始四年，诏书追录忠臣，封嘉子崇为新甫侯，追谥嘉为忠侯”[9]；“续以忠臣子孙拜郎中，去官后，辟大将军窦武府”[10]。两汉亦多有以“忠”为人名与封谥

---

〔1〕（西汉）董仲舒撰，（清）苏舆义证：《春秋繁露义证·基义》，中华书局1992年版，第351页。
〔2〕（西汉）董仲舒撰，（清）苏舆义证：《春秋繁露义证·五行对》，中华书局1992年版，第316页。
〔3〕（西汉）董仲舒撰，（清）苏舆义证：《春秋繁露义证·阳尊阴卑》，中华书局1992年版，第325～326页。
〔4〕（东汉）班固撰，（清）陈立疏：《白虎通疏证·五行》，中华书局1994年版，第194页。
〔5〕（西汉）董仲舒撰，（清）苏舆义证：《春秋繁露义证·五行之义》，中华书局1992年版，第323页。
〔6〕（东汉）王符著，（清）汪继培笺：《潜夫论笺校正·务本》，中华书局1985年版，第20页。
〔7〕（东汉）班固：《汉书·礼乐志》，中华书局1962年版，第1030页。
〔8〕（西汉）司马迁：《史记·平准书》，中华书局1959年版，第1432页。
〔9〕（东汉）班固：《汉书·何武王嘉师丹传》，中华书局1962年版，第3503页。
〔10〕（刘宋）范晔：《后汉书·郭杜孔张廉王苏羊贾陆列传》，中华书局1965年版，第1109页。

者。[1]值得注意的是，汉代的臣子在君主面前虽然恭敬谦卑，但也绝不奴颜屈膝；虽不乏顺从君义而明哲保身者，却也有敢于从道不从君的冒死直谏者。也就是说，臣子对君主的忠并不极端，尤其不似明清那般“愚”与“顺”。比较明显的一个证据便是汉代的史料常将“忠”与“直”相提并论。如“忠臣不避重诛以直谏”[2]；“忠臣不恤谏争之患，以畅万端之事”[3]。在时人看来，直言进谏者往往就是忠臣，因为其为了维护国家利益不惜触怒君主，亦不考虑自身安危。换句话说，当国家利益与君主利益产生冲突时，他们勇于置个人生死于度外而直言劝谏君主，使其为国家利益而放弃个人利益，如张释之、盖宽饶、谷永、董宣、樊鯈等，这实际上是“忠”的最高境界，即直言极谏、危身奉上。

如上所言，“孝”与“忠”之适用领域不同：“孝”主要被适用于家庭领域，是礼之“亲亲”的表现；“忠”则主要偏向于国家领域，是礼之“尊尊”的表现。但二者亦有较强的联系，“忠”完全可以从“孝”中推衍出来。孔子曾说：“其为人也孝弟，而好犯上者，鲜矣。不好犯上，而好作乱者，未之有也。”[4]具备孝之德行者，通常也具备忠之德行。在家族生活中的良好德行会自然而然地反映到政治生活之中。故有“夫孝始于事亲，中于事君，终于立身”[5]之说以及“君子之事亲孝，故忠可移于君”[6]之论。究其实质，则是因为尽忠与尽孝不过是同一事物的两个不同方面：“退家则尽心于亲，进宦则竭力于君”[7]，“忠臣以事其君，孝子以事其亲，其本一也。上

〔1〕 关于这一问题，王子今先生做了详细的考证与论述。参见王子今：《秦汉社会意识研究》，商务印书馆2012年版，第78～96页。

〔2〕 （东汉）班固：《汉书·贾邹枚路传》，中华书局1962年版，第2359页。

〔3〕 （刘宋）范晔：《后汉书·窦何列传》，中华书局1965年版，第2239页。

〔4〕 （魏）何晏注，（北宋）邢昺疏：《论语注疏·学而》，北京大学出版社1999年版，第3页。

〔5〕 （唐）李隆基注，（北宋）邢昺疏：《孝经注疏·开宗明义》，北京大学出版社1999年版，第4页。

〔6〕 （唐）李隆基注，（北宋）邢昺疏：《孝经注疏·广扬名》，北京大学出版社1999年版，第46页。

〔7〕 （东汉）班固：《汉书·赵尹韩张两王传》，中华书局1962年版，第3219页。

则顺于鬼神，外则顺于君长，内则以孝于亲，如此之谓备”[1]。从另一个角度来看，天子本身就扮演着万民父母的角色，因而在君父一体的情形下，忠与孝名异实同。而两者的合一又强化了君主的权威，并凸显了君主在国家中的至上地位。汉代统治者深谙于此，故均大力倡导忠孝之道。“汉家之制，推亲亲以显尊尊”[2]，这在当时的诸多制度中均有体现。如“吏两千石子弟选郎吏”[3]以及“舅氏旧典，并蒙爵土”[4]等。同时，忠孝两全也是两汉时期对人之德行的最高评价，获此名声者往往会加官晋爵，如“敞以世名忠孝，太后诏留侍成帝，为奉车水衡都尉，至卫尉”[5]；“太傅博山侯光宿卫四世，世为傅相，忠孝仁笃，行义显著，建议定策，益封万户，以光为太师，与四辅之政”[6]。而作为高级官员，尤其是三公九卿，也应当“忠孝之行，率先百僚”[7]，起到垂范作用。甚至选立皇帝时也会以此为重要参考：“唯长安侯祜质性忠孝，小心翼翼，能通《诗》、《论》，笃学乐古，仁惠爱下。”[8]可见忠孝两全是一种深受统治阶层重视的高尚政治品德，而以忠孝之道立国治国也就在统治阶层内部达成了共识。

第二节　经义价值观的社会性

经义本身只有为整个社会所接受、信奉，拥有广泛的社会根基，才能

---

〔1〕（东汉）郑玄注，（唐）孔颖达正义：《礼记正义·祭统》，北京大学出版社1999年版，第1345～1346页。
〔2〕（东汉）班固：《汉书·哀帝纪》，中华书局1962年版，第339页。
〔3〕（东汉）班固：《汉书·董仲舒传》，中华书局1962年版，第2512页。
〔4〕（刘宋）范晔：《后汉书·窦融列传》，中华书局1965年版，第818页。
〔5〕（东汉）班固：《汉书·霍光金日磾传》，中华书局1962年版，第2963页。
〔6〕（东汉）班固：《汉书·王莽传上》，中华书局1962年版，第4047页。
〔7〕（东汉）班固：《汉书·薛宣朱博传》，中华书局1962年版，第3393页。
〔8〕（刘宋）范晔：《后汉书·孝安帝纪》，中华书局1965年版，第204页。

产生类似法律规范的作用。两汉时期，统治者大力推行德政教化，使经义传播、普及于社会各个阶层之中，取得了相当的成效。以统治阶层自身而言，无论是中央的皇帝与公卿大夫，还是地方的郡县长官，均采取一定的方式推行德教，将经典之义理贯穿于官方行为之中，以求教化民众，从而践行经典政治。〔1〕遍布民间的儒家团体则常常于某一特定地域内传经讲学，并以身作则地躬行礼制，通过仪式性的行为将经典之义展现出来，以使民众知礼懂礼，实现普及教化甚至移风易俗的作用。在他们的共同努力下，经典之义渐渐社会化而具有了社会性，深入社会各阶层的心目中，成为他们共同信奉的准则。

一、皇帝寓教于政的举措

所谓寓教于政，是指将教化寄寓于施政行为之中，以施政行为来向社会民众彰显、普及教化。诚如上文所言，在以孝治天下的政策主导下，推广忠孝至关重要，而最为明显者莫过于皇帝本人亲自礼遇、厚待老者，并将其确认为一种国家层面的礼仪制度。在儒家经典的影响下，汉代皇帝深信“朝廷敬老则民作孝”〔2〕，“民入孝弟，出尊长养老而后成教，成教而后国可安也”〔3〕，故施政时以养老为本，通过优待老者带动整个社会行孝悌、尊长上，进而实现忠孝之道。考诸史料，两汉诸帝多采取颁布诏令和践行礼制规定这两种手段以向天下宣示尊老、敬老、养老之义。就前者而言，最具代表性的当属“赐老者王杖”；就后者而言，最具代表性的则为“尊事三老五更”。

〔1〕 姜广辉先生认为，所谓经典政治，“就是借助传统历史文化的资源，以圣人和经典的恒久权威性来维护王权政治架构的权威”。参见姜广辉主编：《中国经学思想史》(第1卷)，中国社会科学出版社2003年版，第13页。

〔2〕 (东汉)郑玄注，(唐)孔颖达正义：《礼记正义·坊记》，北京大学出版社1999年版，第1410页。

〔3〕 (东汉)郑玄注，(唐)孔颖达正义：《礼记正义·乡饮酒义》，北京大学出版社1999年版，第1632页。

（一）赐老者王杖

赐老者王杖作为天子尊长养老的举措已被儒家经典提倡。《礼记·曲礼上》云："谋于长者，必操几杖以从之。"又"进几杖者拂之"。可见"杖"是一种显示老者尊贵身份与地位的器物。《礼记·王制》有"五十杖于家，六十杖于乡，七十杖于国，八十杖于朝"之说，表明在儒家所构建的理想社会中，随着年龄的增长，老者之杖可适用的地域范围不断扩大。随之而来的便是老者受尊敬程度不断加深，享有的特权也不断增多。因此"杖"之适用范围可以视为老者之尊贵程度的象征。《周官·秋官》载伊耆氏之职为"共王之齿杖"，即专门负责保管王杖。《礼记·月令》还有仲秋之月"养衰老，授几杖，行糜粥饮食"之说，专门规定了授杖的时令。故儒家经书实际上已经为天子赐老者王杖作出了相应的制度设计，其目的是在赋予老者特权的同时彰显他们特殊的身份地位，以表明君主的尊老敬老之义，进而带动整个社会形成孝敬尊长的风气。

而汉代也确实规定了王杖授予制度。《二年律令·傅律》规定："大夫以上年七十，不更七十一，簪袅七十二，上造七十三，公士七十四，公卒、士五(伍)七十五，皆受仗(杖)。"[1]《后汉书》也记载道："仲秋之月，县道皆案户比民。年始七十者，授之以王杖，餔之糜粥。八十九十，礼有加赐。王杖长[九]尺，端以鸠鸟为饰。鸠者，不噎之鸟也。欲老人不噎。"[2]适用王杖者的年龄，王杖的大小、尺寸、装饰都有法定的要求。这实为对儒家经典中相关要求的进一步细化。传世史料中也记载了不少老者被皇帝赐以王杖的事例：

> 吴王诈病不朝，赐以几杖。[3]

〔1〕朱红林：《张家山汉简〈二年律令〉集释》，社会科学文献出版社2005年版，第220页。
〔2〕（刘宋）范晔：《后汉书·礼仪中》，中华书局1965年版，第3124页。
〔3〕（东汉）班固：《汉书·文帝纪》，中华书局1962年版，第135页。

二年冬，赐淮南王、菑川王几杖，毋朝。[1]

太后诏曰：太师光，圣人之后，先师之子，德行纯淑，道术通明，居四辅职，辅道于帝。今年耆有疾，俊艾大臣，惟国之重，其犹不可以阙焉。《书》曰：无遗耇老，国之将兴，尊师而重傅。其令太师毋朝，十日一赐餐。赐太师灵寿杖，黄门令为太师省中坐置几，太师入省中用杖，赐餐十七物，然后归老于第，官属按职如故。[2]

四年五月，莽曰："保成师友祭酒唐林、故谏议祭酒琅邪纪逡，孝弟忠恕，敬上爱下，博通旧闻，德行醇备，至于黄发，靡有愆失。其封林为建德侯，逡为封德侯，位皆特进，见礼如三公。赐弟一区，钱三百万，授几杖焉。"[3]

今以茂为太傅，封褒德侯，食邑二千户，赐几杖车马，衣一袭，絮五百斤。[4]

令荣坐东面，设几杖，会百官骠骑将军东平王苍以下及荣门生数百人，天子亲自执业，每言辄曰"大师在是"。[5]

每进见，锡以几杖，入屏不趋，赞事不名。[6]

安帝常特进见，赐以几杖。卒于家。[7]

至四年三月，天子乃为英设坛席，令公车令导，尚书奉引，赐几杖，待以师傅之礼，延问得失。[8]

值得注意的是，上述史料中涉及的"杖"可被分为两类。前五条列举的"杖"在赐给老者之后似乎可在任何时间与任何地点使用；而后四条中

---

〔1〕（东汉）班固：《汉书·武帝纪》，中华书局1962年版，第170页。

〔2〕（东汉）班固：《汉书·匡张孔马传》，中华书局1962年版，第3363页。

〔3〕（东汉）班固：《汉书·王莽传下》，中华书局1962年版，第4149页。

〔4〕（刘宋）范晔：《后汉书·卓鲁魏刘列传》，中华书局1965年版，第871页。

〔5〕（刘宋）范晔：《后汉书·桓荣丁鸿列传》，中华书局1965年版，第1252～1253页。

〔6〕（刘宋）范晔：《后汉书·儒林列传下》，中华书局1965年版，第2570页。

〔7〕（刘宋）范晔：《后汉书·独行列传》，中华书局1965年版，第2685页。

〔8〕（刘宋）范晔：《后汉书·方术列传上》，中华书局1965年版，第2723页。

的“几杖”似乎只有在特定场合才赐给老者，或者只允许老者在诸如讲学、进见等重要的场合使用。同时，与王杖并授的还有其他特权，如无须朝见，赐予餐饮、钱财、衣物、车马、食邑乃至爵位，官属如故，入屏不趋，赞事不名，公车令导，尚书奉引，享受师傅之礼等。而这些特权往往是三公甚至上公的身份都无法企及的，足见受杖老者地位之尊贵。不过，受制于史官自身的局限性，这些史料所收录的受杖者不是宗室外戚，就是公卿功臣，并没有涉及平民百姓。这不能不说是一大遗憾。幸有武威汉墓出土的宣帝时期《王杖十简》与成帝时期《王杖诏令册》，我们才能够更进一步考察王杖制度在实践中的贯彻执行程度以及其对平民生活的影响。为方便论述，此处打乱其简牍排列顺序，只摘取其中的典型记录来进行研究。首先，简牍中记录了诸多因不尊敬受王杖者而遭到极刑处罚的司法案例：

河平元年，汝南西陵县昌里先年七十，受王杖，𩔰部游徼吴赏使从者殴击先，用诉地太守上谳。廷尉报：罪名明白，赏当弃市。〔1〕

汝南大守谳廷尉，吏有殴辱受王杖主者，罪名明白。制曰：谳何，应论弃市。云阳白水亭长张熬，坐殴抴受王杖主，使治道，男子王汤告之，即弃市。〔2〕

长安敬上里公乘臣广昧死上书皇帝陛下：臣广知陛下神零，复盖万民，哀怜老小，受王杖、承诏。臣广未常有罪耐司寇以上。广对乡吏趣未辨，广对质，衣疆吏前。乡吏（第十五简缺佚）下，不敬重父母所致也，郡国易然。臣广愿归王杖，没入为官奴。臣广昧死再拜以闻皇帝陛下。制曰：问何乡吏，论弃市，毋须时；广受王杖如故。〔3〕

汝南郡男子王安世，坐桀黠、击鸠杖主，折伤其杖，弃市。南

〔1〕 考古研究所编辑室：《武威磨咀子汉墓出土王杖十简释文》，载《考古》1960年第9期。

〔2〕 甘肃省文物工作队编：《汉简研究文集》，甘肃人民出版社1984年版，第35～36页。

〔3〕 甘肃省文物工作队编：《汉简研究文集》，甘肃人民出版社1984年版，第36～37页。

郡亭长司马护，坐擅召鸠杖主，击留，弃市。长安东乡啬夫田宣，坐殴鸠杖主，男子金里告之，弃市。陇西男子张汤，坐桀黠、殴击王杖主，折伤其杖，弃市。亭长二人，乡啬二人，白衣民三人，皆坐殴辱王杖功，弃市。[1]

在这些记载中，受王杖老者基本都是平民而非官员，可见汉代的赐王杖制度亦广泛适用于平民阶层。尤为重要的是，侵犯受王杖者所应承担的刑罚亦较为明确，正有力弥补了传世文献的不足。其主要表现为：第一，即便是如亭长、乡吏、乡啬夫之流的基层官吏对受王杖者不敬，也要受到极刑惩罚，则平民的不敬行为更不必多言。第二，所谓不敬或不尊之成立十分宽松，不仅包括侮辱、殴打、击打、拘留等严重侵犯人格与肢体的行为，还包括拉扯、擅自征召服役以及折杖等看似较轻的行为，也就是说，一切对受王杖者的侵犯都在被禁止之列。第三，对侵犯受王杖者的处罚极其严厉，直接规定告即“弃市”，不仅不需等待时机，也不需经官府谳问。

此外，这两部出土文献中亦涉及不少受王杖者享有的特权。其中有许多也不见于传世典籍记载：

年七十受王杖者，比六百石，入宫廷不趋；犯罪耐以上，毋二尺告劾；有敢征召侵辱者比大逆不道。[2]

有敢妄骂殴詈之者，比逆不道。得出入官府郎第，行驰道旁道。市卖复毋所与。如山东复有旁人养谨者，常养扶持，复除之。[3]

这些记载足以更直观而深刻地揭示受王杖老者的地位与特权。就法律地位而言，他们的秩次相当于比六百石官员[4]。他们所享有的特权包括：

---

〔1〕甘肃省文物工作队编：《汉简研究文集》，甘肃人民出版社1984年版，第37页。

〔2〕考古研究所编辑室：《武威磨咀子汉墓出土王杖十简释文》，载《考古》1960年第9期。

〔3〕考古研究所编辑室：《武威磨咀子汉墓出土王杖十简释文》，载《考古》1960年第9期。

〔4〕如博士、议郎、中郎、谒者等官职。“比六百石者六十斛。”（东汉）班固：《汉书·百官公卿表上》引颜师古注，中华书局1962年版，第721页。

进入宫廷无须小步快走；犯当处耐罪以上之刑罚，在未被起诉前，不得被擅自征召服役，亦不得被侮辱；有权出入官府、郎第并在驰道、旁道上通行；经商不收税。同时还规定辱骂受王杖者比照大逆不道定罪论处；若有赡养受王杖者，则赡养者享有免除赋税的利益补偿。可见法律对受王杖者的保护不可谓不周全，皇帝尊老敬老、教化天下的决心亦不可谓不坚定。

（二）尊事三老五更

三老〔1〕五更最早见于儒家经典《礼记》之中。《礼记·文王世子》："始之养也。适东序，释奠于先老。遂设三老、五更、群老之席位焉。"郑玄注曰："三老五更各一人也，皆年老更事致仕者也。天子以父兄养之，示天下之孝悌也。名以三五者，取象三辰五星，天所因以照明天下者。"〔2〕《礼记·乐记》："食三老、五更于大学，天子袒而割牲，执酱而馈，执爵而酳，冕而总干，所以教诸侯之弟也。"郑玄注曰："三老五更，互言之耳，皆老人更知三德五事者也。"〔3〕不难看出，郑玄释"三老五更"有二：一说三老是一人，五更是一人。"三"代表"三辰"，即日月星；"五"代表"五星"，即东方岁星、南方荧惑、西方太白、北方辰星、中央镇星。另一说则认为三老五更其实互通，就是熟知三德五事的两个人，只不过一称"三老"，一称"五更"。"三德，谓正直、刚、柔。五事谓貌、言、视、听、思也。"〔4〕具有这三种德行与五种处事能力的人即可被选为三老五更。宋均注《孝经纬·元

〔1〕 此处应当注意的是，"三老五更"之"三老"不同于乡三老之"三老"。前者指儒家经典中设计的且为汉代所仿效而设立的国之"三老"，是老年智者的象征；后者则是秦汉时乡这一基层单位中的一种行政官职，掌乡里教化。王雪岩认为，县、乡三老作为地方社会领袖，在汉代政治生活中发挥了独特而重要的作用；而中央养老礼中的三老虽极尽荣宠，却不担负任何实际的行政职责，临事而任，事毕而解。两者分属于"基层行政系统"与"上层礼仪系统"两个不同的制度系统，其产生和发展也各有不同的政治、文化背景。参见王雪岩：《汉代"三老"的两种制度系统——从先秦秦汉的社会变迁谈起》，载《中国社会经济史研究》2009年第2期。

〔2〕 （东汉）郑玄注，（唐）孔颖达正义：《礼记正义·文王世子》，北京大学出版社1999年版，第649页。

〔3〕 （东汉）郑玄注，（唐）孔颖达正义：《礼记正义·乐记》，北京大学出版社1999年版，第1137页。

〔4〕 （东汉）郑玄注，（唐）孔颖达正义：《礼记正义·乐记》，北京大学出版社1999年版，第1139页。

神契》认为："三老，老人知天地人事者"，"五更，老人知五行更代之事者"，[1]则"三"指天地人三事，"五"指金木水火土五行，与郑说略异。于此，宋均还解释了五更之"更"字，即更代变化。《白虎通义·乡射》中释"老""更"为"老者，寿考也。欲言所令者多也。更者更也，所更历者众也"，并将三老五更解释为"欲其明于天地人之道而老也。五更者，欲其明于五行之道而更事也"。[2]应劭认为"三者，道成于天、地、人。老者，久也，旧也。五者，训于五品。更者，五世长子，更更相代，言其能以善道改更几也"[3]。蔡邕则将"更"改为"叟"，认为这是书写者的错误，并提出"五更"当为"五叟"，是长老的意思。[4]以上即为两汉学者对"三老五更"的解释。其中，《白虎通义》为东汉时期权威解经之作，其对三老五更的解释当代表了官方的主流观点。故在时人心目中，三老象征着通晓天地人三事（道）的年长者（一人），五更代表着明悉金木水火土五行更替的年长者（一人）。应劭、宋均说与此略同，只不过应劭在承认"五"指五行（五品）的基础上，又增添了"更"的含义，认为其还有五代必为长子以仿效五行更替之义。反观郑说二种，第一种倾向于以星术化语言来解释，将三老五更神秘化，可能是受谶纬化今文经说影响；第二种倾向于以道德化语言来解释，将三老五更朴实化，可能是受古文经说启发。郑玄广采众说注疏经典，亦可由此印证。蔡邕的说法虽然也具有一定的道理，但其说"无法说明'五'的内涵，这与三老五更中'三''五'数字象征意义不相吻合"[5]，所以略显牵强。

根据经书所言，三老五更实为老者中有智慧有德行者，故天子应当尊

---

〔1〕（清）赵在翰辑：《七纬（附论语谶）》，载《秦汉齐博士论议集　七纬　附论语谶》，齐鲁书社1997年版，第934页。

〔2〕（东汉）班固撰，（清）陈立疏：《白虎通疏证·乡射》，中华书局1994年版，第250页。

〔3〕（刘宋）范晔：《后汉书·礼仪上》引应劭《汉官仪》，中华书局1965年版，第3108页。

〔4〕参见（西晋）陈寿：《三国志·魏书四》裴松之注引蔡邕《明堂论》，团结出版社1996年版，第133页。

〔5〕温乐平：《汉代"五更"考析》，载《史学月刊》2010年第7期。

事之，并通过一定的礼仪将对他们的尊敬表现出来：

王者父事三老，兄事五更者何？欲陈孝弟之德以示天下也。故虽天子必有尊也，言有父也。必有先也，言有兄也。天子临辟雍，亲袒割牲，尊三老，父象也。谒者奉几杖，授安车软轮，供绥执授，兄事五更，宠接礼交加，客谦敬顺貌也。〔1〕

食三老、五更于大学，天子袒而割牲，执酱而馈，执爵而酳，冕而总干，所以教诸侯之弟也。〔2〕

也就是说，三老代表父，五更代表兄，而天子在他们面前只具有子与弟的身份，故当以子、弟礼事之。由于三老五更俱为老者，因此尊事之亦含有敬老养老之意。儒家为显示三老五更的尊贵与天子本人的谦卑而设计了一套礼仪规定。如征三老时，应用安车蒲轮；三老到后，天子应当亲执绥而授之。对五更也应当有所礼遇，谦恭敬顺。在“临辟雍”时，天子应当“亲袒割牲”并“执酱而馈，执爵而酳，冕而总干”，即袒开衣服分割牲体，拿着肉酱为三老五更献食，待他们用毕后，再端着酒杯为他们漱口，然后戴冕持盾为他们献舞。而且从理论上讲，三老五更本为天子所不臣〔3〕，故天子应视之为地位尊贵的客人。总而言之，在儒家的设想中，天子以自身之贵尚且敬事代表父兄的三老五更，公卿大夫乃至庶民百姓还有什么理由不孝不悌呢？故天子以身作则，躬行孝悌，则群臣万民仿而效之，天下大化。

---

〔1〕（东汉）班固撰，（清）陈立疏：《白虎通疏证·乡射》，中华书局1994年版，第248～249页。

〔2〕（东汉）郑玄注，（唐）孔颖达正义：《礼记正义·乐记》，北京大学出版社1999年版，第1137页。

〔3〕《孝经纬·勾命决》中记录了儒家认为天子所不应当视为臣子者，分常不臣与暂不臣两种：“天子常所不臣者三：惟二王之后，妻之父母，夷狄之君。不臣二王之后者，为观其法度，故尊其子孙也。不臣妻之父母者，亲与其妻，共事先祖，欲其欢心。不臣夷狄之君者，此政教所不加，谦不臣也。诸侯无此礼。暂所不臣者五：谓师也，三老也，五更也，祭尸也，大将军也。此五者，天子诸侯同之。”（清）赵在翰辑：《七纬（附论语谶）》，载《秦汉齐博士论议集 七纬 附论语谶》，齐鲁书社1997年版，第965～966页。《白虎通义·王者不臣》亦有相关论述［参见（东汉）班固撰，（清）陈立疏：《白虎通疏证·王者不臣》，中华书局1994年版，第319页］，则三老、五更属于暂不臣者。

两汉帝王将儒家尊事三老五更的要求切实上升为国家礼仪。最迟在西汉末年，已出现尊事三老五更之举。《汉书》载："居摄元年正月，莽祀上帝于南郊，迎春于东郊，行大射礼于明堂，养三老五更，成礼而去。"〔1〕说明在孺子婴时期，王莽已经以摄皇帝的身份尊事三老五更了。但当时具体情形如何，《汉书》语焉未详。不过可以肯定，王莽的这一行为确实迎合了汉儒的要求并得到了他们的支持。更始政权时，刘玄曾经"以族父良为国三老"〔2〕，但彼时的国三老究竟是否即为三老五更中的三老，尚存争议。〔3〕光武中兴后，尊事三老五更被作为国家制度确定下来，且得到东汉多数皇帝的一体遵循。史载：

> 丙子，（明帝）临辟雍，养三老、五更。〔4〕
>
> （周泽）后数为三老五更。建初中致仕，卒于家。〔5〕
>
> 建初二年冬，肃宗行飨礼，以（伏）恭为三老。〔6〕
>
> 建初三年，以老病乞身，肃宗许之。其冬为五更，诏（冯）鲂朝贺，就列侯位。〔7〕
>
> （张霸）后当为五更，会疾卒，年七十。〔8〕
>
> 永初二年，诏公卿举儒术笃学者，大将军邓骘举（鲁）丕，再迁，复为侍中、左中郎将，再为三老。〔9〕
>
> （李充）迁左中郎将，年八十八，为国三老。〔10〕

---

〔1〕（东汉）班固：《汉书·王莽传上》，中华书局1962年版，第4082页。

〔2〕（刘宋）范晔：《后汉书·刘玄刘盆子列传》，中华书局1965年版，第469页。

〔3〕参见万义广：《汉代三老的层级结构及其异同考》，载《江西师范大学学报（哲学社会科学版）》2015年第5期。

〔4〕（刘宋）范晔：《后汉书·显宗孝明帝纪》，中华书局1965年版，第111页。

〔5〕（刘宋）范晔：《后汉书·儒林列传下》，中华书局1965年版，第2579页。

〔6〕（刘宋）范晔：《后汉书·儒林列传下》，中华书局1965年版，第2572页。

〔7〕（刘宋）范晔：《后汉书·朱冯虞郑周列传》，中华书局1965年版，第1149页。

〔8〕（刘宋）范晔：《后汉书·郑范陈贾张列传》，中华书局1965年版，第1242页。

〔9〕（刘宋）范晔：《后汉书·卓鲁魏刘列传》，中华书局1965年版，第885页。

〔10〕（刘宋）范晔：《后汉书·独行列传》，中华书局1965年版，第2685页。

其冬，行辟雍礼，引（杨）赐为三老。[1]

（士孙）瑞以（王）允自专讨董卓之劳，故归功不侯，所以获免于难。后为国三老、光禄大夫。[2]

由史料可知，明帝、章帝、和帝、安帝、灵帝、献帝时都曾行三老五更礼。明章二帝甚至多次行之。与受王杖者不同的是，三老五更并非寻常老者所能担任，而具有一定的资格限制。《后汉书》曾载明帝言，“三老李躬，年耆学明。五更桓荣，授朕《尚书》”[3]，似乎三老五更需要有一定的经学造诣。此外，他们还应有一定的从政经历。卢植曰：“选三公老者为三老，卿大夫中之老者为五更，亦参五之也。”[4]邓展曰：“汉直以一公为三老，用大夫为五更，(母常人)〔每常大〕行礼乃置。”[5]在两人看来，三老似乎应曾为三公之一，而五更则最起码曾任大夫。考诸东汉史料，明言任三老者有李躬、周泽、伏恭、鲁丕、李充、杨赐、士孙瑞；明言任五更者为桓荣、周泽、冯鲂、张霸。李躬于《后汉书》无传，亦无生平简介，他的学识与官位无从得知；周泽“少习公羊严氏春秋，隐居教授，门徒常数百人”，永平十二年(69年)曾“行司徒事”[6]；伏恭明齐诗，曾改定祖上所制章句，并被拜为司空[7]；鲁丕“兼通五经，以《鲁诗》、《尚书》教授，为当世名儒”[8]，曾任赵相、东郡太守、中散大夫、侍中、左中郎将等职；李充为“隐士大儒”[9]，曾任左中郎将；杨赐“少传家学，笃志博闻。常退居隐约，教授门徒”[10]，曾

〔1〕（刘宋）范晔：《后汉书·杨震列传》，中华书局1965年版，第1782页。
〔2〕（刘宋）范晔：《后汉书·陈王列传》，中华书局1965年版，第2178页。
〔3〕（刘宋）范晔：《后汉书·显宗孝明帝纪》，中华书局1965年版，第102页。
〔4〕（刘宋）范晔：《后汉书·礼仪上》李贤注引卢植《礼记》注，中华书局1965年版，第3109页。
〔5〕（东汉）班固：《汉书·礼乐志》引邓展注，中华书局1962年版，第1036页。
〔6〕（刘宋）范晔：《后汉书·儒林列传下》，中华书局1965年版，第2579页。
〔7〕参见（刘宋）范晔：《后汉书·儒林列传下》，中华书局1965年版，第2571页。
〔8〕（刘宋）范晔：《后汉书·卓鲁魏刘列传》，中华书局1965年版，第883页。
〔9〕（刘宋）范晔：《后汉书·独行列传》，中华书局1965年版，第2685页。
〔10〕（刘宋）范晔：《后汉书·杨震列传》，中华书局1965年版，第1775页。

任司空、司徒；士孙瑞曾任卫尉（执金吾）、尚书仆射；[1]桓荣以《尚书》授太子，且成家学，曾任太子少傅、太常；[2]冯魴曾任虞令、郏令、魏郡太守、太仆、司空；[3]张霸博览五经，著有严氏春秋张氏学，曾任光禄主事、颍川太守、侍中。[4]不难看出，七位三老中除李躬无记载、士孙瑞无特别经学造诣外，其余均为通经之学者，位至三公者有三人。四位五更中除冯魴出身武将外，其余均为知名经师。而且他们官位皆至两千石甚至更高。因此卢植、邓展之言虽不免夸张，却有一定的可信度，即三老五更确实应有一定的经学素养与政治历练。虽然汉儒将三老五更宣传得神通广大，认为其通三才明五行，但这只是为迎合彼时天人感应的官方哲学。在实践中选拔任命时，基本以通晓经典并具备高尚德行者为对象，而这些人往往既是学者又是高级官员。从这一点来看，或许郑说中的三德五事反而是考察三老五更资格的更具可操作性的标准。

东汉人行三老五更礼有一套仪式程序，以示对代表父、兄的两位老者的尊重：

> 养三老、五更之仪，先吉日，司徒上太傅若讲师故三公人名，用其德行年耆高者一人为老，次一人为更也。皆服都纻大袍单衣，皁缘领袖中衣，冠进贤，扶（玉）[王]杖。五更亦如之，不杖。皆斋于太学讲堂。其日，乘舆先到辟雍礼殿，御坐东厢，遣使者安车迎三老、五更。天子迎于门屏，交礼，道自阼阶，三老升自宾阶。至阶，天子揖如礼。三老升，东面，三公设几，九卿正履，天子亲袒割牲，执酱而馈，执爵而酳，祝鲠在前，祝饐在后。五更南面，

---

〔1〕 范晔在《后汉书》中未为士孙瑞立传，有关其生平可参见《后汉书·陈王列传》、《后汉书·董卓列传》以及《后汉书·刘焉袁术吕布列传》。

〔2〕 参见（刘宋）范晔：《后汉书·桓荣丁鸿列传》，中华书局1965年版，第1249～1254页。

〔3〕 参见（刘宋）范晔：《后汉书·朱冯虞郑周列传》，中华书局1965年版，第1147～1149页。

〔4〕 参见（刘宋）范晔：《后汉书·郑范陈贾张列传》，中华书局1965年版，第1241～1242页。

公进供礼，亦如之。明日皆诣阙谢恩，以见礼遇大尊显故也。[1]

其中，诸如“遣使者安车迎三老、五更”“天子亲袒割牲，执酱而馈，执爵而酳”的规定完全同于《礼记》及《孝经纬》的要求，可能也是《白虎通义》中记载的来源。但汉王朝的规定显然更加细化并具有可适用性。例如，其中还有关于三老五更着装服饰的规定，以及亲迎升阶的仪式。这是汉朝继周而重礼治的体现，亦是最大限度还原经书中之要求与规定的印证。正是通过这些烦琐而细致的礼仪，皇帝才能够将其对父、兄、长、老的尊敬与奉养生动、形象地表现出来，成功再现并践行了经典之义，起到了普及、教育群臣与民众的作用。

二、郡县长官在经义普及中的作用

相较于中央层面皇帝通过寓教于政的方式来推广经义外，地方层面经义的普及似乎更为重要。盖经义社会化程度之深浅，关键在于全国普通百姓的接受程度，而汉代国家之基在于郡县，绝大多数的百姓都具有郡县“编户齐民”的身份。因此如果郡县百姓都能够遵守经义，则可以说经义基本实现了社会化。这便凸显出了治理一方百姓的郡县官员尤其是郡县长官的作用。两汉时期的郡县长官包括郡（太）守、诸侯国相、县令（长），其虽然已由中央直接任命，但在自己的管辖区域内仍有较大的自主权。汉人习惯于将郡守与诸侯相提并论：“今之郡守重于古诸侯”[2]，“今守、相亲剖符赞拜，莅一郡之众，古方伯之位也。受命专制，宰割千里，不御于内”[3]。盖郡县初设，皇权对地方的控制力尚不强大；又汉世近古，多有分封制之遗风。在这种情况下，郡县长官得以自辟僚属，察举孝廉甚至

〔1〕（刘宋）范晔：《后汉书·礼仪上》，中华书局1965年版，第3109页。

〔2〕（东汉）班固：《汉书·何武王嘉师丹传》，中华书局1962年版，第3489页。

〔3〕（西汉）桓宽撰，王利器校注：《盐铁论校注·除狭》，中华书局1992年版，第410页。

决定死刑执行，权力不可谓不大。故他的个人意志对所辖地区的发展影响极大，而儒家教化在一郡一县内能否顺利推行亦决定于此。归根结底，皇帝的诏令需要郡县的贯彻执行才可以落实。欲实现教化万民之目的，也需要深入地方而不能只停留于中央。故汉宣帝叹曰："庶民所以安其田里而亡叹息愁恨之心者，政平讼理也。与我共此者，其唯良二千石乎！"[1]则郡县长官尤其是郡守在皇权政治的运作中极为关键。完善的郡县制度是汉朝得以维持并运转的保障，而高素质的郡守则是连接中央政府和普通百姓的桥梁。通观两汉时期，自武帝"表彰六经"后，郡守逐渐出现儒生化倾向，往往由有一定经学素养者担任。而原本不谙儒术者也开始接触、研习、运用经学。故在地方兴经术、广教化并未遇到很大障碍。具言之，这些儒家式郡守所采取的方式主要包括兴办学校、发布条教以及以德感民三个方面。

（一）兴办学校

欲使经义普及于地方，必要使其为民众所了解，而实现此目的最为直接的方式便是兴办学校。故地方政府多大力兴办教育事业。相较于两汉时期中央的太学来说，郡国学的出现其实更早。《汉书》记载道：

> 文翁，庐江舒人也。少好学，通《春秋》，以郡县吏察举。景帝末，为蜀郡守，仁爱好教化。见蜀地辟陋有蛮夷风，文翁欲诱进之，乃选郡县小吏开敏有材者张叔等十余人亲自饬厉，遣诣京师，受业博士，或学律令。减省少府用度，买刀布蜀物，赍计吏以遗博士。数岁，蜀生皆成就还归，文翁以为右职，用次察举，官有至郡守刺史者。又修起学官于成都市中，招下县子弟以为学官弟子，为除更繇，高者以补郡县吏，次为孝弟力田。常选学官僮子，使在

〔1〕（东汉）班固：《汉书·循吏传》，中华书局1962年版，第3624页。

便坐受事。每出行县，益从学官诸生明经饬行者与俱，使传教令，出入闺阁。县邑吏民见而荣之，数年，争欲为学官弟子，富人至出钱以求之。繇是大化，蜀地学于京师者比齐鲁焉。至武帝时，乃令天下郡国皆立学校官，自文翁为之始云。文翁终于蜀，吏民为立祠堂，岁时祭祀不绝。至今巴蜀好文雅，文翁之化也。〔1〕

蜀郡太守文翁实为两汉时期创办郡国学校第一人。余英时认为，"文翁设立郡学显然是根据古代的庠序传统，当时的汉廷还没有制定一套普遍的教育政策。相反地，后来，武帝立天下郡国学官倒是闻文翁之风而起的。不但如此，我们还有理由相信，汉代的太学制度也有取于文翁郡学的规模"〔2〕。也就是说，汉太学制度其实是受到了郡国学的影响，故文翁其人是两汉教化推广史上的奠基者。"修起学官于成都市中"这一举措实为巴蜀培养了大批人才："繇是大化，蜀地学于京师者比齐鲁焉"，"至今巴蜀好文雅，文翁之化也"。而文翁为吸引吏民读经采取了多种方式：在经济上，免除他们的役税；在政治上，经学素养较高者可以补郡县吏，次者可以被授予孝悌力田。并且还给予学官弟子、经明行修者以较高的社会荣誉，允许他们一同参与政治、传达教令、出入官府。文翁的行为极大提高了经生的社会地位，也使蜀地形成了读经的风气。在文翁的带动下，各郡多以修治学官作为在辖区内普及经义的重要措施。如任延"又造立校官，自掾（吏）[史]子孙，皆令诣学受业，复其傜役。章句既通，悉显拔荣进之"〔3〕；栾巴"兴立（校）学[校]，以奖进之。虽干吏卑末，皆课令习读，程试殿最，随能升授"〔4〕；刘梁"乃更大作讲舍，延聚生徒数百人，朝夕自往劝诫，身执经

〔1〕（东汉）班固：《汉书·循吏传》，中华书局1962年版，第3625～3627页。
〔2〕余英时：《士与中国文化》，上海人民出版社2003年版，第141页。
〔3〕（刘宋）范晔：《后汉书·循吏列传》，中华书局1965年版，第2463页。
〔4〕（刘宋）范晔：《后汉书·杜栾刘李刘谢列传》，中华书局1965年版，第1841页。

卷，试策殿最，儒化大行"[1]。郡县长官大力兴办学校传授经典、表彰经学、任用经生，甚至自身也认真研读经书。其实，学校除作为授受经书的场所外，还有另外一项十分重要的功用。史书载：

延寿为吏，上礼义，好古教化，所至必聘其贤士，以礼待用，广谋议，纳谏争；举行丧让财，表孝弟有行；修治学官，春秋飨（社）〔射〕，陈钟鼓管弦，盛升降揖让，及都试讲武，设斧钺旌旗，习射御之事。[2]

忠以丹阳越俗不好学，嫁娶礼仪，衰于中国，乃为起学校，习礼容，春秋乡饮，选用明经，郡中向慕之。[3]

建初元年，迁山阳太守。以礼训人，不任刑罚。崇好儒雅，敦明庠序。每春秋飨射，辄修升降揖让之仪。乃为人设四诫，以定六亲长幼之礼。[4]

由这三条史料可知，学校亦常常被作为学习并讲演礼仪的场所，乡饮酒礼与乡射礼就在这里举行。汉世"郡、县、道行乡饮酒于学校，皆祠圣师周公、孔子，牲以犬"[5]。此正合于儒家经典对地方长官"春秋以礼会民而射于州序"[6]之要求。州序即是地方的学校。地方长官直接按照儒家经义的要求在学校举行乡饮酒礼与乡射礼，目的也在于彰显孝道："君子之所谓孝者，非家至而日见之也，合诸乡射，教之乡饮酒之礼，而孝弟之行立矣。"[7]则乡饮酒礼与乡射礼本身就是体现孝行的仪式。乡饮酒礼教人上下长幼之序，使人明尊长养老之理："乡饮酒之礼，六十者坐，五十者立侍，

---

〔1〕（刘宋）范晔：《后汉书·文苑列传下》，中华书局1965年版，第2639页。
〔2〕（东汉）班固：《汉书·赵尹韩张两王传》，中华书局1962年版，第3211页。
〔3〕（刘宋）范晔：《后汉书·任李万邳刘耿列传》，中华书局1965年版，第756页。
〔4〕（刘宋）范晔：《后汉书·循吏列传》，中华书局1965年版，第2467页。
〔5〕（刘宋）范晔：《后汉书·礼仪上》，中华书局1965年版，第3108页。
〔6〕（东汉）郑玄注，（唐）贾公彦疏：《周礼注疏·州长》，北京大学出版社1999年版，第301页。
〔7〕（东汉）郑玄注，（唐）孔颖达正义：《礼记正义·乡饮酒义》，北京大学出版社1999年版，第1632页。

以听政役，所以明尊长也。六十者三豆，七十者四豆，八十者五豆，九十者六豆，所以明养老也。"[1]在举行乡饮酒礼之后，才可以行乡射礼，"言别尊卑老稚，然后射，以观德行也"[2]。而"射"本身也体现了一个人的道德素养："故射者，进退周还必中礼。内志正，外体直，然后持弓矢审固。持弓矢审固，然后可以言'中'。此可以观德行矣。"[3]在儒家看来，"射"的每一个步骤都应当合于礼的要求，而且只有内心与身体的和谐统一才能射中，这便在相当程度上体现出了个人的道德修养。郡守在其治内学校中举行乡饮酒礼与乡射礼，令治内之民观摩，"习礼容"，"修升降揖让之仪"，亦是充分发挥了学校的教化职能。同时，礼仪所具有的直观性与形象性又使得经义所提倡的价值观能够更好地为普通民众所接受。"一般民众虽不关心烦琐的经典之学所欲阐发的思想究竟是什么，却已被纳入经典之学所欲建构的郡县秩序中。"[4]如此，在不知不觉中，经义之价值观就潜移默化地进入民众的头脑中，并在地方社会渐渐推广开来。

（二）发布条教

"条教"又称"教"，是两汉时期的一种由地方长官颁布的规范性准则，与现今之地方性法规相类似。通常认为，条教为"地方长官所颁布的教令而分条列举者"[5]。从该称谓来看，"条"可能指其条理性，"教"可能指其教化性，则条教大概可以理解为形式上具有条理性、内容上具有教化性的地方法律规范。汉世郡县长官多颁行条教于其治内。如郑卿郑弘

---

〔1〕（东汉）郑玄注，（唐）孔颖达正义：《礼记正义·乡饮酒义》，北京大学出版社1999年版，第1632页。

〔2〕（东汉）郑玄注，（唐）孔颖达正义：《礼记正义·射义》，北京大学出版社1999年版，第1640页。

〔3〕（东汉）郑玄注，（唐）孔颖达正义：《礼记正义·射义》，北京大学出版社1999年版，第1641页。

〔4〕朱腾：《渗入皇帝政治的经典之学——汉代儒家法思想的形态与实践》，中国政法大学出版社2013年版，第257页。

〔5〕余英时：《士与中国文化》，上海人民出版社2003年版，第174页。

兄弟“皆著治迹，条教法度，为后所述”〔1〕；冯立“好为条教”〔2〕；薛宣“所居皆有条教可纪，多仁恕爱利”〔3〕；黄霸“使亭邮乡官皆畜鸡豚，以赡鳏寡贫穷者。然后为条教，置父老师帅伍长，班行之于民间，劝以为善防奸之意”〔4〕；张湛“在郡修典礼，设条教，政化大行”〔5〕；史敞“化有能名，尤善条教，见称于三辅也”〔6〕；李膺“修庠序，设条教，明法令，威恩并行”〔7〕。作为地方长官，发布条教这一行为本身也暗合于儒家经典之要求。《周礼·大司徒》曰：“正月之吉，始和布教于邦国都鄙。乃县教象之法于象魏，使万民观教象，挟日而敛之。乃施教法于邦国都鄙，使之各以教其所治民。”〔8〕所谓“象魏”，是指古代天子、诸侯宫门外的一对高建筑，亦叫“阙”或“观”，其用途在于悬示教令以使民知晓。《左传》中亦有藏旧章于象魏之说。〔9〕虽然悬教象之法于象魏以布教的方式可能只是儒家心目中的理想制度，却反映了其一贯倡导官方发布教化文书以使百姓明知之的态度。则郡县长官发布条教以施政也同儒家经典中要求诸侯、公卿大夫教民相符合。观汉代条教之内容，往往同改变地方风气以及推广地方教化有关。史载：

（王尊）到官，出教告属县曰：“令长丞尉奉法守城，为民父母，抑强扶弱，宣恩广泽，甚劳苦矣。太守以今日至府，愿诸君卿勉力正身以率下。故行贪鄙，能变更者与为治。明慎所职，毋以身试

〔1〕（东汉）班固：《汉书·公孙刘田王杨蔡陈郑传》，中华书局1962年版，第2902页。

〔2〕（东汉）班固：《汉书·冯奉世传》，中华书局1962年版，第3305页。

〔3〕（东汉）班固：《汉书·薛宣朱博传》，中华书局1962年版，第3390页。

〔4〕（东汉）班固：《汉书·循吏传》，中华书局1962年版，第3629页。

〔5〕（刘宋）范晔：《后汉书·宣张二王杜郭吴承郑赵列传》，中华书局1965年版，第929页。

〔6〕（刘宋）范晔：《后汉书·吴延史卢赵列传》引司马彪《续汉书》，中华书局1965年版，第2108页。

〔7〕（刘宋）范晔：《后汉书·党锢列传》引谢承《后汉书》，中华书局1965年版，第2191页。

〔8〕（汉）郑玄注，（唐）贾公彦疏：《周礼注疏·大司徒》，北京大学出版社2016年版，第263页。

〔9〕《左传·哀公三年》载：“季桓子至，御公立于象魏之外，命救火者，伤人则止，财可为也。命藏象魏，曰：‘旧章不可亡也。’”（西晋）杜预注，（唐）孔颖达正义：《春秋左传正义·哀公三年》，北京大学出版社1999年版，第1626页。

法。”又出教敕掾功曹“各自底厉，助太守为治。其不中用，趣自避退，毋久妨贤。夫羽翮不修，则不可以致千里；阑内不理，无以整外。府丞悉署吏行能，分别白之。贤为上，毋以富。贾人百万，不足与计事。昔孔子治鲁，七日诛少正卯，今太守视事已一月矣，五官掾张辅怀虎狼之心，贪汙不轨，一郡之钱尽入辅家，然适足以葬矣。今将辅送狱，直符史诣閤下，从太守受其事。丞戒之戒之！相随入狱矣！”〔1〕

（王堂）迁汝南太守，搜才礼士，不苟自专，乃教掾（吏）[史]曰：“古人劳于求贤，逸于任使，故能化清于上，事缉于下。其宪章朝右，简核才职，委功曹陈蕃。匡政理务，拾遗补阙，任主簿应嗣。庶循名责实，察言观效焉。”〔2〕

（阳球）迁平原相。出教曰：“相前莅高唐，志埽奸鄙，遂为贵郡所见枉举。昔桓公释管仲射钩之仇，高祖赦季布逃亡之罪。虽以不德，敢忘前义。况君臣分定，而可怀宿昔哉！今一蠲往愆，期诸来效。若受教之后而不改奸状者，不得复有所容矣。”〔3〕

会王莽居摄，业以病去官，杜门不应州郡之命。太守刘咸强召之，业乃载病诣门。咸怒，出教曰：“贤者不避害，譬犹（壳）[彀]弩射市，薄命者先死。闻业名称，故欲与之为治，而反托疾乎？”〔4〕

上述诸条教俱载于《汉书》与《后汉书》，其适用主体略有差异：既有适用于其属吏群体者（“出教掾功曹”“教掾吏”），又有适用于辖区内的县级官员者（“出教告属县”），也有适用于整个郡内的普通百姓者（“郡中咸

〔1〕（东汉）班固：《汉书·赵尹韩张两王传》，中华书局1962年版，第3228页。
〔2〕（刘宋）范晔：《后汉书·郭杜孔张廉王苏羊贾陆列传》，中华书局1965年版，第1105～1106页。
〔3〕（刘宋）范晔：《后汉书·酷吏列传》，中华书局1965年版，第2498页。
〔4〕（刘宋）范晔：《后汉书·独行列传》，中华书局1965年版，第2669页。

畏服焉”)，甚至还有只针对特殊个体者(“闻业名称，故欲与之为治，而反托疾乎？”)。则条教的适用主体可宽可窄，具有一定的灵活性。条教之内容多包括郡县长官的施政理念与施政措施。就理念而言，几乎都是儒家经义之再现。如官吏当“为民父母，抑强扶弱，宣恩广泽”，并“劳于求贤，逸于任使”；君臣之间尊卑名分不当改；“贤人不避害”等。就措施而言，也多采取儒家经义所认可者。如长官当任贤黜不能，并对属下“循名责实，察言观效”；教而后诛，“若受教之后而不改奸状者，不得复有所容矣”等。其在论证自身规定的合理性时，还常常援引儒家所认可并称赞的历史典故，如孔子诛少正卯、齐桓公释管仲一箭之仇等。可见条教虽为地方性法规，其强制手段甚至略显残酷，但立法宗旨与内容规定几乎全为儒家式的，并以推行教化、倡导德政为最终目标。这些条教颁布施行后，也确实收到了良好的成效：王尊条教实施后，“辅系狱数日死，尽得其狡猾不道，百万奸臧。威震郡中，盗贼分散，入傍郡界。豪强多诛伤伏辜者”[1]；王堂条教实施后，“自是委诚求当，不复妄有辞教，郡内称治”[2]；阳球条教实施后，“郡中咸畏服焉”[3]。故条教的实施在一定程度上改变了之前的社会风气，令其管辖范围内出现了儒家所追求的治象，因而这种推广经义的手段也得到了实践的检验。

(三)以德感民

普及儒家经义，使其被郡县治内接受的另一重要途径便是依靠郡县长官个人的德性素养感化吏民，从而令其真心向化。换言之，人格高尚的长官往往令治内百姓“不忍欺”，并通过自己的行为感化他们，使他们彻底改变原来不合经义的举动，甚至产生移风易俗的效果。这也恰恰反映了儒

---

〔1〕(东汉)班固：《汉书·赵尹韩张两王传》，中华书局1962年版，第3228页。
〔2〕(刘宋)范晔：《后汉书·郭杜孔张廉王苏羊贾陆列传》，中华书局1965年版，第1105～1106页。
〔3〕(刘宋)范晔：《后汉书·酷吏列传》，中华书局1965年版，第2498页。

家对统治者反求诸己的劝诫以及修身而后齐家治国的要求，并符合“君子之德风，小人之德草。草上之风，必偃”[1]以及“其身正，不令而行。其身不正，虽令不从”[2]的教化规律。故两汉时期多有凭自身人格魅力与道德品行感染民众，进而实现普及经典之义与促成治内大化两重目的者。根据记载：

(卓茂)后以儒术举为侍郎，给事黄门，迁密令。劳心谆谆，视人如子，举善而教，口无恶言，吏人亲爱而不忍欺之。[3]

(鲁)恭专以德化为理，不任刑罚。讼人许伯等争田，累守令不能决，恭为平理曲直，皆退而自责，辍耕相让。亭长从人借牛而不肯还之，牛主讼于恭。恭召亭长，敕令归牛者再三，犹不从。恭叹曰：“是教化不行也。”欲解印绶去。掾史泣涕共留之，亭长乃惭悔，还牛，诣狱受罪，恭贳不问。于是吏人信服。[4]

(吴)祐政唯仁简，以身率物。民有争诉者，辄闭閤自责，然后断其讼，以道譬之。或身到闾里，重相和解。自是之后，争隙省息，吏人怀而不欺。[5]

(刘矩)稍迁雍丘令，以礼让化之。其无孝义者，皆感悟自革。民有争讼，矩常引之于前，提耳训告，以为忿恚可忍，县官不可入，使归更寻思。讼者感之，辄各罢去。[6]

两汉时期的郡县长官常常以兴治内教化为己任，并在社会生活中扮演着民之父母与民之师的角色。这些长官即是史家所称赞的“循吏”[7]。

---

[1] (魏)何晏注，(北宋)邢昺疏：《论语注疏·颜渊》，北京大学出版社1999年版，第166页。

[2] (魏)何晏注，(北宋)邢昺疏：《论语注疏·子路》，北京大学出版社1999年版，第173页。

[3] (刘宋)范晔：《后汉书·卓鲁魏刘列传》，中华书局1965年版，第869页。

[4] (刘宋)范晔：《后汉书·卓鲁魏刘列传》，中华书局1965年版，第874页。

[5] (刘宋)范晔：《后汉书·吴延卢史赵列传》，中华书局1965年版，第2101页。

[6] (刘宋)范晔：《后汉书·循吏列传》，中华书局1965年版，第2476页。

[7] 有关循吏及与之相对立的酷吏问题，笔者将于第三章第一节中详细探讨。

余英时认为，“循吏的最大特色则在他同时又扮演了大传统的‘师’的角色。……循吏便是以‘师儒’的身分从事‘教化’工作的”[1]。从这一角度出发，他们采取的方式并非完全是以法律为准绳奖善惩恶，还应包括道德礼让的，甚至完全以道德礼让为化而不任刑罚。其具体手段则不外乎语言与行动并用，既晓之以理又动之以情。就前者而言，针对触犯法律者，郡县长官往往“引之于前，提耳训告”，“劳心谆谆，视人如子，举善而教，口无恶言”，或“身到闾里，重相和解”，以道德劝诫令其认识到自己的错误，从而“感悟自革”，不再重犯。这种以道德言语说教的行为本身就是在推广与普及儒家经书之义理，因为德教语言就是经义的口语化与通俗化。就后者来看，针对有纠纷或不遵教化者，郡县长官并不对之进行处罚，而是将产生这种行为的原因归咎到自己身上，“退而自责”，“闭阁自责”，以对自己的责罚来代替对他人的责罚。这类行为通常会唤起行为者的懊悔心，令其认识到自己的错误并改过自新。但在某些情况下，郡县长官也不得不通过“欲解印绶去”这种颇为极端的举动来解决治内的争端。我们难以判断这种解印辞职的做法究竟是郡县长官的有意作秀还是真心为之，但有两点可以确定：第一，郡县长官宁愿采取这种过度自责的极端举动也不愿意将行为者绳之以法，这说明儒家经典之德主刑辅理论已经深深扎根于他们的心中。第二，这种极端举动对行为者来说是有效的，其最终往往会因郡县长官的“过度自责”而懊悔，从而认识到自己的错误；即便他没有真心实意地认识错误，也会因为舆论的压力而勉强改过自新。这说明儒家经典之尊重服从有德君子之论已经深深影响了普通民众的行为。不过，这两种方法都需要一个先决条件，即郡县长官本身具有高尚的品行与节操，是“长者”“君子”，能够做到“以身率物”，从而令吏民折服。

---

〔1〕 余英时：《士与中国文化》，上海人民出版社2003年版，第139页。

（四）移风易俗

按照儒家经义的要求，理想的社会应当具有良好的风俗，而风俗之良好与否又以是否合于经义为判断标准，故两汉统治者亦将参照儒家经典移风易俗作为传播、普及经义的重要方式。皇帝虽曾因此屡下诏令[1]，但其内容主要停留在整顿吏治的层面，即针对宗室外戚公卿大夫及两千石等高级官员，以及豪族富商等阶层。而意欲彻底变更天下风俗，更重要的是依靠郡县长官在地方所采取的整顿民风民俗的措施。盖国治然后天下平，郡县之恶俗改而后天下之良俗生，移风易俗需要同时从不同区域入手才能够在全国推广开来。为此，两汉的郡县长官付出了辛勤劳动：

> 先是，赵广汉为太守，患其俗多朋党，故构会吏民，令相告讦，一切以为聪明，颍川由是以为俗，民多怨仇。延寿欲更改之，教以礼让，恐百姓不从，乃历召郡中长老为乡里所信向者数十人，设酒具食，亲与相对，接以礼意，人人问以谣俗，民所疾苦，为陈和睦亲爱销除怨咎之路。长老皆以为便，可施行，因与议定嫁娶丧祭仪品，略依古礼，不得过法。延寿于是令文学校官诸生皮弁执俎豆，为吏民行丧嫁娶礼。百姓遵用其教，卖偶车马下里伪物者，弃之市道。[2]

> 会稽俗多淫祀，好卜筮。民常以牛祭神，百姓财产以之困匮，其自食牛肉而不以荐祠者，发病且死先为牛鸣，前后郡将莫敢禁。伦到官，移书属县，晓告百姓。其巫祝有依托鬼神诈怖愚民，皆案

---

〔1〕 如武帝下诏“公卿大夫，所使总方略，壹统类，广教化，美风俗也。夫本仁祖义，褒德禄贤，劝善刑暴，五帝三王所繇昌也”［（东汉）班固:《汉书·武帝纪》，中华书局1962年版，第166页］；哀帝提出“制节谨度以防奢淫，为政所先，百王不易之道也。诸侯王、列侯、公主、吏二千石及豪富民多畜奴婢，田宅亡限，与民争利，百姓失职，重困不足。其议限列”［（东汉）班固:《汉书·哀帝纪》，中华书局1962年版，第336页］；安帝“诏三公明申旧令，禁奢侈，无作浮巧之物，殚财厚葬”［（刘宋）范晔:《后汉书·孝安帝纪》，中华书局1965年版，第207页］。

〔2〕 （东汉）班固:《汉书·赵尹韩张两王传》，中华书局1962年版，第3210页。

论之。有妄屠牛者，吏辄行罚。民初颇恐惧，或祝诅妄言，伦案之愈急，后遂断绝，百姓以安。[1]

郡与交州接境，颇染其俗，不知礼则。飒下车，修庠序之教，设婚姻之礼。期年闲，邦俗从化。[2]

九真俗以射猎为业，不知牛耕，民常告籴交址，每致困乏。延乃令铸作田器，教之垦辟。田畴岁岁开广，百姓充给。又骆越之民无嫁娶礼法，各因淫好，无适对匹，不识父子之性，夫妇之道。延乃移书属县，各使男年二十至五十，女年十五至四十，皆以年齿相配。其贫无礼娉，令长吏以下各省奉禄以赈助之。同时相娶者二千余人。是岁风雨顺节，谷稼丰衍。[3]

从这些记载中不难看出，两汉时期不同区域内实际存在诸多不同的风俗习惯，如“告讦”“淫祀”“射猎”等，它们都被汉儒视为“不知礼则”“不识学义”的恶俗，为儒家经典所不容，因此必须通过采取一定的措施对之进行改变，最常用者之一便是用教化的方式让民知晓礼制规定。对此，郡县官员多依经义，设丧祭婚姻制度。“夫礼始于冠，本于昏，重于丧祭，尊于朝聘，和于射乡。此礼之大体也。”[4]盖婚礼为诸礼之本而丧礼祭礼为诸礼之重，且此二礼与民之生活息息相关，因此郡县长官往往由此切入，使民渐知礼义。而对难以改变的风俗，刑罚手段也是必要的，这也符合儒家德主刑辅、先教后诛的主张。长此以往，则经义渐入，民俗渐改。以上述史料中所列诸行为为例：韩延寿的教化使“闾里阡陌有非常，吏辄闻之，奸人莫敢入界”；第五伦使会稽郡百姓生活安宁，“永平五年，坐法征，老小攀车叩马，啼呼相随，日裁行数里，不得前。伦乃伪止亭舍，阴乘船

---

〔1〕（刘宋）范晔：《后汉书·第五钟离宋寒列传》，中华书局1965年版，第1397页。
〔2〕（刘宋）范晔：《后汉书·循吏列传》，中华书局1965年版，第2459页。
〔3〕（刘宋）范晔：《后汉书·循吏列传》，中华书局1965年版，第2462页。
〔4〕（东汉）郑玄注，（唐）孔颖达正义：《礼记正义·昏义》，北京大学出版社1999年版，第1620页。

去。众知，复追之。及诣廷尉，吏民上书守阙者千余人”，可见其改俗十分成功，本人也深得百姓拥护；卫飒治郡“期年间，邦俗从化”；任延治下之民“咸曰：‘使我有是子者，任君也。’多名子为‘任’”，以示感激，甚至徼外蛮夷夜郎等也募化而来。由此不难发现，只要地方长官不遗余力地奉行教化，身体力行地普及经义，则移风易俗之目的不难实现，普通民众受到经义熏陶后也乐于为之改变。而诸多经典规定本身也对民众的衣食住行具有重要影响，如“布帛精粗不中数，幅广狭不中量，不粥于市。奸色乱正色，不粥于市。锦文珠玉成器，不粥于市。衣服饮食，不粥于市。五谷不时，果实未孰，不粥于市。木不中伐，不粥于市。禽兽鱼鳖不中杀，不粥于市”〔1〕；“侍饮于长者，酒进则起，拜受于尊所。长者辞，少者反席而饮。长者举未釂，少者不敢饮”〔2〕；“凡行，容惕惕，庙中，齐齐，朝廷，济济、翔翔”〔3〕等经义均已融入普通民众的日常生活中。

三、儒家学术团体对经义传授与践行的影响

所谓儒家学术团体，是指以一个儒家经师为核心，包括其所传授的诸多弟子而形成的以教授经书、践行礼制为目的的团体。通俗来讲，一个经师以及他的诸多门徒就可以视为一个儒家学术团体。在这一团体中，经师居于核心地位。“他们一方面将其家学传于自己的后人，另一方面又教授慕名而来的门徒。这样，一个个学术群体就会以某一经学名家为开创者或中心而出现”〔4〕，而经师的后人及弟子又会将经典传授给他的弟子或后人，如此延续下去，儒家学术团体便不断壮大，成为社会上一股不容忽视的力

〔1〕（东汉）郑玄注，（唐）孔颖达正义：《礼记正义·王制》，北京大学出版社1999年版，第413页。

〔2〕（东汉）郑玄注，（唐）孔颖达正义：《礼记正义·曲礼上》，北京大学出版社1999年版，第63页。

〔3〕（东汉）郑玄注，（唐）孔颖达正义：《礼记正义·玉藻》，北京大学出版社1999年版，第925页。

〔4〕朱腾：《渗入皇帝政治的经典之学——汉代儒家法思想的形态与实践》，中国政法大学出版社2013年版，第276页。

量。当这一团体中的多人步入仕途乃至位列公卿时，该团体就具有了一定的政治力量，而它所遵奉的经说也就更容易被官方认可，从而立于学官。一旦其经说被立于学官，就会有更多的士人受吸引而来，该团体的规模与影响就会继续壮大。通常而言，绝大多数的儒家学术团体起于地方，经师们往往在地方上授徒讲学，“各教授门徒，每一宿儒，门下著录者至千百人，由是学遍天下矣”〔1〕，兹举数例：

> （翟方进）积十余年，经学明习，徒众日广，诸儒称之。〔2〕
>
> 申公卒以《诗》、《春秋》授，而瑕丘江公尽能传之，徒众最盛。〔3〕
>
> 满昌授九江张邯、琅邪皮容，皆至大官，徒众尤盛。〔4〕

自西汉时期起，已经存在门徒众多的经师，儒家学术团体已初具规模。但此时的记载比较笼统，一般表述为“徒众盛”等，具体有多少人数则不得而知，门徒与经师之间的关系是否紧密也几乎未被提及。但是随着时间的推移，儒家学术团体之规模越来越大：

> 王莽时，（洼丹）常避世教授，专志不仕，徒众数百人。〔5〕
>
> （马）融门徒四百余人，升堂进者五十余生。融素骄贵，玄在门下，三年不得见，乃使高业弟子传授于玄。〔6〕
>
> （王良）少好学，习《小夏侯尚书》。王莽时，寝病不仕。教授诸生千余人。〔7〕
>
> 初，（樊）儵删定《公羊严氏春秋》章句，世号“樊侯学”，教授

〔1〕（清）赵翼：《陔余丛考》，商务印书馆1957年版，第296页。
〔2〕（东汉）班固：《汉书·翟方进传》，中华书局1962年版，第3411页。
〔3〕（东汉）班固：《汉书·儒林传》，中华书局1962年版，第3608页。
〔4〕（东汉）班固：《汉书·儒林传》，中华书局1962年版，第3613页。
〔5〕（刘宋）范晔：《后汉书·儒林列传上》，中华书局1965年版，第2551页。
〔6〕（刘宋）范晔：《后汉书·张曹郑列传》，中华书局1965年版，第1207页。
〔7〕（刘宋）范晔：《后汉书·宣张二王杜郭吴承郑赵列传》，中华书局1965年版，第932页。

门徒前后三千余人。[1]

（张兴）既而声称著闻，弟子自远至者，著录且万人，为梁丘家宗。[2]

（牟）长自为博士及在河内，诸生讲学者常有千余人，著录前后万人。……子纡，又以隐居教授，门生千人。[3]

新莽至东汉时期，百人规模的学术团体已经十分普遍，数百人者也已司空见惯。在这诸多门徒中，也包括经师的再传弟子。以郑玄为例，他虽然在马融门下，但起初一直是接受马融的“高业弟子传授”，并未与其相见。因为马融虽有弟子四百余人，但“升堂进者五十余生”，即只有这五十多人可以接受面授，而其他人只是接受这些弟子的转授。从这一角度出发，马融团体中其实包括了几代弟子，他们都以马融为宗。这种现象在东汉时期极为常见，因此，彼时便出现了门徒千人乃至万人的现象，如张兴及牟长，门徒都已达到了万人的规模，其在所处区域的影响力当不容小觑。故某一经典之传授的地域性也就显现出来，如伏恭任常山太守时，“敦修学校，教授不辍，由是北州多为伏氏学”[4]。此外，学术团体内部师生之间的联系也较为紧密，这尤其表现在为师服丧上：

（延笃）以师丧弃官奔赴，五府并辟不就。[5]

（任末）后奔师丧，于道物故。临命，敕兄子造曰：“必致我尸于师门，使死而有知，魂灵不惭；如其无知，得土而已。”[6]

（刘翊）曾行于汝南界中，有陈国张季礼远赴师丧，遇寒冰车

〔1〕（刘宋）范晔：《后汉书·樊宏阴识列传》，中华书局1965年版，第1125页。
〔2〕（刘宋）范晔：《后汉书·儒林列传上》，中华书局1965年版，第2553页。
〔3〕（刘宋）范晔：《后汉书·儒林列传上》，中华书局1965年版，第2557页。
〔4〕（刘宋）范晔：《后汉书·儒林列传下》，中华书局1965年版，第2571页。
〔5〕（刘宋）范晔：《后汉书·吴延史卢赵列传》，中华书局1965年版，第2103页。
〔6〕（刘宋）范晔：《后汉书·儒林列传下》，中华书局1965年版，第2572页。

毁，顿滞道路。翊见而谓曰："君慎终赴义，行宜速达。"即下车与之，不告姓名，自策马而去。[1]

大将军掾敦煌宣度为师太常张文明制杖。[2]

东汉时期多有为受业师奔丧的行为，似乎已经成为经生之间约定俗成的习惯，这是西汉时期史料所未曾记载的。为师奔丧表现出的是团体内部尤其是师生之间凝聚力的加强，如延笃为奔师丧可以弃官甚至不就五府并辟，宣度竟然要依父母之礼为其师制杖。这些行为往往被时人所称道，甚至被视为一种"义举"，更有请求"致尸于师门"者，以求死后仍然属于团体一员。应劭曾指出："今人乃为制杖，同之于父。论者既不匡纠，而云观过知仁，谓心之哀恻，终始一者也。"[3]则当时以弟子事师比况子事父是一种十分普遍的现象，这也说明在经学研究盛行的背景下，出现参照家族尊卑长幼秩序而设的儒家学术团体这一现象本身就是经义社会化的一个重要表现。

儒家学术团体所从事的活动有二：一为传授经典，二为践行经义。经典之传授自为此类团体存在之基础。师徒之间授受经典，延续圣贤之学，并求自身之学派观点能够为官方所采纳并流传后世，而作为习经者本人也能声名远扬或成为官僚队伍中的一员。故对经义的追求以及对入仕的热情是这一学术团体能够不断扩大规模的最主要原因。当然，本着经世致用、教化世俗的态度，这些团体也会在社会生活中实践经义的要求与礼制的规定。史料中有一条记载格外引人注目：

王莽世，（刘昆）教授弟子恒五百余人。每春秋飨射，常备列典仪，以素木瓠叶为俎豆，桑弧蒿矢，以射"菟首"。[4]

[1]（刘宋）范晔：《后汉书·独行列传》，中华书局1965年版，第2695页。

[2]（东汉）应劭撰，王利器校注：《风俗通义校注·愆礼》，中华书局1981年版，第140页。

[3]（东汉）应劭撰，王利器校注：《风俗通义校注·愆礼》，中华书局1981年版，第141页。

[4]（刘宋）范晔：《后汉书·儒林列传上》，中华书局1965年版，第2550页。

儒家学术团体讲演礼制的行为应当还有很多，但可能未被史官保留下来。通过这条记载不难发现，在新莽乱世当中，以刘昆为核心的儒家学术团体仍然坚守礼制要求，以经书中所载礼仪规定严格约束自身及弟子，不仅于春秋时行飨射礼，而且还一依古义古仪，尽管器物可能略显粗糙。此行为当然吸引了县官的注意，“每有行礼，县宰辄率吏属而观之”，他们可能试图向刘昆学习，以求用更为“标准”的仪式教化治内之民。刘昆践行经义的举动甚至引起了王莽的警惕：“王莽以昆多聚徒众，私行大礼，有僭上心，乃系昆及家属于外黄狱。”篡位者王莽大概意识到了刘昆带领弟子行礼可能在社会上所产生的巨大影响，故对其进行打压。“私行大礼，有僭上心”只是借口，他真正畏惧的是郡县吏民通过学习这一仪式而熟知尊卑上下之序，反而会对其以臣代君建立新朝的行为加以质疑甚至发起反抗。以此立论，则儒家学术团体以群体的力量演示、普及蕴含经义的礼仪行为确实能够在吏民心目中产生影响。“概言之，由于儒家学团人数众多，因此其内部对德礼之教的重视将对郡县社会产生一种行为示范作用。”〔1〕在这种“行为示范作用”的带动下，吏民们仿而效之，经义便以一种仪式化的表现形式被他们所接受。吏民虽不能言之，但已依其要求为之。因而经典在潜移默化中得到了普及与推广。

综而论之，无论是皇帝的寓教于政，还是郡县长官对经义的普及，抑或是儒家学术团体对经义的传授与践行，都是意欲将经义渗透到社会生活中去，使普通民众自觉接受经典之义理。在皇帝、郡县长官以及儒家学术团体的共同努力之下，经义渐渐开启了社会化进程。民众在享受到教化成果的同时又推动了教化的进一步深入，符合经典的行为最终被确立下来。进而论之，两汉其实就是一个经义社会化或曰儒学社会化的时代。“在国

〔1〕 朱腾：《渗入皇帝政治的经典之学——汉代儒家法思想的形态与实践》，中国政法大学出版社2013年版，第281页。

家政权的倡导、推动下，儒家知识分子及儒生化的官吏通过教育、教化的手段，将儒学的文化知识、思想观念、伦理道德和礼仪规范灌输给社会的各个阶层，使之成为社会全体成员的共同信仰和生活模式。"[1]而儒家的"文化知识、思想观念、伦理道德和礼仪规范"其实都是经义的载体与外化，因为它们承载着经典义理的要求与规定，并以一种普遍的形式将其展现在大众面前。而当各个社会阶层都接受并认可经义的相关内容，并以之作为为人处世的标准时，经义便成为一种具有约束性的"法律"。

第三节 经义价值观的规范性

经义所具有的规范性，是指经义能够指引、约束人们的日常生活。或者说，人们在日常生活中将经义作为考量自己行为的标准。两汉时期，经义实现了社会化，儒家经典在社会各阶层中得到普及并被他们所接受，其作用类似于一种规制人们生活的隐性法典。诸多经典中蕴含的思想观念、伦理道德，礼仪制度、典章程式成为统治者管理社会的重要参考与依据，有些经典本身还记载了可供统治者借鉴的古代法律实践活动，如"《易·师卦》的'师出以律'就道出了军事活动对法的产生的作用；《尚书·吕刑》更直接记载了黄帝时代法的起源（蚩尤、苗民'作五虐之刑曰法'）；《诗经·鲁颂·泮水》则歌颂'淑问如皋陶'（皋陶是尧舜时的法官）；《左传·昭公六年》、《左传·二十九年》详细记载了春秋末期发生在郑国和晋国的法制变革（子产铸刑书，赵鞅、荀寅铸刑鼎）；《周礼》记载了古代法官的职责

[1] 惠吉兴：《论汉代儒学的社会化走向》，载《社会科学战线》1997年第3期。

和司法的审判程序，以及一些古老的法；《礼记》则记载了复仇的原则和条件”[1]。其中对汉世制度建设、社会管理具有较大影响的当为《春秋》与《孝经》二书。分言之，《春秋》既为汉朝统治的合法性提供形上依据，又为某些具体的政治行为提供形下指导，并在历史发展的浪潮中由“国宪”、“法典”而“天宪”。《孝经》则被视作天下万民都要遵守的大经大义，直接彰显着汉政府的基本国策，成为以孝治天下的主要文献依据。

一、《春秋》为汉制法

在汉人的思想观念中，“六(学)[艺]者，王教之典籍，先圣所以明天道，正人伦，致至治之成法也”[2]。六经被作为先圣通天人的结晶之作，并从整体上被视为教化万民的“成法”，即统治者应当遵奉并予以施用的现成法则。在这一套“成法”中，不同的“子法”又各有所长，皆有其自己独特的作用。其中，《春秋》具有“说理”[3]“道义”[4]“治人”[5]“断事”[6]之特征。其通过“属辞比事”[7]，即连缀文辞、排比史实的方法来显示事之轻重善恶与人之言行合礼与否，寓褒贬赏罚于其中，“以为见之空言，不如行事博深切明”[8]。如此，《春秋》所倡之义与所言之理也就自然而然地从记载、描述事例时所用之言语修辞中流露出来。故由其“辞”可探其“事”，由其“微言”可窥其“大义”。清儒皮锡瑞指出：“《春秋》有大义，有微言。所谓大义者，诛讨乱贼以戒后世是也；所谓微言者，改立法制以致太

[1] 武树臣：《儒家法律传统》，法律出版社2003年版，第20页。
[2] (东汉)班固：《汉书·儒林传》，中华书局1962年版，第3589页。
[3] (西汉)扬雄撰，(清)汪荣宝疏：《法言义疏·寡见》，中华书局1987年版，第215页。
[4] (西汉)司马迁：《史记·太史公自序》，中华书局1959年版，第3297页。
[5] (西汉)董仲舒撰，(清)苏舆义证：《春秋繁露义证·玉杯》，中华书局1992年版，第36页。
[6] (东汉)班固：《汉书·艺文志》，中华书局1962年版，第1723页。
[7] (东汉)郑玄注，(唐)孔颖达正义：《礼记正义·经解》，北京大学出版社1999年版，第1368页。
[8] (西汉)董仲舒撰，(清)苏舆义证：《春秋繁露义证·俞序》，中华书局1992年版，第159页。

平是也。”〔1〕通过将“微言大义”规则化，便可以为后世统治者拨乱反正、治理天下提供鲜活的经验教训和坚实的理论依据。因此《春秋》实有借古明今、由远知来的作用。从这个角度出发，较之于其他五部经典，《春秋》具有高度关注现实、经世致用的特征，是六经中最具有可操作性的典籍之一。《春秋》内涵丰富的规范社会制度、约束人之行为的准则，是最能够起到法典作用的经典。而这一特点早在战国时期即已被注意到。《孟子·滕文公下》有“孔子成《春秋》而乱臣贼子惧”之说，可见儒家早已经认识到了其在规范、约束臣子之言行以及匡正、规制君臣关系上的重要作用。有趣的是，《春秋》的法典特性也得到了法家学者的关注。《韩非子·备内》言：“上古之传言，《春秋》所记，犯法为逆以成大奸者，未尝不从尊贵之臣也。”《韩非子·内储说上七术》引鲁哀公问孔子曰：“《春秋》之记曰：‘冬十二月賈霜不杀菽。’何为记此？”又引孔子答曰：“此言可以杀而不杀也。夫宜杀而不杀，桃李冬实。天失道，草木犹犯干之，而况于人君乎？”韩非是大儒荀子的学生，而荀子曾有传《春秋》之举，故韩非的思想可能或多或少受到了儒学尤其是《春秋》学的影响。韩非虽然奉行纯粹的法治，但为了说服统治者，又不得不以被视为当时显学的儒家之言语来阐述、论证自己的思想。不过，这一言语并不来自被其视为无用的《诗》《书》，更非遭到它激烈批判的《礼》《乐》，而是源于暗含褒贬赏罚之义的《春秋》。可见，《春秋》虽为传统意义上的儒学经典，但其所记所言却揭示了最为普遍适用的“法则”，如赏善罚恶、褒功贬过以及尊君卑臣等，故皮锡瑞有“《春秋》近于法家”之说，孙德谦有“韩非之论法源于《春秋》”以及“法家之明罚敕法，固以佐礼仪之不及，然《春秋》以道名分，则申、韩之尊君卑臣，崇上抑下，其得《春秋》之学可知矣”之论。〔2〕由此亦可知《春秋》在六艺

〔1〕（清）皮锡瑞：《经学通论·春秋》，中华书局2018年版，第365页。

〔2〕参见武树臣：《法家的师承：出乎儒而反乎儒》，载《山东大学学报（哲学社会科学版）》2017年第1期。

经典体系中所具有的独特地位。

（一）《春秋》与汉政之合法性

《春秋》在汉代被视为法典，首先得益于它能够完美地解释西汉政权的合法性问题。这一点是同样具有规范性且载有诸多现成典章制度的《礼》所无法企及的。换言之，《春秋》具有特殊的地位正是因其可以为汉的统治提供合法性理论依据，其作用类似于“国宪”。西汉立国之后，对前朝秦一直存在一种矛盾心理：一方面，统治阶层痛批秦之暴政苛法；另一方面，他们又不得不沿用已经颇为成熟完善的秦制。不过，汉朝的政治制度可以借鉴秦朝，但汉朝的立国合法性却不能追溯至秦朝，因为“暴秦”已被时人深恶痛绝。因此，汉朝上层常常苦于如何证明自身代秦而立之合法性。景帝时曾有辕固生与黄生争论“受命放杀”论，从而尝试为汉政权之合法性提供理论依据，但旋即被景帝所制止，因为这一理论隐藏的危险性不言而喻：任何其他势力均可借用此论推翻汉的统治。故而汤武革命不能被视为西汉立国的合法性基础。武帝即位后，以政权合法性为题发策问，求贤良，董仲舒就在这一历史际遇之下将《春秋》推上了历史舞台。他以《公羊传》学说比况现实政治，认为《春秋》中已经蕴含了汉朝立国的合法性基础：[1]

> 是故《春秋》之道，以元之深正天之端，以天之端，正王之政，以王之政正诸侯之即位，以诸侯之即位正竟内之治。五者俱正，而化大行。[2]

---

〔1〕 有学者认为，《公羊传》自成书之日起其内容就体现了汉代政治的需要。《公羊传》在景帝初年由公羊高及其弟子胡母子都写定时，其内容已经经过了选择、修改甚至增添，以符合时代的需要。因此《公羊传》成书时，其就已经成为公羊高、胡母子都以及其他同时期的公羊学家们有意识地反映西汉初期时代需要的作品了。参见张端穗：《西汉公羊学研究》，台北，文津出版社有限公司2005年版，第8页。

〔2〕 （西汉）董仲舒撰，（清）苏舆义证：《春秋繁露义证·玉英》，中华书局1992年版，第159页。

> 臣闻天之所大奉使之王者，必有非人力所能致而自至者，此受命之符也。[1]

> 王者必受命而后王。王者必改正朔，易服色，制礼乐，一统于天下，所以明易姓，非继人，通以己受之于天也。[2]

> 然则王者欲有所为，宜求其端于天。天道之大者在阴阳。阳为德，阴为刑；刑主杀而德主生。是故阳常居大夏，而以生育养长为事；阴常居大冬，而积于空虚不用之处。以此见天之任德不任刑也。天使阳出布施于上而主岁功，使阴入伏于下而时出佐阳；阳不得阴之助，亦不能独成岁。终阳以成岁为名，此天意也。王者承天意以从事，故任德教而不任刑。[3]

> 《春秋》上绌夏，下存周，以《春秋》当新王。《春秋》当新王者奈何？曰：王者之法，必正号，绌王谓之帝，封其后以小国，使奉祀之。下存二王之后以大国，使服其服，行其礼乐，称客而朝。故同时称帝者五，称王者三，所以昭五端，通三统也。[4]

也就是说，王之政本于天之端，而天之端又本于元之深，“元”即为“一”，是万物之本始，“谓一为元者，视大始而欲正本也”。即变一为元说明《春秋》贵正本始，而王之本始源于天，因此圣王所兴乃是天命所归。故秦之败源于“其心欲尽灭先王之道，而颛为自恣苟简之治”，“为政而任刑，不顺于天，故先王莫之肯为也”[5]，其倒行逆施、不尊天命而自取灭亡。于此，天的意志自身将革命之人力消解。天欲使之王会显示一定的征兆，“必有非人力所能致而自至者”，则暴力革命不足以成为新王朝统治的合法性

〔1〕（东汉）班固：《汉书·董仲舒传》，中华书局1962年版，第2500页。
〔2〕（西汉）董仲舒撰，（清）苏舆义证：《春秋繁露义证·三代改质文》，中华书局1992年版，第185页。
〔3〕（东汉）班固：《汉书·董仲舒传》，中华书局1962年版，第2502页。
〔4〕（西汉）董仲舒撰，（清）苏舆义证：《春秋繁露义证·三代改质文》，中华书局1992年版，第198页。
〔5〕（东汉）班固：《汉书·董仲舒传》，中华书局1962年版，第2502页。

基础，因此景帝所担心的“受命放杀”论已经失去了其危险性，合法性的唯一依据被限定于“受命于天”。而王者欲彰显自己受命于天则必须改制，即“改正朔，易服色，制礼乐”，这是为了表示自己并非受命于前王，不是前朝统治的延续，以将自己与前政权区分开来。而且天道重阳不重阴，任德不任刑，因此受命于天的君主也应当求其治端于天，并承天意而效法之，以德礼政教为本而以刑罚为末，将提高自身修养并推行德教作为新政权的主要任务与施政目标。同时，董仲舒还构建了一个全新的历史循环发展模式，认为王者当存二王之后，通三统，从而接续三代的传统文化，为自身的统治在历史长河中找到一个固定的位置。“通三统的最终目的是要解决现实的政教体系与历史文化传统怎样衔接的问题。也就是说，如何才能整合不同阶段形成的具有不同特质的精神资源，建立一个新的更具包容性和开放性的政教传统，以完成历史文化共同体的更新和重塑。”〔1〕换言之，将三代的传统文化吸纳进入自己的文化体系中，以“复古”的形式“更化”，将自己打造成为天道的接续者。董仲舒的这一套理论得到了汉武帝的赞赏与认可。在董仲舒的解释下，《春秋》俨然变为一部去除旧弊、改弦更张、建国立制的政治大纲，具有了至高的地位：

《春秋》之道举往以明来，是故天下有物，视《春秋》所举与同比者，精微眇以存其意，通伦类以贯其理，天地之变，国家之事，粲然皆见，亡所疑矣。〔2〕

《春秋》修本末之义，达变故之应，通生死之志，遂人道之极者也。〔3〕

故有国者不可以不知《春秋》，前有谗而弗见，后有贼而不

〔1〕李长春：《〈春秋〉“大一统”与两汉时代精神》，载《中山大学学报（社会科学版）》2011年第3期。

〔2〕（东汉）班固：《汉书·五行志上》，中华书局1962年版，第1331～1332页。

〔3〕（西汉）董仲舒撰，（清）苏舆义证：《春秋繁露义证·玉杯》，中华书局1992年版，第39页。

知。为人臣者不可以不知《春秋》，守经事而不知其宜，遭变事而不知其权。为人君父而不通于《春秋》之义者，必蒙首恶之名。为人臣子而不通于《春秋》之义者，必陷篡弑之诛，死罪之名。其实皆以为善，为之不知其义，被之空言而不敢辞。夫不通礼义之旨，至于君不君，臣不臣，父不父，子不子。夫君不君则犯，臣不臣则诛，父不父则无道，子不子则不孝。此四行者，天下之大过也。以天下之大过予之，则受而弗敢辞。故《春秋》者，礼义之大宗也。夫礼禁未然之前，法施已然之后；法之所为用者易见，而礼之所为禁者难知。〔1〕

《春秋》成为王道乃至人道的大经大典，其中蕴含了天地之变、国家之事、生死之志等，成为包含世间万物之理的百科全书。由于其隐含了三纲五常之理、人生进退之道，因此应当为统治者高度关注。总而言之，董仲舒以《公羊传》解《春秋》之法论证汉王朝统治之合法性，使得《春秋》地位迅速上升，在政治领域渐有超越其余经书之势，而《公羊传》中的大一统、改制等诸理论也成为汉政权立国施政的基础。从这一点上来看，《春秋》是政治的最高准则，已经具有根本大法的意味，可以被视作汉朝的“国宪”。此外，《春秋》还被视为“礼义之大宗”，而礼本身就是一种规制人之行为的规范，礼义与法的精神在本质上是相通的，因而《春秋》之义也成为法的精神的体现，《春秋》也就成为具有规范性效力的经典文本。

（二）《春秋》之义的司法适用

《春秋》不仅因论证了汉王朝统治的合法性而具有根本大法的意味，还由于经由其修辞所表现出来的“义”能被运用于司法生活中而成为一部断狱听讼之书。换言之，《春秋》之“义”经由孔子笔削鲁史后超越彼时历

〔1〕（西汉）司马迁：《史记·太史公自序》，中华书局1959年版，第3298页。

史情境被作为一种规范适用于两汉的法律实践中。以《春秋》决狱仍为大儒董仲舒的首创：

> 时有疑狱曰："甲无子，拾道旁弃儿乙养之以为子。及乙长，有罪杀人，以状语甲，甲藏匿乙。甲当何论？"仲舒断曰："甲无子，振活养乙，虽非所生，谁与易之！《诗》云：'螟蛉有子，蜾蠃负之。'《春秋》之义，'父为子隐'，甲宜匿乙。"诏不当坐。[1]
>
> 董仲舒《决狱》曰：甲父乙与丙争言相斗，丙以佩刀刺乙，甲即以仗击丙，误伤乙。甲当何论？或曰："殴父也，当枭首。"议曰："臣愚以父子，至亲也，闻其斗，莫不有怵怅之心。扶伏而救之，非所以欲诟父也。《春秋》之义，许止父病，进药于其父而卒。君子原心，赦而不诛。甲非律所谓殴父也，不当坐。"[2]
>
> 又曰：甲夫乙将船，会海风盛，船没，溺流死亡，不得葬四月。甲母丙即嫁甲。欲当何论？或曰："甲夫死未葬，法无许嫁。以私为人妻，当弃市。"议曰："臣愚以为《春秋》之义，言夫人归于齐，言夫死无男，有更嫁之道也。妇人无专制擅恣之行，听从为顺。嫁之者归也。甲又尊者所嫁，无淫衍之心，非私为人妻也。明于决事，皆无罪名。不当坐。"[3]

考诸现存史料，有董仲舒以春秋古法决狱之案例六则，以上所举为其明引"《春秋》之义"的例子。他在审理案件时，善于借用《春秋》中的古老典故来探讨犯罪者的行为动机，从而作出一个正当、合理的裁判。而"父为子隐"、"原心定罪"以及"夫死无男有更嫁之道"则是从该类典故中抽象出来的原则。在他看来，此类原则具有普适性，可以适用于当下案情。

---

〔1〕（唐）杜佑：《通典·养兄弟子为后后自生子议》，中华书局2016年版，第1893页。

〔2〕（北宋）李昉：《太平御览·刑法部六》引董仲舒《春秋决狱》，河北教育出版社1988年版，第42页。

〔3〕（北宋）李昉：《太平御览·刑法部六》引董仲舒《春秋决狱》，河北教育出版社1988年版，第42页。

其实，董仲舒本人在对《春秋》之义进行阐发时，已经带有较强的司法实用态度。他在评析褒贬人物事例之时往往将自己假设为居中审理的司法官。其言语如“著其罪之宜死，以为天下大禁”〔1〕“以比言之法论也，无比而处之，诬辞也。今视其比，皆不当死，何以诛之”〔2〕等皆具有强烈的审判意味，而他所谓的“原心定罪”“诛心重志”既是《春秋》之精神，又是司法之准则，即“《春秋》之听狱也，必本其事而原其志。志邪者不待成，首恶者罪特重，本直者其论轻”〔3〕。也就是说，司法官在论证案件的判决时，重点需要言说犯罪者的犯罪动机，其犯罪行为则仅仅起辅助查明动机的作用。而犯罪动机的有无与强弱则以犯罪当时犯罪者的心理活动是否合于经义要求为判断标准。以往学者们倾向认为董仲舒的这一要求是主观定罪的表现，从而为文法吏徇私枉法提供了极大的便利。此论断有一定道理，但却不能因这一可能产生的结果而曲解董仲舒的初衷。西汉因袭而用的秦律本身就具备依据客观行为定罪的倾向，故而容易导致大量无犯罪动机者入罪。董仲舒此举正是对这一弊端的矫正，亦是以儒家之“宽仁”精神改造法家之“严酷”律令的重要表现。在他亲手处理的六个案件中，有四个的判决结果是“不当坐”，一个是处以“徒”之轻刑，只有一个是“当作弃市”，可见他实以宽仁之态度运用经义断案。亦有学者通过考察史料进一步指出，“在我们所见的汉代引经决狱的案例中，有这样一种趋向：属于一般平民的基本上都是出罪，即从轻判决；属于皇亲国戚的则以君亲无将为依据来严以执法”〔4〕。故《春秋》决狱本质上仍然符合儒家以民为本行仁政的要求，大多数司法官也都能以恤刑慎刑的理念约束自己，只有针对严重破坏伦常秩序或危害政权安全的犯罪才从重处罚（这些罪的主体往往是有

〔1〕（西汉）董仲舒撰，（清）苏舆义证：《春秋繁露义证·楚庄王》，中华书局1992年版，第4页。
〔2〕（西汉）董仲舒撰，（清）苏舆义证：《春秋繁露义证·玉杯》，中华书局1992年版，第40页。
〔3〕（西汉）董仲舒撰，（清）苏舆义证：《春秋繁露义证·精华》，中华书局1992年版，第92页。
〔4〕俞荣根：《儒家法思想通论》，广西人民出版社1992年版，第581页。

实力的官员豪族而非平民百姓）。因此后人有“董仲舒《春秋》之义，稽合于律，无乖异者”的称赞。

董仲舒曾“作《春秋决狱》二百三十二事，动以经对，言之详矣”[1]。《汉书·艺文志》有《公羊董仲舒治狱》十六篇，《隋书·经籍志》有董仲舒撰《春秋决事》十卷。三者或为一书，只因流传问题而导致名称与篇目不同。他所创造的《春秋》决狱法在两汉时期蔚然成风，广为汉儒所效法。决狱后形成的《春秋》决事比亦成为汉决事比中的一种特殊形式，对日后的案件审理有一定的约束力。在董仲舒的影响下，对《春秋》之义的重视不仅集中体现在司法领域，也被延伸至整个政治生活中。“凡朝廷决大疑，人臣有献替，必引《春秋》为断”[2]。程树德《九朝律考》一书中即收录了“汉以春秋决狱之例”24事与“汉论事援引春秋”33例。因此《春秋》之义不仅是官方意识形态的载体，更成为一种隐性规范，而《春秋》则在政治生活中成为不是法典的“法典”。

（三）圣人作《春秋》以明赤制

《春秋》为汉制法还与两汉尊孔不无关联。或者说，这是《春秋》地位至上化与神圣化最为关键的一步。自“抑黜百家、推明孔氏”之后，孔子的地位不断上升。而在六经当中，唯有《春秋》被汉儒视为孔子亲手所作，因而它就具有了特殊的地位，成为孔子思想的集中体现。孔子作《春秋》，寄寓了他对王道政治的向往：

> 世衰道微，邪说暴行有作，臣弑其君者有之，子弑其父者有之，孔子惧，作《春秋》。《春秋》，天子之事也。是故孔子曰：“知我者其惟《春秋》乎！罪我者其惟《春秋》乎！”[3]

---

〔1〕（刘宋）范晔：《后汉书·杨李翟应霍爰徐传》，中华书局1965年版，第1612页。

〔2〕（清）唐晏：《两汉三国学案》，中华书局1986年版，第443～444页。

〔3〕（东汉）赵岐注，（北宋）孙奭疏：《孟子注疏·滕文公章句下》，北京大学出版社1999年版，第178页。

> 太史公曰："余闻董生曰：'周道衰废，孔子为鲁司寇，诸侯害之，大夫壅之。孔子知言之不用，道之不行也，是非二百四十二年之中，以为天下仪表，贬天子，退诸侯，讨大夫，以达王事而已矣。'子曰：'我欲载之空言，不如见之于行事之深切著明也。'夫《春秋》，上明三王之道，下辨人事之纪，别嫌疑，明是非，定犹豫，善善恶恶，贤贤贱不肖，存亡国，继绝世，补敝起废，王道之大者也。"〔1〕

上述两段史料清晰地道明了孔子作《春秋》的原因：孔子痛斥尊卑无序、礼崩乐坏的现象，却难以凭一己之力在乱世中恢复之，故通过评判自鲁隐公即位至鲁哀公"西狩获麟"这242年的历史事件来寄寓自己的政治理想。通过"贬天子，退诸侯，讨大夫"的方式辨别是非、惩恶扬善、进贤退不肖，从中引申出一系列符合三代圣王精神的原则，"以为天下仪表"，并表达王道追求。他以记录并褒贬"行事"的途径使理想中的王道政治显得"深切著明"而非泛于空论，从而更利于警示后世的统治者。这种通过赏罚褒贬来为后世立法的行为本是王者所为，是"天子之事"，但乱世中却无此圣贤可为王者，因此孔子才自代以作，并发出"知我者其惟《春秋》乎！罪我者其惟《春秋》乎"的感慨。也正是以此为基础，汉儒将孔子本人视为无冕无位之"素王"，认为《春秋》"以当王法，以辞微而指博"〔2〕，"孔子作《春秋》，以示王意。然则孔子之《春秋》，素王之业也；诸子之传书，素相之事也"〔3〕。至此，《春秋》之法典属性进一步增强，成为素王为后世所立之法，应当得到后人的一体遵守。皮锡瑞认为，"《春秋》自孔子加笔削褒贬，为后王立法，而后《春秋》不仅为记事之书"〔4〕。则《春秋》于性质上已然成为具有规范意义的隐性"法典"。

---

〔1〕（西汉）司马迁：《史记·太史公自序》，中华书局1959年版，第3297页。
〔2〕（西汉）司马迁：《史记·儒林列传》，中华书局1959年版，第3115页。
〔3〕（东汉）王充撰，黄晖校释：《论衡校释·超奇》，中华书局1990年版，第609～610页。
〔4〕（清）皮锡瑞：《经学历史》，台北，艺文出版社1974年版，第2页。

《春秋》在作为普遍意义上的“王法”的同时开始具有“汉法”这一特殊含义。这又与《公羊传》对《春秋》的解释有关。《公羊传》认为孔子“制《春秋》之义以俟后圣”[1],《春秋》当为后圣新王所用。针对哀公十四年“西狩获麟”一事,《公羊传》解释为“麟者,仁兽也。有王者则至,无王者则不至”[2],则其中已经含有将有新王产生以代替周室的意味。其又以孔子哭其道穷印证了周室已衰不可复兴,新王必将产生。而秦朝因其暴政短命早已丧失了成为“新王”“圣王”的资格,故汉朝就成为继周而起的“圣王”,麟则成为汉兴的征兆。这一点其实在东汉时期谶纬化的《春秋》学那里有更加充足的论述:

> 夫子素案图录,知庶姓刘季当代周,见薪采者获麟,知为其出,何者?麟者,木精。薪采者,庶人燃火之意,此赤帝将代周居其位,故麟为薪采者所执。西狩获之者,从东方王于西也,东卯西金象也;言获者,兵戈文也:言汉姓卯金刀,以兵得天下。不地者,天下异也。又先是螽虫众冬踊,彗金精扫旦置新之象。夫子知其将有六国争强,从横相灭之败,秦项驱除,积骨流血之虐,然后刘氏乃帝,深闵民之离害甚久,故豫泣也。[3]

> 得麟之后,天下血书鲁端门曰:趋作法,孔圣没,周姬亡,彗东出,秦政起,胡破术,书记散,孔不绝。子夏明日往视之,血书飞为赤乌,化为白书,署曰《演孔图》,中有作图制法之状。[4]

在何休的解释中,西狩获麟者为一庶人,即象征着平民出身的刘邦;

---

[1] (东汉)何休解诂,(唐)徐彦疏:《春秋公羊传注疏·哀公十四年》,北京大学出版社1999年版,第628页。

[2] (东汉)何休解诂,(唐)徐彦疏:《春秋公羊传注疏·哀公十四年》,北京大学出版社1999年版,第619~621页。

[3] (东汉)何休解诂,(唐)徐彦疏:《春秋公羊传注疏·哀公十四年》,北京大学出版社1999年版,第622页。

[4] (清)赵在翰辑:《七纬(附论语谶)》,载《秦汉齐博士论议集　七纬　附论语谶》,齐鲁书社1997年版,第718页。

麟为木精则代表受木德的周王朝。木生火，故继周而起的汉王朝为受火德者，象征火之“赤”也就成了汉的代名词。西狩说明高祖从东向西推进，“获”则被赋予了以战争取得的意义。孔子从上天降下的灾异里发现了周衰之后的一系列混乱事件，并推测了刘邦将建立汉朝。而他作《春秋》也是天降血书之启示，天意要求他为继乱世而起的汉王朝制定“拨乱反正之法”。因此《春秋》就理所当然地成为符合“天命”与“时变”的汉朝重建理想社会制度的根本大法。自东汉以后，谶纬杂入经学，六经之祖孔子在被视为圣人的基础上又被当作神人：“叔梁纥与征在祷尼丘山，感黑龙之精，以生仲尼。”〔1〕孔子本人即为感神之精所生，故其拥有不同于常人的异表：“孔子长十尺，大九围，坐如蹲龙，立如牵牛，就之如昴，望之如斗。”〔2〕这一特殊形象说明他自然肩负着不同于凡人的重要使命：“孔胸文曰：制作定，世符运。”〔3〕“圣人不空生，必有所制，以显天心。丘为木铎，制天下法。”〔4〕具体而言，则是为汉家赤制服务：“孔提命，作应法，为赤制”〔5〕；“丘生仓际，触期稽度，为赤制，故作春秋以明文命，缀纪，撰书，修定礼义”〔6〕。则孔子似乎生来就负有为受火德的汉朝立法的使命，这是上天的要求，也是天意的体现。所立之法则是参照“古图”、体现“天变”、彰显“文命”的《春秋》，其立法目的则是改秦之乱制，定汉之礼义，借汉制实现自己的王道理想。神圣之人专门为自己制定了神圣法典、构建了神圣制度，

〔1〕（清）赵在翰辑：《七纬（附论语谶）》，载《秦汉齐博士论议集　七纬　附论语谶》，齐鲁书社1997年版，第995页。

〔2〕（清）赵在翰辑：《七纬（附论语谶）》，载《秦汉齐博士论议集　七纬　附论语谶》，齐鲁书社1997年版，第717页。

〔3〕（清）赵在翰辑：《七纬（附论语谶）》，载《秦汉齐博士论议集　七纬　附论语谶》，齐鲁书社1997年版，第717页。

〔4〕（清）赵在翰辑：《七纬（附论语谶）》，载《秦汉齐博士论议集　七纬　附论语谶》，齐鲁书社1997年版，第717页。

〔5〕（清）赵在翰辑：《七纬（附论语谶）》，载《秦汉齐博士论议集　七纬　附论语谶》，齐鲁书社1997年版，第717页。

〔6〕（清）赵在翰辑：《七纬（附论语谶）》，载《秦汉齐博士论议集　七纬　附论语谶》，齐鲁书社1997年版，第593页。

东汉统治者当然不能不尊奉之，亦不能不以之为据规范政治生活。在此，《春秋》之至上地位已经无以复加，它不仅是论证汉朝立国合法性的“国宪”与统治者施政断狱所依据的“法典”，更被神化为汉世必须遵守的由神人制定的“天宪”。

二、《孝经》为汉立行

在当前的汉代研究中，学者们往往将注意力集中于五经之上，而忽视了另一部影响巨大的经典——《孝经》。《孝经》其实是两汉时期普及性最强、最为流行的儒家著作。《孝经》本成书于先秦时期，但在当时并未产生巨大影响。秦代实行以法为教和以吏为师的治国策略，轻视伦理文化，焚书坑儒，《孝经》亦受其害。幸赖河间人颜芝掩藏之，才使其免于秦火。只有到了两汉之时，为适应统治的需要，《孝经》才开始发挥自身的作用，成为“七经”之一，其所倡导的孝道也渐由家庭伦理扩展到社会和政治伦理层面，初步实现了“以孝治天下”的理想。

（一）孝治与《孝经》

汉初承秦亡之敝，国家迫切需要重整社会秩序，提升社会道德，而在诸种道德品格中，“孝”为最易普及者。盖因其简单易知，最能够为平民百姓所接受与认可；且其与政治上的忠诚具有紧密联系，移孝作忠、由孝子而忠臣最易实现，因此其得到了汉代统治者的青睐并被作为立国治国的指导思想，这即便是在黄老思想盛行的汉初也是如此，故有惠帝高后文景之时的孝悌力田之制。惠帝四年（公元前191年）春正月诏“举民孝弟力田者复其身”[1]，被举者虽不授以官职或升迁，但往往免除徭役或加以

〔1〕（东汉）班固：《汉书·惠帝纪》，中华书局1962年版，第90页。

赏赐，使其为民表率，以示提倡孝悌和以农为本。高后朝，“初置孝弟力田二千石者一人”[1]。文帝十二年诏曰：“孝悌，天下之大顺也；力田，为生之本也。”“而以户口率置三老孝悌力田常员，令各率其意以道民焉。”[2]则吕后、文帝以后的孝悌力田实为察举科目之一，得此举者为掌管教化的乡官。如据《尹湾汉墓竹简》记载，东海郡一共有38县、178乡，孝、悌各120人。[3]此外，汉代郡国并行的政治体制也是采取孝治的重要原因。若欲使同姓王分封制既能继续发挥拱卫中央政权的积极作用，又不至于危及中央政权的至上权力，最佳的策略便是用“孝”笼络和感召同姓诸侯王，发挥同姓宗族之间的血缘凝聚力。于是，向中央朝廷尽忠就成为向刘姓大宗尽孝。因此两汉奉行以孝治天下，诸多政治措施都围绕着“孝”而实行，如举孝廉的选官制度、以法令形式确定的养老保障及奖励方式、大力塑造孝子贤孙的楷模、严惩不孝犯罪等。而《孝经》又是儒家经典中唯一一部集中论述“孝”的作品，它将“孝”视为伦理道德的根本，提出“夫孝，德之本也，教之所由生也”[4]，以“孝”为中心将不同社会阶层的伦理道德贯通起来，认为自天子到庶民，都应以行孝为本，人之行莫大于孝，并且根据不同阶层的实际情况规定了不同内容的“孝”。有学者认为，“《孝经》中的‘孝’之人伦关系作为汉代人人遵循的道德规范，已经不可能再是纯粹的孝亲父母之家庭伦理了，作者从‘亲亲’家庭伦理出发，把‘孝’推至国家和社会，移孝作忠，把父子母子之间的人伦关系上升到了上下等级和君臣之道的关系，从而把孝与忠、孝与义紧密结合起来不可分割，其最终目的就是端正人心与改善社会人际关系，从而实现封建社会的和谐稳定，便于帝王的统

---

〔1〕（东汉）班固：《汉书·高后纪》，中华书局1962年版，第96页。
〔2〕（东汉）班固：《汉书·文帝纪》，中华书局1962年版，第124页。
〔3〕张显成、周羣丽：《尹湾汉墓简牍校理》，天津古籍出版社2011年版，第4页。
〔4〕（唐）李隆基注，（北宋）刑昺疏：《孝经注疏·开宗明义》，北京大学出版社1999年版，第3页。

治"[1]。《孝经》甚至认为"孝"是"天之经也，地之义也，民之行也"[2]，如果能切实做到孝，便能与天地鬼神相通，将其地位与作用提升到极致。这样一部将"孝"升华至如此无以复加地步的经典，自然会得到汉代统治者的格外关注。此外，与其他经书相比，《孝经》语言简洁清晰，内容通俗易懂，几乎不需要经师专门解读。其所言之理又与家族生活息息相关，因此即便是在庶民阶层之中也获得了极大的关注。可以说，汉代的孝治与《孝经》的传播相伴而行：孝治要求普及《孝经》，《孝经》又为孝治提供理论依据，两者正有互补互助之势。在两者的共同努力下，《孝经》所规定之"孝"真正成为两汉时期士庶共遵的行为准则。"正是从上到至高无上的皇帝、下至芸芸众生的编户齐民等不同社会地位、阶级、阶层的人们，带着不同的意愿，以不同的角色，通过不同的途径，在《孝经》传播上汇集成一个合力，从而推动了《孝经》的传播，使《孝经》思想社会化，进而成为社会化的思想，孝道成为两汉时代家庭伦理的核心、社会的道德规范、法律规范的原则，在各方面发挥着直接或间接、有形与无形的作用。"[3]

（二）《孝经》的普及及其地位的提高

自西汉时期起，统治者就颇为重视《孝经》的作用。"孝文皇帝欲广游学之路，《论语》、《孝经》、《孟子》、《尔雅》皆置博士。"[4]则文帝时期已把《孝经》确立为官学，并设置博士专门研习与传授。武帝时虽然置五经博士而废诸子传记博士，但是《孝经》博士之废与其他传记博士之废的原因却不同。正如王国维所言，"至《论语》、《孝经》，则以受经与不受经者皆诵习之，不宜限于博士而罢之者也"[5]。盖《孝经》作为体现孝道的文

---

〔1〕 张扬：《汉代画像石孝行图研究》，南京艺术学院2019年博士学位论文，第19页。
〔2〕 （唐）李隆基注，（北宋）邢昺疏：《孝经注疏·开宗明义》，北京大学出版社1999年版，第19页。
〔3〕 秦进才：《两汉〈孝经〉传播与孝行管窥》，载《社会科学战线》2005年第1期。
〔4〕 （东汉）赵岐注，（北宋）孙奭疏：《孟子注疏》，北京大学出版社1999年版，第9页。
〔5〕 王国维：《观堂集林·汉魏博士考》，中华书局1959年版，第178页。

献，应当人人诵习而不局限于博士官，故武帝认为专以此立于学官实无必要。换言之，在皇帝心目中，《孝经》所言之“孝”应当深入民间，成为每个人都具有的德行。由于史料的缺乏，我们无从得知《孝经》于西汉时期在民间传播的具体状况，但确实有许多帝王与公卿大夫曾研习之。如昭帝“通《保傅传》、《孝经》、《论语》、《尚书》”[1]；宣帝“师受《诗》、《论语》、《孝经》”[2]；广川王刘去“师受《易》、《论语》、《孝经》皆通”[3]。官至丞相的大儒匡衡曾将《孝经》比为体现圣人言行的纲要，认为“孔子著之《孝经》首章，盖至德之本也”[4]，“及《论语》、《孝经》，圣人言行之要，宜究其意”[5]。则至迟在西汉中期，统治集团内部已经相当重视《孝经》在治国与修身两方面的作用，而且可能已经将之作为宗室甚至公卿大夫在少年时期的必读教材。但总体来看，西汉晚期以前，《孝经》的地位还不是很高，总体上似无法与五经六艺相匹敌。而《孝经》真正在社会上的大范围普及实发生在平帝时期：

> 郡国曰学，县、道、邑、侯国曰校。校、学置经师一人。乡曰庠，聚曰序。序、庠置《孝经》师一人。[6]
>
> 征天下通知逸经、古记、天文、历算、钟律、小学、《史篇》、方术、《本草》及以五经、《论语》、《孝经》、《尔雅》教授者，在所为驾一封轺传，遣诣京师。至者数千人。[7]

平帝时期，主政的王莽在中央和地方两个层面上都强化了《孝经》的地位：中央有专门教授《孝经》者，郡国则设经师（亦通《孝经》）。值得注

---

〔1〕（东汉）班固：《汉书·昭帝纪》，中华书局1962年版，第223页。
〔2〕（东汉）班固：《汉书·宣帝纪》，中华书局1962年版，第238页。
〔3〕（东汉）班固：《汉书·景十三王传》，中华书局1962年版，第2428页。
〔4〕（东汉）班固：《汉书·匡张孔马传》，中华书局1962年版，第3339页。
〔5〕（东汉）班固：《汉书·匡张孔马传》，中华书局1962年版，第3343页。
〔6〕（东汉）班固：《汉书·平帝纪》，中华书局1962年版，第355页。
〔7〕（东汉）班固：《汉书·平帝纪》，中华书局1962年版，第359页。

意的是，王莽将《孝经》推广至基层单位，即乡与聚一级。他在最基层的学校庠序里面设立《孝经》师，传授《孝经》，教化民众，使《孝经》真正深入民间，成为庶民阶层得以切身接触到的儒家经典。随着《孝经》在民间的传播，庶民便越来越认可其义理，自觉接受其约束与规制。与此同时，《孝经》的地位也就开始渐渐提升。

东汉时期，《孝经》摆脱了“传记”的名号，升为“七经”之一，取得了与儒家五经并列的地位，成为真正意义上的“经书”。《孝经》甚至被与《春秋》相提并论，成为孔子亲手制作的另一部经典。《白虎通义》指出：“已作《春秋》，复作《孝经》何？欲专制正。于《孝经》何？夫孝者，自天子下至庶人，上下通《孝经》者。”〔1〕郑注《中庸》“大经大本”曰：“‘大经’谓六艺，而指《春秋》也。‘大本’，《孝经》也”〔2〕；《孝经纬》引孔子曰：“吾志在《春秋》，行在《孝经》”〔3〕，又曰：“欲观我褒贬诸侯之志在《春秋》，崇人伦之行在《孝经》。”〔4〕可见，在汉人的观念中，《春秋》与《孝经》二者一为表达孔子之志向，一为反映孔子之行为，皆是孔子亲手所作，亦皆为后世立法，故《孝经》地位之高可见一斑。或者说，《孝经》因与《春秋》更多地寓含了孔子的宗旨和大义故位于其他经书之上，时人认为其意义重大，可谓经中之经。“孔子以六艺题目不同，指意殊别，恐道离散，后世莫知根源，故作《孝经》以总会之。”〔5〕则《孝经》被抬高为六经之大纲大要以及群经之根源的地位。由于其被认为成手于孔子，因此也成为孔子心目中王道理想的载体：“子曰：‘吾作《孝经》以素王无爵之赏，斧钺之诛。故称明王

---

〔1〕（东汉）班固撰，（清）陈立疏：《白虎通疏证·五经》，中华书局1994年版，第446页。

〔2〕（东汉）郑玄注，（唐）孔颖达正义：《礼记正义·中庸》，北京大学出版社1999年版，第1460～1461页。

〔3〕（清）赵在翰辑：《七纬（附论语谶）》，载《秦汉齐博士论议集 七纬 附论语谶》，齐鲁书社1997年版，第961页。

〔4〕（清）赵在翰辑：《七纬（附论语谶）》，载《秦汉齐博士论议集 七纬 附论语谶》，齐鲁书社1997年版，第970页。

〔5〕（唐）李隆基注，（北宋）邢昺疏：《孝经注疏》引郑玄《六艺论》，北京大学出版社1999年版，第6页。

道。'"[1]由于身为素王的孔子缺乏赏罚之器，故其以《孝经》彰显自己的内心褒贬，规范人们的行为。由此而论，《孝经》亦具有了类似于《春秋》的作用，成为体现孔子心目中人之理想行为的文本载体。同《春秋》一样，孔子本人的神圣化也最终使得《孝经》谶纬化，并具备了法典的规范性。

由于东汉时《孝经》地位的提升，统治者对其越发重视，自身也多有研习：顺帝"幼有简厚之质，体有敦悫之性，宽仁温惠。始入小学，诵《孝经》章句，和熹皇后甚嘉之，以为宜奉大统"[2]；梁皇后"既有女工之巧，尤好史书学问之事，九岁能诵《孝经》、《论语》，遂治《韩诗》，大义略举"[3]。尚书令王允与太史令王立"为献帝诵《孝经》一章，以杖二竹簟画九宫其上，随日时而出入焉"[4]。则帝、后均在幼年时学习《孝经》，将之作为启蒙教材。士人在研习五经之前也多熟读《孝经》，如范升"九岁通《论语》、《孝经》，及长，习《梁丘易》、《老子》，教授后生"[5]。"《孝经》热"也影响了习武之人：明帝时期"期门羽林介胄之士，悉通《孝经》"[6]。凉州刺史宋枭曾认为"凉州寡于学术，故屡致反暴。今欲多写《孝经》，令家家习之，庶或使人知义"[7]，侍中向栩也曾在黄巾之乱时"不欲国家兴兵，但遣将于河上北向读《孝经》，贼自当消灭"[8]。这类举措虽显荒唐，却真实反映了《孝经》在官员心目中的重要位置以及地方百姓多通《孝经》的状况。甚至匈奴也曾在明帝永平年间遣子来学《孝经》。在《孝经》适用阶层如此之多、普及范围如此之广的情形下，其规范性作用自然得到凸显。有一案例为证：

---

〔1〕（清）赵在翰辑：《七纬（附论语谶）》，载《秦汉齐博士论议集　七纬　附论语谶》，齐鲁书社1997年版，第962页。

〔2〕（东汉）刘珍等撰，吴树平校注：《东观汉记校注·敬宗孝顺皇帝》，中华书局2008年版，第111页。

〔3〕（北宋）李昉：《太平御览·皇亲部三》引《续汉书》，河北教育出版社1994年版，第322页。

〔4〕（东汉）刘珍等撰，吴树平校注：《东观汉记校注·王允》，中华书局2008年版，第784页。

〔5〕（刘宋）范晔：《后汉书·郑范陈贾张列传》，中华书局1965年版，第1226页。

〔6〕（刘宋）范晔：《后汉书·樊宏阴识列传》，中华书局1965年版，第1126页。

〔7〕（刘宋）范晔：《后汉书·虞傅盖臧列传》，中华书局1965年版，第1880页。

〔8〕（刘宋）范晔：《后汉书·独行列传》，中华书局1965年版，第2694页。

览为县阳遂亭长，好行教化。人羊元凶恶不孝，其母诣览言元。览呼元，诮责元以子道，与一卷《孝经》，使诵读之。元深改悔，到母床下，谢罪曰："元少孤，为母所骄。谚曰：'孤犊触乳，骄子骂母。'乞今自改。"母子更相向泣，于是元遂修孝道，后成佳士也。[1]

在奉行以孝道治国的汉人看来，"罪莫大于不孝"，应当被处以极刑。张家山汉简《奏谳书》曰："律曰……教人不孝次不孝之律。不孝者弃市。弃市之次黥为城旦舂。"[2]则不必说不孝需要弃市，即便是教人不孝也要受城旦舂的处罚。但仇览并没有对不孝子羊元进行法律惩罚，而是予之《孝经》一本。在这里，不妨将《孝经》所起的作用等同于法律文本，它使人知道应当为何与不当为何，从而影响、规范人的行为。但与普通法律文本不同的是，《孝经》从人之内心入手，通过教化使人真心服从于孝道，从而改变人之外在行为，在最大限度上排除了强制手段的适用。这似乎颇为有效，因为在《孝经》的作用下，羊元彻底认识了自己的错误，亲自到母亲面前谢罪，并终成"佳士"。故在劝人弃恶从善向孝道这一方面，《孝经》的确功不可没。这一功用也使得其最终成为对人之行为具有极大约束力的准则。此外，东汉司隶校尉及州部佐吏之中有《孝经》师，其职为"主监试经"[3]，则汉代的用人政策也以是否通晓《孝经》为参照。故而不难可以断言，整个东汉时期，上自京师，下至地方基层甚至边疆地区，《孝经》都得到了普及，"孝"观念也被接受与认可，其影响甚至渗透在民间信仰当中。如汉代画像石中的很多孝行图，均是依据《孝经》流传的故事刻画，其成为画像石孝行图内容的重要来源与依据。"在汉代画像石中，可以看到众

〔1〕（刘宋）范晔：《后汉书·循吏列传》引谢承《后汉书》，中华书局1965年版，第2480页。

〔2〕江陵张家山汉简整理小组：《江陵张家山汉简〈奏谳书释文〉（二）》，载《文物》1995年第3期。

〔3〕（刘宋）范晔：《后汉书·百官四》，中华书局1965年版，第3614页。

多的孝子、孝女，如李善、董永，都和各种神灵、圣王与英雄们排列在一起，共入圣域。可见在汉人信仰的内心世界，‘孝悌’确乎拥有可以‘通乎神明’的力量。”〔1〕

概言之，两汉时期，统治者借鉴了秦亡于独任刑罚的经验教训，在治理国家时注重加强道德教化，其中又以孝道为重点。孝治的施行为孝道的确立与《孝经》的传播创造了有利的条件。为了将孝道理论应用于实践，培养百姓的孝观念，汉代统治者借鉴了自古以来的各种重孝、劝孝的方法，对民众进行政治上的引导。其中既有高官厚禄的引诱与激励，又有律令刑罚的强制与保障，更有皇帝以及地方官员的以身作则与率先垂范。如有学者统计，“在《汉书》《后汉书》的帝王本纪中，全国性的对孝悌的褒奖、赐爵达三十二次之多”〔2〕。在这些措施与举动的合力作用下，孝治渐渐推广开来。与此相伴而生的便是《孝经》的流传与普及。其由传记而经书直至最终成为体现素王王道思想的典籍这一地位不断升华的过程，不仅使其成为与民众日常生活息息相关的教典，还使本已盛行的“孝”观念更加体系化、规则化与神圣化。荀爽曾言：“故汉制使天下诵《孝经》，选吏举孝廉。”〔3〕此语正表明了汉代既重《孝经》的推广，又重孝治的实践；既在理论层面宣扬“孝”，又在制度层面保障“孝，”并将两者配合使用，使之相得益彰。由此看来，经由有汉一代的大力提倡，传统社会逐渐形成了重孝的思想文化氛围，孝成为深入平民百姓心目中的伦理规范乃至法律规范，在日常生活中发挥着重要的作用。

综而论之，《春秋》与《孝经》之义理和精神均得到社会各阶层尤其是士人阶层的遵奉。其他经典也与此类似：《礼》本身就是一种人们应当遵循的行为准则，具有较强的约束力；《书》作为三代政典的基本汇编，是汉

---

〔1〕 张涛：《汉代“以孝治天下”的德化作用》，载《人民论坛》2017年第33期。
〔2〕 姜广辉主编：《中国经学思想史》（第2卷），中国社会科学出版社2003年版，第105页。
〔3〕（刘宋）范晔：《后汉书·荀韩钟陈列传》，中华书局1965年版，第2051页。

人汲取施政经验、改造政治制度的历史来源;《诗》被汉人视为风化万民、讽劝君主的道德箴言,具有褒善贬恶的社会功用;〔1〕《易》虽玄奥,亦经常被作为援引依据出现在君主的诏令与臣子的奏疏中。由此看来,我们虽不能妄言儒家经义已全部具有规范性,也无法具体列明哪些经义具有规范性而哪些没有,但至少可以肯定的是,绝大部分经义早已被汉人视为一种规范。董仲舒曾言:"若夫大纲、人伦、道理、政治、教化、习俗、文义尽如故,亦何改哉?"〔2〕绝大部分经典之义理正因体现人伦、道德、教化、政治、风俗而与天道相关联,其作为宇宙秩序的抽象表述具有永恒性,是固定不变的常则。故它们能够被汉人所接受,成为他们修身律己、齐家治国、平定天下的重要规范。而它们自身所具有的规范性也就成为其得以法律化的内在诱因。

〔1〕 张海晏教授认为,"汉代齐、鲁、韩、毛四家则在礼的原则与框架下,对《诗》进行了逐篇逐句的集中而系统的道德诠释"。则《诗》之言合于礼之用,成为道德的载体。从这一角度也可证明《诗》所具有的规范性。参见姜广辉主编:《中国经学思想史》(第2卷),中国社会科学出版社2003年版,第141页。

〔2〕 (西汉)董仲舒撰,(清)苏舆义证:《春秋繁露义证·楚庄王》,中华书局1992年版,第18页。

第三章　智识支撑：经学群体与法律群体的渐趋融合

在经义之社会化与规范化的影响之下，其渐渐具有了法律属性。而作为执法者与司法者的官员，也受到了儒家经义的熏陶，从而于其自身实现了经学与法学的融合。依据专业素质划分，两汉官员本可分为两大群体，即法律群体与经学群体。在西汉前期，两大群体间曾发生过尖锐对立与互相攻讦，法律群体似乎占据优势地位。但自武帝尊儒后，经学群体开始得势，其与法律群体之间在继续斗争的同时，也开始出现了渐趋融合之势：新型官员“儒吏”出现，“以经术润饰吏事”成为言事施政的主要方法。具体到司法领域而言，两汉时期享有司法权的官员皆通经术，在具有扎实法律知识的同时亦具有较高的经学素养，其断案决狱时能够十分融洽地将经义与汉律相结合，从而有力地推动了经义的法律化。同时，出于对苛杂繁多的汉律条文进行解释以适用于实际案情的需要，律学家渐渐出现。他们本身多是经学家，又精通律令之学，可以说正是经学群体与法律群体在学理与实践层面完美融合的产物。而经学群体与法律群体之间界限的渐趋模糊，为经义法律化提供了强大的智识支撑。

第一节　儒吏的形成

两汉立国之初，根据入仕途径可将官员分为三类，即功臣（依功勋入仕）、文吏（依文法入仕）与儒生（依经学入仕）。这三者之间的互动奠定了两汉时期吏治的主旋律。尤其是文吏与儒生之间的对立与融合，实为法律群体与经学群体之关系的真实反映。

一、功臣、文吏与儒生

功臣集团是两汉时期颇为特殊的群体。他们本身可能熟悉律令制度，也可能研习过经学，但得以任职却主要是凭借功勋，尤其是战功。因而于此单列之。从狭义上来讲，功臣集团专指两汉立国之时追随刘邦与刘秀起义打天下者。从广义上来讲，这一群体还包括所有因功绩而获得爵位者。刘邦“白马之盟”曰：“非刘氏不王，若有亡功非上所置而侯者，天下共诛之。”[1]则凡是因功勋被封侯者均可以被视为功臣，此“功”并不限于军功，于是功臣群体就与儒生和文吏群体产生了交集。为方便讨论，此处取功臣之狭义，专指两汉初立时的军功吏。“白马之盟”本身已说明这一群体在汉代具有重要的政治地位：“王爵是血缘的象征，侯爵是功勋的标志，而汉朝则正是由皇室与功臣共同缔造并维持的。……这实际上已将与功臣共天

〔1〕（东汉）班固：《汉书·外戚恩泽侯表》，中华书局1962年版，第678页。

下的理念设定为汉朝后世君主都必须效法的权力规范。”〔1〕也就是说，功臣参与了汉代政权的创建，成为立国之初皇权统治的支柱，因此，功臣的权力自然派生于政权之合法性。不过，在天下太平、政权得到巩固之后，“与功臣共天下”往往难以为皇帝所容忍，功臣在政权初建中的特殊地位也总为皇帝所忌惮。因此才有光武帝刘秀的“退功臣而进文吏”〔2〕之举，竭尽全力将功臣群体排挤出政权核心，防止其挟功自重危及皇权。由此可见，功臣在政权初建时期是皇帝统治的重要依赖，故他们对某一治国理念的态度十分值得考虑。清儒赵翼认为，“西汉开国，功臣多出于亡命无赖，至东汉中兴，则诸将帅皆有儒者气象，亦一时风会不同也”〔3〕。西汉初年开国功臣并非全是无赖亡命之徒，亦有曾为低级官吏者，但汉初未能确立以经典治国的原因之一确实是在这些功臣的影响下未能形成研习经典的风气，反而延续了重视律令的秦政传统，而这又同他们的个人经历不无关联。如萧何为文吏，曹参为狱掾，两人“皆起秦刀笔吏”〔4〕；夏侯婴曾“试补县吏”〔5〕；张苍“好书律历。秦时为御史，主柱下方书”〔6〕。这些人曾在秦朝官僚体制中充当明习法令的文吏，升任公卿大夫之后自不会热衷于经学，而是以因循秦政、处理文书律令为施政之首。“刘邦创业集团中那些出身文吏者，我们特别地将之看成是一批政治上的承上启下的人物。他们虽非皆居上层，但对秦之吏治传统却并不生疏。……当他们推翻了秦廷而成为新帝国之统治者的时候，便顺水推舟地承继了旧日帝国的吏治体制，并无重大变革。”〔7〕也就是说，西汉初年文吏政治大行其道同这些开国功臣曾置

〔1〕 朱腾：《渗入皇帝政治的经典之学——汉代儒家法思想的形态与实践》，中国政法大学出版社2013年版，第98页。

〔2〕（刘宋）范晔：《后汉书·光武帝纪下》，中华书局1965年版，第85页。

〔3〕（清）赵翼著，王树民校证：《廿二史劄记校证》，中华书局1984年版，第90页。

〔4〕（东汉）班固：《汉书·萧何曹参传》，中华书局1962年版，第2021页。

〔5〕（东汉）班固：《汉书·樊郦滕灌傅靳周传》，中华书局1962年版，第2076页。

〔6〕（东汉）班固：《汉书·张周赵任申屠传》，中华书局1962年版，第2093页。

〔7〕 阎步克：《士大夫政治演生史稿》，北京大学出版社1996年版，第364页。

身于秦政中并受其熏陶具有很大关系。相较之下，东汉开国功臣受尊儒之风影响久远，本身就对经学情有独钟。如邓禹“年十三，能诵诗，受业长安”[1]；冯异“好读书，通《左氏春秋》、《孙子兵法》”[2]；贾复“少好学，习《尚书》”[3]；祭遵“少好经书”[4]等。他们虽为武将，却有一定的经学素养与造诣。东汉经学的繁荣昌盛也同他们在协助刘秀平定天下后偃武兴文、敦修儒学具有重要关系：“复知帝欲偃干戈，修文德，不欲功臣拥众京师，乃与高密侯邓禹并剽甲兵，敦儒学。帝深然之，遂罢左右将军。”[5]正是东汉功臣群体对刘秀兴儒术的支持与配合，加之自身对经学的爱好，才使得经学并未在乱世之后荒废衰败，保证了经典政治在中兴之后得以延续。概言之，西汉功臣不习经术，熟悉律令之学，造成了西汉中前期因循秦之文吏政治，亦为后期的复古改制造成了一定困难；而东汉功臣深谙经术，以其润饰、补充甚至指导律令，则导致了东汉一朝经典政治的繁盛。故功臣个人的经历以及其对待文法与儒术的态度确实影响着国家政治路线的走向，甚至颇具决定性。因而他们往往是两汉律令之学与经学对抗中不可忽视的力量。

文吏集团是两汉时期的重要官僚群体。文吏的出现，最早可追溯至春秋战国时期新型集权官僚体制下士人知识分子与专业技术型官吏的分离，此亦可视为后世儒生与文吏之争的渊源。而“士道”与“吏道”也就成为两大群体的安身立命之本。[6]战国时期，鼓吹“吏道”的法家要求官吏皆通晓、明习法令，“以朝廷为田亩，以刀笔为耒耜，以文书为农业（桑）”[7]，因

---

〔1〕（刘宋）范晔：《后汉书·邓寇列传》，中华书局1965年版，第599页。

〔2〕（刘宋）范晔：《后汉书·冯岑贾列传》，中华书局1965年版，第639页。

〔3〕（刘宋）范晔：《后汉书·冯岑贾列传》，中华书局1965年版，第664页。

〔4〕（刘宋）范晔：《后汉书·铫期王霸祭遵列传》，中华书局1965年版，第738页。

〔5〕（刘宋）范晔：《后汉书·冯岑贾列传》，中华书局1965年版，第667页。

〔6〕关于士道与吏道的分化问题，可参见阎步克：《士大夫政治演生史稿》，北京大学出版社1996年版，第126～140页。

〔7〕（东汉）王充撰，黄晖校释：《论衡校释·程材》，中华书局1990年版，第539页。

而明律令、会断狱、善文法、强书记成为文吏的群体特征。秦朝一统后，以法家学说治国，将文吏视为官僚系统中的骨干力量，并以之作为向民众普及法令之“师”。楚汉战争时，刘邦虽然“约法三章”并“馀悉除去秦法”，但又要求“诸吏人皆案堵如故”[1]，使秦文吏很自然地转变为汉文吏。故西汉君臣虽然均批判秦朝的苛法暴政，却因袭了最能体现秦政特色的文吏政治。邢义田先生认为，“汉人有鉴于秦政，讳言申、韩，但并不反对刑名法术。申、韩之说因颇托于黄、老而继续存在”[2]。也就是说，秦吏所遵奉的法家刑名法术被黄老道家改造并吸纳，成为黄老道家理论核心的一部分，继续扮演着吏治指导思想的角色。在道法合一的情形下，刑名法术成为黄老之名与申韩之实的结合。故言汉初君臣好黄老，亦表明其好刑名法术之治。因此文吏政治在西汉中前期一直大行其道而不曾式微。武帝独尊儒术后，儒生迅速崛起，并逐渐构成公卿大夫之多数。但终两汉之世，文吏群体非但没有被消灭掉，反而一直有一定的势力。《汉书》《酷吏传》中所列诸人均为有名文吏。他们因通晓律令、善用文法深得不少帝王的青睐，如张汤、赵禹、杜周、田广明、田延年、朱博、董宣、樊晔、周纡等，都曾位至两千石甚至三公。且汉代皇帝本身也尤为重视律令刑罚：武帝时外儒内法，重用张汤、赵禹等酷吏；昭帝时“遂遵武帝法度，以刑罚痛绳群下，繇是俗吏上严酷以为能”[3]；宣帝时“所用多文法吏，以刑名绳下”[4]；元帝时亦任俗吏，以至“皆不本礼让，而上克暴，或忮害好陷人于罪，贪财而慕势，故犯法者众，奸邪不止，虽严刑峻法，犹不为变”[5]；成帝“尤善汉

---

[1] （西汉）司马迁：《史记·高祖本纪》，中华书局1959年版，第362页。

[2] 邢义田：《秦汉史论稿》，台北，东大图书公司1987年版，第273页。

[3] （东汉）班固：《汉书·循吏传》，中华书局1962年版，第3628页。

[4] （东汉）班固：《汉书·元帝纪》，中华书局1962年版，第277页。

[5] （东汉）班固：《汉书·匡张孔马传》，中华书局1962年版，第3334页。

家法度故事”[1]，亦有轻德教而重文法之势；哀帝亦“长好文辞法律”[2]；光武帝时“内外群官，多帝自选举，加以法理严察，职事过苦，尚书近臣，至乃捶扑牵曳于前，群臣莫敢正言”[3]；明帝“尤任文法，总览威柄，权不借下”[4]，因此“建武、永平之间，吏事刻深，亟以谣言单辞，转易守长”[5]，对整个东汉的政治风气产生了重要影响。章帝初亦“承永平故事，吏政尚严切，尚书决事率近于重”[6]；和帝时“有司不念宽和，而竞为苛刻，覆案不急，以妨民事”[7]；安帝时“文吏则去法律而学诋欺，锐椎刀之锋，断刑辟之重，德陋俗薄，以致苛刻”[8]。则在帝王施政风气的影响下，文吏政治不但未因经典政治的出现而消亡，反而几度盛行。文吏施政虽有苛暴之名，但他们仍在相当程度上颇受皇帝欢迎，以至于通律令、善断狱亦成为察举官员的条件之一。汉代举茂才中有“明律令”“能治剧”两种，实际上是对文吏开放的。光武帝曾诏令选举“明达法令，足以决疑，能案章覆问，文中御史”[9]者进入仕途，顺帝也要求“诸生通章句，文吏能笺奏”[10]，可见，彼时曾有通过立法将文吏选拔常态化、规范化的举措。总之，两汉帝王自身多好刑名法律，又通过培养大批文吏，吸纳并改造秦朝的文吏政治，以维系帝国的基本政务，从而使君主专制制度具有了一个坚实的官僚基础。或者可以这样认为，两汉时期之所以未能废除反而重用文法吏，就是因为如果没有他们对帝国法令的贯彻落实，大量具体的行政事务便无法有效运转，故将这一群体视为维系君主专制不可或缺的支柱亦不为过。

---

〔1〕（东汉）应劭撰，王利器校注：《风俗通义校注·正失》，中华书局1981年版，第93页。
〔2〕（东汉）班固：《汉书·哀帝纪》，中华书局1962年版，第333页。
〔3〕（刘宋）范晔：《后汉书·申屠刚鲍永郅恽列传》，中华书局1965年版，第1017页。
〔4〕（北宋）李昉：《太平御览·皇王部十六》引华峤《后汉书》，河北教育出版社1994年版，第799页。
〔5〕（刘宋）范晔：《后汉书·循吏列传》，中华书局1965年版，第2457页。
〔6〕（刘宋）范晔：《后汉书·郭陈列传》，中华书局1965年版，第1549页。
〔7〕（刘宋）范晔：《后汉书·孝和孝殇帝纪》，中华书局1965年版，第178页。
〔8〕（刘宋）范晔：《后汉书·樊宏阴识列传》，中华书局1965年版，第1126页。
〔9〕（刘宋）范晔：《后汉书·百官一》引应劭《汉官仪》，中华书局1965年版，第3559页。
〔10〕（刘宋）范晔：《后汉书·孝顺孝冲孝质帝纪》，中华书局1965年版，第261页。

儒生集团是两汉时期占据主流地位的集团，其与文吏集团之间亦对立亦融合的关系实为两汉时期吏治问题的焦点。儒生作为一个学术团体在汉初就已活跃于民间，但其作为强大的势力登上政治舞台则在景帝之时。高祖、惠、文之时在朝之儒屈指可数，唯叔孙通、陆贾、贾谊等人，还不为“醇儒”。景帝时有辕固生与黄生之争，则儒家之政治羽毛已趋丰满。武帝独尊儒术后，儒生更成为汉政权建设的参与者与推动者；“而公孙弘以《春秋》白衣为天子三公，封以平津侯。天下之学士靡然向风矣”〔1〕。“宰相须用读书人，由汉武开其端，元、成及光武、明、章继其轨。”〔2〕贵为三公的宰相成为儒生才能担任的官职，这已然成为两汉尤其是东汉时期的一条政治惯例。这一任官机制使儒生能够更加全身心投入汉家制度的建设当中。除三公之外，九卿以及地方官长也多由儒生担任，或最起码为接受儒家理念并具有一定经学素养者。在这种情形下，儒生因政治导向而在当时具有了优势地位，文吏则只被作为皇帝处理具体事务的“政治工具”而存在。因此，承袭秦政而来的文吏制度遭到了儒生们激烈的批评，“务在于期会簿书，断狱听讼而已”〔3〕以及“以刑余为周召、以法律为《诗》《书》”〔4〕的施政模式深为儒生所不齿。故他们竖起复古改制的大旗，倡导德教与礼治，引领了自元帝时期以来诸多的政治制度变革。但读书人参与国家政治制度建设，毕竟带有理想主义而缺乏实践层面的认知与技术层面的历练。“这个群体参政之初，主要是以通古今、备顾问、传授经术和制礼作乐之事显示自己的存在，至于在帝国的实际军政事务方面，许多儒生依然缺乏深入参与和深刻理解。”〔5〕其一味追求先王旧制而不顾当今实际的举动最终使得诸多主张不能适应彼时之社会环境，在导致思想混乱的同时更加剧了

〔1〕（西汉）司马迁：《史记·儒林列传》，中华书局1959年版，第3118页。
〔2〕（清）皮锡瑞：《经学历史》，台北，艺文出版社1974年版，第98页。
〔3〕（东汉）班固：《汉书·二王贡两龚鲍传》，中华书局1962年版，第3063页。
〔4〕（东汉）班固：《汉书·盖诸葛刘郑孙毋将何传》，中华书局1962年版，第3247页。
〔5〕阎步克：《士大夫政治演生史稿》，北京大学出版社1996年版，第440页。

本已出现的政治危机。“西汉儒生理性精神之薄弱，其复古化、神道化的倾向，造成了王莽企图以上古模式、经典教条和谶纬神学来构建理想乌托邦的尝试，其结果是反而损害了儒生初始所持的道义信念。”〔1〕从这一点上来看，西汉的覆灭与之不无关联。而王莽完全以经典之治代替文吏政治，并以古义套用现实的极端做法不仅没能解决西汉末年遗留下来的诸多问题，反而使之恶化到足以葬送自己政权的地步。东汉时期的皇帝与儒生已认识到这一问题，故其积极探求如何构建新型的吏治模式。东汉时期之三公九卿等亦多为儒生，并由地方举荐而来，但其或曾历仕州郡，或曾被辟为公府僚属，均熟悉吏事。例如，欧阳歙在任司徒前曾为原武令，张驯在任大司农前曾辟公府，伏恭在任司空前曾任剧令十三年并政绩斐然，昭驯任光禄勋前曾累仕州郡后又辟司徒府，周泽任太常前曾辟大司马府。〔2〕虽然儒生兼修吏事始于西汉，但彼时其历练时间并不长，也未能够形成一项政治制度，诸多儒生成为博士或博士弟子不久后便会直接被提拔为实职官员以参与政治。而东汉时期的低级官吏如曹掾、书史、驭吏、亭长、门干、街卒、游徼、啬夫等皆由儒生充任，他们“始自乡邑，本于小吏干佐，方至文学功曹，积以岁月，乃得察举。人才秀异，始为公府所辟，迁为牧守，入作台司”〔3〕，具有丰富的吏治经验。于是，在地方与公府的长期历练使得东汉儒生进入高级官僚集团时更具有现实主义精神、足以有效甄别理想与现实之间的差异。这往往是颇具书生气与理想主义的西汉儒生所不能比拟的。儒生参政在东汉时期的这一改观既是统治阶层对经术加强控制的必然结果，又是经学群体自身对政治行为进一步施加影响的必然表现。

---

〔1〕 阎步克：《士大夫政治演生史稿》，北京大学出版社1996年版，第422页。

〔2〕 参见（刘宋）范晔：《后汉书·儒林列传上》《后汉书·儒林列传下》，中华书局1965年版，第2545～2593页。

〔3〕（唐）杜佑：《通典·杂议论上》，中华书局2016年版，第391页。

二、“以经术润饰吏事”

自产生之日起，儒生与文吏之间便存在隔阂与对立。追根溯源，这实源于儒法两家德治与法治两种治国方式之间的分歧。法家作为一个学派在汉代虽然已不复存在，但受此影响而施政者却大有人在，承秦而来的文吏集团就是最为典型的代表。也就是说，法家思想虽然因暴秦之名而无法在理论上继续推崇，但其精神却仍然透过文吏的行事方式体现出来，并在汉朝吏治之中发挥着重要作用。当儒生在政治上得势之后，两者之间的水火不容便充分显现出来。东汉学者王充在其作品《论衡》中认为，“夫儒生能说一经，自谓通大道，以骄文吏；文吏晓簿书，自谓文无害，以戏儒生”〔1〕。也就是说，两者在政治生活中的分歧主要源于其知识背景与职业分工不同：儒生通经书以明治道，所长在于理论层面；文吏晓文法以善治术，所长在于技术层面。对此，王充进一步指出：

> 夫文吏能破坚理烦，不能守身，身则亦不能辅将。儒生不习于职，长于匡救；将相倾侧，谏难不惧。……文吏以事胜，以忠负；儒生以节优，以职劣。二者长短，各有所宜；世之将相，各有所取。取儒生者，必轨德立化者也；取文吏者，必优事理乱者也。〔2〕

以王充之见，儒生之优在于守志，其以“节”胜；文吏之优在于守职，其以“事”胜。对应于官职任命中，儒生往往依靠其经学知识背景承担教化巡检之职，并常为上级长官参谋咨询；而文吏则往往凭借其律令知识背景以狱令文书为工具，依照汉法处理实际行政事务。两大群体在政治运作中的不同定位使其阵营分明、斗争激烈，甚至有成党派对立之势。如何武“疾朋党，问文吏必于儒者，问儒者必于文吏，以相参检”〔3〕。但从另一个角

---

〔1〕（东汉）王充撰，黄晖校释：《论衡校释·谢短》，中华书局1990年版，第554页。
〔2〕（东汉）王充撰，黄晖校释：《论衡校释·程材》，中华书局1990年版，第534～535页。
〔3〕（东汉）班固：《汉书·何武王嘉师丹传》，中华书局1962年版，第3485页。

度来看，两者其实各有所长，儒生“轨德立化”，文吏“优事理乱”，因而具备互补共存的可能性。考诸史书，在文吏与儒生共同参政的过程中，也的确渐渐出现融合之趋势，这是同两者隔阂与对立并存的另一演进过程。而两者之结合其实正是以“霸王道杂之”而著称的汉家制度的真实反映，其最典型的表现就是出现了“以经术润饰吏事”的儒吏。

所谓“吏事”，主要是指“期会簿书”“断狱听讼”，通俗来说就是刑名钱谷。其被具体规定于两汉的法规、簿记之中，是律令之学的主要内容，因此，通吏事的实质就是明律令法制。而“经术”则是儒家的政治理念与道德准则。故“以经术润饰吏事”就是通过儒家的口吻重述两汉的律令之学，将儒家的政治理念与道德准则通过处理刑名钱谷之事体现出来。而儒生如欲真正在政治上发挥影响力，也不得不学会妥善处理“吏事”，因为刑名钱谷实与社会稳定息息相关。故文帝甫一即位，便询问“天下一岁决狱几何”与“天下钱谷一岁出入几何”〔1〕，正体现出了“吏事”在维系王朝统治中的基础地位。文吏如欲在政治中立于不败之地而不被边缘化，也需要顺应政策导向而学习经术，以之文饰自己的政治行为。而将经学与吏事相结合其实是一项很高的标准，其要求儒生与文吏兼修经律，既有一定的经学素养，又有一定的律令造诣，成为亦儒亦吏的人物。不过两汉时期亦不乏此类人才，如公孙弘“习文法吏事，而又缘饰以儒术”〔2〕，成为以经术润饰吏事的第一人；路温舒“求为狱小吏，因学律令”，“又受《春秋》，通大义”〔3〕；丙吉“起狱法小吏，后学《诗》、《礼》，皆通大义”〔4〕；孔光“经学尤明”，又明习“汉制及法令”〔5〕；翟方进“兼通文法吏事，以儒雅缘饬法

---

〔1〕（东汉）班固：《汉书·张陈王周传》，中华书局1962年版，第2049页。
〔2〕（西汉）司马迁：《史记·平津侯主父列传》，中华书局1959年版，第2950页。
〔3〕（东汉）班固：《汉书·贾邹枚路传》，中华书局1962年版，第2367～2368页。
〔4〕（东汉）班固：《汉书·魏相丙吉传》，中华书局1962年版，第3145页。
〔5〕（东汉）班固：《汉书·匡张孔马传》，中华书局1962年版，第3353页。

律"[1]；陈宠"虽传法律，而兼通经书"[2]；王涣"晚而改节，敦儒学，习《尚书》，读律令，略举大义"[3]；陈球"少涉儒学，善律令"[4]。至东汉中后期，甚至出现了经律并授者。如钟皓"以诗律教授门徒千余人"[5]。在这些通经明律者当中，既有文吏出身者，如路温舒、丙吉、陈宠等；又有儒生出身者，如孔光、翟方进等。由此可见，儒生文吏之融合实为双方互相学习的结果，即文吏渐通经与儒生渐明法。"于是，儒生改变了'人文吏之科，坚守高志，不肯下学'的孤芳自赏的态度，向文吏学习'理事'的本领；文吏也改变了'循令不顾古，趋仇不存志，竞进不案礼，废经不念学'的旧姿态，转而向儒生学习六艺之术"[6]，"儒吏"开始出现。这些儒吏形成后，就将"以经术润饰吏事"作为主要施政策略，在施政中推广教化、践行经义。具体到司法领域而言，他们常常依古义决狱理讼：或以经典修饰裁判的结果，或以经典填补律令的空白，或以经典解释律令的含义，甚至还以经典排除律令的规定，真正将经学与律令之学融会贯通起来。在他们的不懈努力下，汉律得以应经合义，迎合了儒家经学的精神旨趣与价值内涵；经学则具有了法典的表现形式，得到了汉律的普遍认同与大力支持。则经学与律令之学渐相融合，而"吏事"即成为两者交流的场所，经典政治与文吏政治也最终消除了隔阂而实现了一致。

三、循吏与酷吏

循吏是文吏与儒生相融合过程中的一个特殊产物。循吏之名，始自

[1] (东汉)班固:《汉书·翟方进传》，中华书局1962年版，第3421页。
[2] (刘宋)范晔:《后汉书·郭陈列传》，中华书局1965年版，第1555页。
[3] (刘宋)范晔:《后汉书·循吏列传》，中华书局1965年版，第2468页。
[4] (刘宋)范晔:《后汉书·张王种陈列传》，中华书局1965年版，第1831页。
[5] (刘宋)范晔:《后汉书·荀韩钟陈列传》，中华书局1965年版，第2064页。
[6] 武树臣:《中国法律思想史》，法律出版社2004年版，第203页。

《史记》，而为两《汉书》与后世史书所承袭。司马迁以“奉职循理”定义循吏，而班固、范晔则将导民向化、先富后教视为循吏施政的主要特色。余英时认为，《史记》与两《汉书》对循吏的界定似乎并不一致：司马迁心目中的循吏是指文、景时代黄老无为式的人物，而班固、范晔所称道的循吏则属于“先富后教”型。前后两者区分之关键在于施政方式究竟是无为还是有为。[1]其实余英时的这一观点是值得商榷的，他忽视了“两种循吏”之间的共通性，即他们皆以教化民众为己任，具有儒家“仁者”的风范。以司马迁所列五者为例：孙叔敖积极“施教导民”[2]，并善于发挥君子的模范作用以带动民众。子产之施政方式虽未于《循吏列传》中明言，但于《郑世家》中记其以德礼为政，并有“仁人”“古之遗爱”之称。公休仪虽“奉法循理，无所变更，百官自正”，有些类似于黄老所推崇的“长者”，但他毕竟是鲁博士且在鲁国任相。处于这样一种礼乐文化的环境中，公休仪的“无所变更”本身就是尊重鲁国文化传统、延续礼乐教化之治的表现。楚昭王相石奢在面对己父杀人案件时，“纵其父而还自系焉”，并认为“夫以父立政，不孝也；废法纵罪，非忠也；臣罪当死”[3]，说明其深谙忠孝之道，以之作为修身治国、为人处世的重要准则。李离“过听杀人”[4]而不推卸责任于下吏，也符合儒家所倡导的“仁爱”价值观。因此，司马迁所言的“循吏”与班固、范晔所言“循吏”并无很大差异，都是具有儒家品行的官吏，或者说在一定程度上就是“儒吏”。故对于循吏的定义，我们仍然可以采用司马迁“奉职循理”之说。不过，在两汉的语境下，“循吏”一词似乎更侧重于指代以儒家理念为政处事的地方官员，尤其是二千石郡太守，如两《汉书》之《循吏列传》所载蜀郡守文翁、胶东相王成、颍川太守黄霸、

[1] 参见余英时：《士与中国文化》，上海人民出版社2003年版，第134～139页。
[2] （西汉）司马迁：《史记·循吏列传》，中华书局1959年版，第3099页。
[3] （西汉）司马迁：《史记·循吏列传》，中华书局1959年版，第3102页。
[4] （西汉）司马迁：《史记·循吏列传》，中华书局1959年版，第3102页。

南阳太守召信臣、桂阳太守卫飒、九真太守任延、山阳太守秦彭、桂阳太守许荆、合浦太守孟尝等。他们的儒学修养也多彰显于处理地方事务之中。循吏的本职工作就是依据法律规定来处理具体的行政事务，故“奉法”即“奉职”。《汉书》亦有“吏道以法令为师”〔1〕及“如太守汉吏，奉三尺律令以从事耳”〔2〕之说。不过，在履行自己的职责时，循吏需讲究工作方法，此即为循“理”。颜师古释“循”为“上顺公法，下顺人情也”〔3〕，“公法”可对应于“职”，则“人情”即对应于“理”。汉人有“其为法令也，合于人情而后行之”〔4〕、“法者，缘人情而制，非设罪以陷人也”〔5〕等理念，可见，考察“人情”在两汉法律实践中具有重要意义。而“人情”又与儒家经典具有紧密关系：“乐统同，礼别异，礼乐之说贯乎人情矣”〔6〕；“孔子作《春秋》，上揆之天道，下质诸人情，参之于古，考之于今”〔7〕。则“人情”实可由儒家经典作为媒介而体现出来。重“人情”便是尊经典、兴教化的必然要求：“故圣王修义之柄、礼之序，以治人情”〔8〕，“先王因人情喜怒之所不能已者，则为之立礼制而崇德让”〔9〕。从这一角度来看，“循理”“循人情”即为践行儒家的德治、仁政等政治主张，积极富民、化民。因此，循吏实际上扮演着“吏”与“师”两重角色：“‘吏’的基本职责是维持政治秩序，这是奉行朝廷的法令；‘师’的主要任务则是建立文化秩序，其最后动力来自保存在民间的儒教传统。”〔10〕也就是说，循吏既行法律群体之“政”，又施经学群体之“教”，他们在教化中寄寓政治，在政治中彰显教化。汉史中有不少事例可

〔1〕（东汉）班固：《汉书·薛宣朱博传》，中华书局1962年版，第3397页。
〔2〕（东汉）班固：《汉书·薛宣朱博传》，中华书局1962年版，第3400页。
〔3〕（东汉）班固：《汉书·循吏传》引颜师古注，中华书局1962年版，第3623页。
〔4〕（东汉）班固：《汉书·袁盎晁错传》，中华书局1962年版，第2294页。
〔5〕（西汉）桓宽撰，王利器校注：《盐铁论校注·刑德》，中华书局1992年版，第567页。
〔6〕（西汉）司马迁：《史记·乐书》，中华书局1959年版，第1202页。
〔7〕（东汉）班固：《汉书·董仲舒传》，中华书局1962年版，第2515页。
〔8〕（东汉）郑玄注，（唐）孔颖达正义：《礼记正义·礼运》，北京大学出版社1999年版，第709页。
〔9〕（东汉）王符著，（清）汪继培笺：《潜夫论笺校正·断讼》，中华书局1985年版，第235页。
〔10〕余英时：《士与中国文化》，上海人民出版社2003年版，第141页。

以为证，如黄霸“力行教化而后诛罚”[1]，张奂“示以义方，严加赏罚”[2]，李膺“修庠序，设条教，明法令，恩威并行”[3]，均巧妙地将经学与法术结合起来。不过，在对这两者的综合运用中，经学教化似乎占据了主导地位。换句话说，循吏虽在本质上是“吏”，但其“师”之特性明显，正将其与一般官吏区别开来。循吏具有较高的经学素养，其或为儒生出身，或于为官后系统接受经学教育，如龚遂“以明经为官”[4]、召信臣“以明经甲科为郎”[5]，刘宠“以明经举孝廉”[6]等。他们都能以儒家伦理道德修身律己，故《汉书》赞其“廪廪庶几德让君子之遗风矣”[7]。更为重要的是，他们深谙“道之以德，齐之以礼，有耻且格”[8]以及“善政不如善教之得民也。善政，民畏之。善教，民爱之。善政得民财，善教得民心”[9]的道理，在追求道德自我完善的同时，弘扬儒家德行于吏事之中，注重在治区内广施教化，甚至“以礼训人，不任刑罚”[10]。其对“以德服众，以民为本”之理念的践行使得“所居民富，所去见思，生有荣号，死见奉祀”[11]，在保证地方政治清明的同时赢得了民心，从而在维护汉政权稳定的同时普及了儒家经典，推动了经义社会化与规范化。

酷吏与循吏是相对立的。如果说循吏是向先秦儒家“师道”的靠拢与模仿，那么酷吏则是对先秦法家“吏道”的回归与坚守。酷吏其实就是法家政治的极端化产物，是文吏的变种。文吏虽任法但未必暴虐残酷，史书

---

〔1〕（东汉）班固：《汉书·循吏传》，中华书局1962年版，第3631页。
〔2〕（刘宋）范晔：《后汉书·皇甫张段列传》，中华书局1965年版，第2139页。
〔3〕（刘宋）范晔：《后汉书·党锢列传》引谢承《后汉书》，中华书局1965年版，第2191页。
〔4〕（东汉）班固：《汉书·循吏传》，中华书局1962年版，第3637页。
〔5〕（东汉）班固：《汉书·循吏传》，中华书局1962年版，第3641页。
〔6〕（刘宋）范晔：《后汉书·循吏列传》，中华书局1965年版，第2477页。
〔7〕（东汉）班固：《汉书·循吏传》，中华书局1962年版，第3624页。
〔8〕（魏）何晏注，（北宋）邢昺疏：《论语注疏·为政》，北京大学出版社1999年版，第15页。
〔9〕（东汉）赵岐注，（北宋）孙奭疏：《孟子注疏·尽心章句上》，北京大学出版社1999年版，第358页。
〔10〕（刘宋）范晔：《后汉书·循吏列传》，中华书局1965年版，第2467页。
〔11〕（东汉）班固：《汉书·循吏传》，中华书局1962年版，第3624页。

中不乏以治狱贵宽尚平而著称者。在儒术被确立为官方指导思想后，更有不少文吏转化为经律并用的循吏。但酷吏则好申韩之术，坚持严格适用法律，执法不避亲疏贵贱而一视同仁，施政不用德教礼让而专任刑杀，故被世人冠以酷虐暴烈之名。也就是说，酷吏出身文吏，崇尚严刑峻罚，纯凭法术指导吏事，其“皆以敢悍精敏，巧附文理，风行霜烈，威誉喧赫”〔1〕。他们与循吏之间的主要区别在于用刑的宽严以及在施政中对德礼教化的态度。此处值得注意的是，酷吏为政虽不用德礼教化，但并不彻底排斥经术，亦有以之为自己的严酷刻深寻求依据者。如张汤“决大狱，欲傅古义，乃请博士弟子治《尚书》、《春秋》补廷尉史，亭疑法”〔2〕；周纡也曾以《春秋左传》所载臧文仲事君之辞为证要求和帝诛杀夏阳侯瑰。〔3〕甚至东汉时期的某些酷吏本身也具有相当的经学素养，如李章少习“《严氏春秋》，经明教授，历州郡吏”〔4〕，黄昌“数见诸生修庠序之礼，因好之，遂就经学”〔5〕。不过，政治生活中的用法酷烈确实是这一群体的基本特征。史家虽多不赞同统治者重用酷吏，却不得不承认这是治理国家时一项有效的举措。司马迁指出，“民倍本多巧，奸轨弄法，善人不能化，唯一切严削为能齐之”〔6〕。范晔也认为，“汉承战国余烈，多豪猾之民。其并兼者则陵横邦邑，桀健者则雄张闾里。且宰守旷远，户口殷大。故临民之职，专事威断，族灭奸轨，

---

〔1〕（刘宋）范晔：《后汉书·酷吏列传》，中华书局1965年版，第2502页。

〔2〕（西汉）司马迁：《史记·酷吏列传》，中华书局1959年版，第3139页。

〔3〕《后汉书·酷吏列传》载：“诸窦虽诛，而夏阳侯瑰犹尚在朝。纡疾之，乃上疏曰：‘臣闻臧文仲之事君也，见有礼于君者，事之如孝子之养父母；见无礼于君者，诛之如鹰鹯之逐鸟雀。案夏阳侯瑰，本出轻薄，志在邪僻，学无经术，而妄构讲舍，外招儒徒，实会奸桀。轻忽天威，侮慢王室，又造作巡狩封禅之书，惑众不道，当伏诛戮，而主者营私，不为国计。夫涓流虽寡，浸成江河；爝火虽微，卒能燎野。履霜有渐，可不惩革？宜寻吕产专窃之乱，永惟王莽篡逆之祸，上安社稷之计，下解万夫之惑。’”（刘宋）范晔：《后汉书·酷吏列传》，中华书局1965年版，第2495页。

〔4〕（刘宋）范晔：《后汉书·酷吏列传》，中华书局1965年版，第2492页。

〔5〕（刘宋）范晔：《后汉书·酷吏列传》，中华书局1965年版，第2496页。

〔6〕（西汉）司马迁：《史记·太史公自序》，中华书局1959年版，第3318页。

先行后闻”[1]。也就是说，酷吏能够有效地打击“倍本多巧，奸轨弄法”的“豪猾之民”。这些人或居处偏远，或势力强大，难以为教化所动，因而不得不通过“严削”与“威断”的方式治理之。总体而言，两汉时期的酷吏充当了专制皇权的鹰犬，以方便皇帝有效控制、震慑吏民。他们“既是汉代政治法律实践活动的产物，也是先秦法家思想的实践者”[2]，是汉承秦制的必然产物。其实，酷吏的存在于一定程度上亦符合经义要求。孔子曾言：“政宽则民慢，慢则纠之以猛。猛则民残，残则施之以宽。宽以济猛，猛以济宽，政是以和。”[3]也就是说，适度、有限的以猛服民本身就是被儒家所接受的，也是治国所必需的，因为其能够迅速且有效地补救宽政所产生的社会问题。正是从这一角度出发，酷吏虽然遭受诟病，却始终能够于儒家文化指导下的传统政治中占据一席之地。

第二节　司法官员的经学背景

经义的法律化集中体现于司法官员在法律实践中对经义的运用。故司法官员经学素质之高低便在相当意义上决定了这一现象的发展与深化程度。两汉的司法官员可分为两类：一类为专门司法官员，在中央则为廷尉，在地方则由行政长官兼理，如州刺史、司隶校尉、郡太守、诸侯国相、县令（长）、乡有秩、乡啬夫、乡游徼以及亭长；另一类为享有司法权的特

〔1〕（刘宋）范晔：《后汉书·酷吏列传》，中华书局1965年版，第2487页。

〔2〕武树臣、李力：《法家思想与法家精神》，中国广播电视出版社1998年版，第178页。

〔3〕（西晋）杜预注，（唐）孔颖达正义：《春秋左传正义·昭公二十年》，北京大学出版社1999年版，第1407页。

殊官员，其主要是指三公、尚书曹[1]、宗正[2]以及军正[3]。他们虽非专掌司法，但其职权中往往涉及赏罚之权。由于职责所使，这些司法官员熟悉律令自不必多言。但自独尊儒术后，他们或由儒生充任，熟悉经典；或虽以文吏起家，后又研习经典。因此，他们往往具有较高的经学造诣，能够灵活运用经义以断狱听讼。由此而论，他们本身就是法律群体与经学群体相融合的产物，亦是“以经术润饰吏事”在司法实践中发挥功效的推手。

一、三公的经学背景

三公之品秩、地位于两汉官僚体制中居于顶端，是高官的典型代表。此处值得注意的是，秦与西汉时期虽有三公之称谓，但不置三公官，而以丞相、太尉、御史大夫作为习惯意义上的三公。成帝时曾有设三公官的打算与举动，但因反对意见过多而停止。西汉末哀帝时始设三公官，为大司徒、大司马、大司空。光武中兴后，因循西汉末年之制，置三公官，皆去“大”字，并将司马改回太尉，遂成东汉定制。故作为一种官制来讲，三公制实定型于东汉，西汉大部分时期实行的是丞相制。[4]不过，西汉的官方文书仍然常常将丞相、御史大夫、太尉三者同等对待，视为一个群体。如

---

〔1〕《后汉书·百官三》李贤注引卫宏《汉旧仪》曰：“初置五曹，有三公曹，主断狱。”表明尚书亦有一定司法权。(刘宋)范晔:《后汉书·百官三》李贤注引卫宏《汉旧仪》，中华书局1965年版，第3597页。

〔2〕《后汉书·百官三》曰：宗正“掌序录王国嫡庶之次，及诸宗室亲属远近，郡国岁因计上宗室名籍。若有犯法当髡以上，先上诸宗正，宗正以闻，乃报决”。则宗正有权参与宗室犯罪的处理。(刘宋)范晔:《后汉书·百官三》，中华书局1965年版，第3589页。

〔3〕《汉书·杨胡朱梅云传》载胡建曰：“臣谨按军法曰：‘正亡属将军，将军有罪以闻，二千石以下行法焉。’”(东汉)班固:《汉书·杨胡朱梅云传》，中华书局1962年版，第2910页。《后汉书·郑范陈贾张列传》有“召军正执有罪者诛之”之说。(刘宋)范晔:《后汉书·郑范陈贾张列传》，中华书局1965年版，第1244页。则军正为军队内部的执法者与司法者，处理军队内部的犯罪，甚至可以上报将军的罪行。

〔4〕安作璋先生认为，三公制与丞相制，不仅官称不同，更重要的是实际职权有很大差异。成帝以前基本实行丞相制，丞相佐天子理万机、为百官之首，御史大夫为丞相之副。但设三公后，丞相职权一分为三，一人单独责任制成为三人共同负责制。参见安作璋、熊铁基:《秦汉官制史稿》，齐鲁书社2007年版，第7～8页。

文帝曾诏“有司、诸侯王、三公、九卿及主郡吏，各帅其志，以选贤良明于国家之大体，通于人事之终始，及能直言极谏者，各有人数，将以匡朕之不逮”[1]；宣帝评价霍光曰“率三公、诸侯、九卿、大夫定万世策，以安宗庙”[2]。时人也多将三者同等对待。如公孙弘任御史大夫时，汲黯称“弘位在三公，奉禄甚多，然为布被，此诈也”[3]；张汤任御史大夫时，也自称“汤无尺寸之功，起刀笔吏，陛下幸致位三公，无以塞责”[4]；杜周任御史大夫，《汉书》亦言其“列三公”[5]。虽然事实上丞相在西汉为最高行政长官，但无论在官方还是时人的观念中，其地位只是三公之一，而将丞相、御史大夫、太尉三者等而视之才为彼时之常态。两汉时期还有太师、太傅、太保等上公，位在三公之上，但这些职位或者时置而不常设，或者只为虚官而并无实权，故于法理上真正居于官僚体系顶端者仍推三公。西汉三公中，御史大夫“受公卿奏事，举劾按章”[6]，可以监察并弹劾百官，其具有相当程度的司法权力。丞相总揽政务，对官员具有奖惩权，也具有部分司法权力。太尉虽然掌武事，为武官之首，但在国家遇到重大疑难案件时，也与丞相、御史大夫一同参与讨论与审理，因此也可以说享有有限的司法权。东汉三公中，司徒掌民事，“凡四方民事功课，岁尽则奏其殿最而行赏罚”[7]；司空掌水土事，“凡四方水土功课，岁尽则奏其殿最而行赏罚”[8]；太尉“掌四方兵事功课，岁尽即奏其殿最而行赏罚”[9]。则三者分别有权奖惩涉及民事功课、水土城建功课以及兵事功课的官员，可以说也享有一定的司法权力。

[1] (东汉)班固:《汉书·袁盎晁错传》，中华书局1962年版，第2290页。
[2] (东汉)班固:《汉书·宣帝纪》，中华书局1962年版，第247页。
[3] (东汉)班固:《汉书·公孙弘卜式儿宽传》，中华书局1962年版，第2620页。
[4] (东汉)班固:《汉书·张汤传》，中华书局1962年版，第2645页。
[5] (东汉)班固:《汉书·杜周传》，中华书局1962年版，第2661页。
[6] (东汉)班固:《汉书·百官公卿表上》，中华书局1962年版，第725页。
[7] (刘宋)范晔:《后汉书·百官一》，中华书局1965年版，第3560页。
[8] (刘宋)范晔:《后汉书·百官一》，中华书局1965年版，第3562页。
[9] (刘宋)范晔:《后汉书·百官一》，中华书局1965年版，第3557页。

此外，两汉定制，大案疑案往往“事下三公”，即三公都有讨论及审理重大疑难案件的权力。从这点也可以看出，两汉三公多少享有一定的司法权力。而且在某些情况下，他们可能比中央专职司法官员更能影响案件的最后裁断。

西汉初建之时，三公皆为武力有功之臣以及文法吏，尚不见儒生踪迹。武帝崇儒，布衣公孙弘以治《春秋》封侯任相。自此以后，作为三公之一的丞相，开始渐渐由儒生把持，或者至少由习得经学者担任。如宣帝时期的丞相于定国、黄霸、丙吉等，虽然出身文吏，但都通晓经典、学习儒术并将之运用于处理政务中。故钱穆先生总结道：“盖自宣帝后，儒者渐当路。元、成、哀三朝，为相者皆一时大儒。其不通经术而相者，如薛宣以经术浅见轻，卒策免；朱博以武吏得罪，自杀，皆不得安其位。”〔1〕元帝以后的丞相韦玄成、匡衡、张禹、翟方进、孔光、马宫、平当、王嘉等，皆是知名经师，甚至还曾因明经而为帝师。如韦玄成曾任太子太傅，匡衡曾为太子少傅，张禹曾授成帝《论语》，孔光、马宫位至上公太师。这便使得丞相既为“儒宗”，又是百官之长，兼具学术领袖与行政首脑双重身份。西汉以通经者任相的惯例影响深远。史载，两汉之际的赤眉军首领樊崇有拥立刘盆子为帝之功，但却由于“不知书数”而不能任丞相，而“徐宣故县狱吏，能通《易经》。遂共推宣为丞相”〔2〕。可见，这一惯例甚至深入社会下层民众的心目中，为士庶共认。东汉时，司徒一职虽不全为醇儒，但皆为有一定经学造诣者担任。许多人在经学历史上享有巨大声望，如伏湛、胡广、丁鸿、鲁恭、杨震等。由此看来，丞相与司徒因具有宣教化、掌民事的职责往往更容易成为以教化万民为己任的儒生之专利。其实，如果从诸子王官论的角度来看，这一安排本身就是合理的，因为“儒家者流，盖出于司徒之官，

〔1〕 钱穆：《国史大纲》，商务印书馆1996年版，第148页。

〔2〕（刘宋）范晔：《后汉书·刘玄刘盆子列传》，中华书局1965年版，第481页。

助人君顺阴阳明教化者也"[1]，即儒家本身就与三代之司徒官具有渊源关系，而其主张道德教化可能亦是从司徒之职责而来，故让其担任丞相、司徒之职可谓回归本业，并无不当。

在西汉三公中，御史大夫本为监察官员而设，理论上当然应由信奉法家学说的文吏担任，而武帝之前也基本上遵循这一惯例，如周昌、任敖、张苍、晁错、张汤、赵禹者，皆起身"刀笔"，是纯粹的法家理论践行者。但独尊儒术之后，文吏不再是御史大夫的唯一人选。公孙弘虽为文吏出身，但"习文法吏事，缘饰以儒术"，以此博得武帝认可。其"常称以为人主病不广大，人臣病不俭节。养后母孝谨，后母卒，服丧三年。为内史数年，迁御史大夫"[2]。则公孙弘得以升为御史大夫的最主要原因似乎是其儒生式品格与"以经术润饰吏事"的能力。兒宽是第一位担任御史大夫的"醇儒"，史载其"治《尚书》，事欧阳生。以郡国选诣博士，受业孔安国"，是纯正的经学出身。他在任廷尉掾史时曾"以古法义决疑狱"，深得张汤信任。后以《尚书》说武帝，获得武帝赞赏，因此升迁为中大夫、左内史。又因鼓励武帝自制封禅礼仪并"采儒术以文焉"[3]而被拜为御史大夫。则兒宽升任御史大夫的主要原因也并非明法善律，而是通晓儒术，并善于以此文饰政治。则御史大夫一职已经开始向通经者开放。自此以后，蔡义、魏相、萧望之、贡禹、薛广德、韦玄成、匡衡、翟方进、平当、王嘉、孔光等任御史大夫者皆为通经之儒生。而丙吉、黄霸、于定国等虽为文吏，却亦明经术，不为法家式酷吏。此外，儒生任御史大夫后往往很快便晋升为丞相。考《汉书》，韦玄成、匡衡、王嘉皆任御史大夫一年便迁为丞相，而平当、孔光任职两月便迁为丞相。由此看来，御史大夫一职的司法专业性似已大大降低，其作用渐变为历练、考察儒生是否适合升任丞相。由此出发，与其说

---

〔1〕（东汉）班固：《汉书·艺文志》，中华书局1962年版，第1728页。

〔2〕（东汉）班固：《汉书·公孙弘卜式儿宽传》，中华书局1962年版，第2619页。

〔3〕（东汉）班固：《汉书·公孙弘卜式儿宽传》，中华书局1962年版，第2631页。

它为司法监察官，不如说它为副丞相更为贴切。东汉时期的司空虽由御史大夫更名而来，但它已全然不具备御史大夫之监察职责，主要分管水土城建，并课其事功而行赏罚。故文吏已不再具备专业技术方面的优势，儒生或有习经经历者亦多担任此职，如杜林、张纯、伏恭、胡广、牟融、第五伦、张奋、刘茂、杨赐等。

太尉掌武事，在西汉初期几经废置，且多为武力有功之臣担任，如卢绾、周勃、灌英、周亚夫等。田蚡则以外戚身份成为第五位太尉，死后武帝罢置此官。后设大司马代替之。除张安世、韩增、师丹、韦赏、董贤五人外，西汉时大司马均由外戚担任。东汉废大司马而复置太尉，以四方兵事功课为职掌，并有课事功、行赏罚之权。不过，彼时之太尉已无实际兵权，原大司马之兵权划归大将军或骠骑将军，掌于外戚之手。故太尉成为三公之中最无实权者，其亦多由儒生充任，如牟融、张酺、杨震、胡广、朱宠、桓焉、李固、杨秉、杨赐等名儒经师皆曾担任之。

概言之，自武帝独尊儒术起至东汉末年，儒生渐渐把持三公之位，甚至出现同一人多次任职公府的现象。如胡广曾七登公府，杨赐曾五登公府，杨彪曾四登公府，徐防曾三登公府，而两登公府者则不可胜数。〔1〕更有累世三公的儒学士族大家出现，如弘农杨氏与汝南袁氏。在这种情形下，以经学著称的三公所征辟的僚属也多为儒生名士。如张纯任司空时，“选辟掾史，皆知名大儒”〔2〕；刘矩任太尉时，“所辟召皆名儒宿德”〔3〕。彼时知名经师如尹敏、周泽、郑兴、郑众、蔡邕、张驯、何休等都曾受到三公之征辟。在经学思想的深刻影响下，三公及其僚属在参与司法事务尤其是议决疑难大案时，势必经律兼顾，以经典之义指导司法实践。如太尉刘恺在参

〔1〕 清人黄大华曾对东汉三公做过统计，终东汉一世，七登公府者一人，五登公府者二人，四登公府者三人，三登公府者八人，再登公府者三十八人。参见二十五史刊行委员会：《二十五史补编》，台北，开明书店1959年版，第1962页。

〔2〕（刘宋）范晔：《后汉书·张曹郑列传》，中华书局1965年版，第1195页。

〔3〕（刘宋）范晔：《后汉书·循吏列传》，中华书局1965年版，第2477页。

与讨论居延都尉范邠臧罪案时，就以“《春秋》之义，‘善善及子孙，恶恶止其身’”以及《尚书》“上刑挟轻，下刑挟重”[1]为据，要求废除禁锢臧吏子孙的规定，得到了安帝的首肯。又如顺帝时，曾发生“清河赵腾上言灾变，讥刺朝政，章下有司，收腾系考，所引党辈八十余人，皆以诽谤当伏重法”的案例。司空张皓认为，“《春秋》采善书恶，圣主不罪刍荛。腾等虽干上犯法，所言本欲尽忠正谏。如当诛戮，天下杜口，塞谏争之源，非所以昭德示后也”[2]，主张从轻处罚，也得到了顺帝的认可。则三公的经学素养在断决案件时往往能够起到决定性的作用，其援引经义以说理的举动很容易影响皇帝的最后裁决。

二、廷尉的经学背景

廷尉是两汉时期因循秦官而在中央设立的专门司法官员。《汉书》曰：“廷尉，秦官，掌刑辟，有正、左右监，秩皆千石。”[3]《后汉书》曰：“廷尉，卿一人，中二千石。本注曰：掌平狱，奏当所应。凡郡国谳疑罪，皆处当以报。正、左监各一人。左平一人，六百石。本注曰：掌平决诏狱。”[4]根据汉史的记载，西汉与东汉的廷尉除在属官名称及品秩上略微存在差异外，其他方面尤其是执掌上几乎不存在什么区别。因而廷尉之职位自秦至汉末以来并未发生多少变动。应劭注《汉书》曰：“听狱必质诸朝廷，与众共之，兵狱同制，故称廷尉。”[5]韦昭云：“凡掌贼及司察之官皆曰尉。尉，罚也。言以罪罚奸非也。”[6]颜师古认为，“廷，平也。治狱贵平，故以为

---

[1] （刘宋）范晔：《后汉书·刘赵淳于江刘周赵列传》，中华书局1965年版，第1309页。
[2] （刘宋）范晔：《后汉书·张王种陈列传》，中华书局1965年版，第1816页。
[3] （东汉）班固：《汉书·百官公卿表上》，中华书局1962年版，第730页。
[4] （刘宋）范晔：《后汉书·百官二》，中华书局1965年版，第3582页。
[5] （东汉）班固：《汉书·百官公卿表上》颜师古注引应劭注，中华书局1962年版，第730页。
[6] （北宋）李昉：《太平御览·职官部二十九》引韦昭《辨释名》，河北教育出版社1994年版，第207页。

号”〔1〕。从廷尉一词的缘起来看，当有刑杀罪人与公平用法两重意义。即他既应当维护法律的权威性，又必须保证法律的公平性。正如张释之所言：“廷尉，天下之平也，壹倾，天下用法皆为之轻重，民安所错其手足？”〔2〕故廷尉在执法司法活动中实负有重要使命。具体到其职责而言，主要为掌天下刑狱，包括京师发生的案件以及郡国上报的疑难案件。此外，他还有部分制定法令的权力以及管理监狱的责任。〔3〕因此，廷尉理应由具有专业法律素养的文吏担任。如吴公“故与李斯同邑，而尝学事焉，征以为廷尉”〔4〕；张汤少时“文辞如老狱吏”，其父“大惊，遂使书狱”〔5〕，后任廷尉；赵禹“以刀笔吏积劳，迁为御史。……与张汤论定律令，作见知，吏传相监司以法，尽自此始”〔6〕，后任廷尉；王温舒“数为吏，以治狱至廷尉史”〔7〕，后任廷尉；于定国“少学法于父，父死，后定国亦为狱史，郡决曹，补廷尉史，以选与御史中丞从事治反者狱，以材高举侍御史，迁御史中丞”〔8〕，后任廷尉；陈宠“明习家业，少为州郡吏，辟司徒鲍昱府”“昱高其能，转为辞曹，掌天下狱讼”〔9〕，后为廷尉。更有颍川郭氏世传法律，郭躬、郭镇、郭贺、郭祯、郭禧皆为廷尉，又有河南吴氏为法律名家，吴雄、吴欣、吴恭三

〔1〕（东汉）班固：《汉书·百官公卿表上》引颜师古注，中华书局1962年版，第730页。

〔2〕（东汉）班固：《汉书·张冯汲郑传》，中华书局1962年版，第2310页。

〔3〕沈刚认为，《汉书·景帝纪》中有“廷尉与丞相更议著令”的诏书记载，说明西汉时廷尉有权制定部分法令，但自主性较小，似乎受制于皇帝与丞相。《后汉书·郭躬传》载郭躬任廷尉时，“决狱断刑，多依矜恕，及条诸重文可从轻者四十一事奏之，事皆施行，著于令”。可见，此时廷尉之修令自主性更大，可以按照自己的意愿对已有的法令条文进行调整，仅需要经过皇帝的批准即可。又以《后汉书·应奉传》载有应劭所著《廷尉板令》为证，认为廷尉享有部分制定法令的权力。参见沈刚：《汉代廷尉考述》，载《史学集刊》2004年第1期。程政举认为，廷尉还有管理监狱的职责，而该监狱便是廷尉诏狱。《汉书·文帝纪》云：“绛侯周勃有罪，逮诣廷尉诏狱。”《霍光传》曰：“车骑将军张安世将羽林骑收缚二百余人，皆送廷尉诏狱。”《后汉书·百官志》言有洛阳诏狱。则廷尉诏狱就是由廷尉管理的监狱。参见程政举：《汉代诉讼制度研究》，法律出版社2010年版，第23页。

〔4〕（东汉）班固：《汉书·贾谊传》，中华书局1962年版，第2221页。

〔5〕（东汉）班固：《汉书·张汤传》，中华书局1962年版，第2637页。

〔6〕（东汉）班固：《汉书·酷吏传》，中华书局1962年版，第3651页。

〔7〕（东汉）班固：《汉书·酷吏传》，中华书局1962年版，第3655页。

〔8〕（东汉）班固：《汉书·隽疏于薛平彭传》，中华书局1962年版，第3042页。

〔9〕（刘宋）范晔：《后汉书·郭陈列传》，中华书局1965年版，第1548页。

世廷尉。则文吏出身者为廷尉，不仅是承秦而来的传统，亦为汉朝统治集团的共识。

但当儒术独尊后，文吏把持廷尉的局面也渐渐改变，儒生开始进入廷尉的队伍。或者说，廷尉成为亦儒亦法式的官职。其实早在张汤为廷尉时，受其掾史兒宽影响，便开始以儒家经典决狱，“汤决大狱，欲傅古义，乃请博士弟子治《尚书》、《春秋》，补廷尉史，平亭疑法”[1]。当然，张汤这样做可能并非出于对经典的信奉，而是为了迎合武帝本人的喜好以及经义决狱的风气。宣帝时，廷尉于定国“乃迎师学《春秋》，身执经，北面备弟子礼”，亦将《春秋》之义作为断案决狱的理论依据。受经义之影响，“其决疑平法，务在哀鳏寡，罪疑从轻，加审慎之心”，故朝廷有“于定国为廷尉，民自以不冤”之赞。与张汤不同的是，于定国对经学的态度当是真心尊崇与信奉，这不仅源于其曾认真学习《春秋》的经历，还表现于“为人谦恭，尤重经术士，虽卑贱徒步往过，定国皆与钧礼”[2]的举动以及决疑平法不冤民的结果。但两人都是先文法而后经术，尚非由儒生而升任此职者。第一位儒生廷尉当属元帝时的彭宣，史载其“治《易》，事张禹，举为博士，迁东平太傅。禹以帝师见尊信，荐宣经明有威重，可任政事，繇是入为右扶风”[3]，后被元帝升为廷尉。则彭宣由《易》博士入仕，未曾为刀笔吏。他任东平太傅、右扶风直至廷尉似得益于其“经明有威重”的品质迎合了元帝的口味，并顺应了儒家复古改制的历史潮流。从此以后，便出现了不少以儒生升任廷尉者，如何武“诣博士受业，治《易》。以射策甲科为郎”[4]，曾为廷尉；孔光“经学尤明”“观故事品式，数岁明习汉制及法令”[5]，曾

---

〔1〕（东汉）班固:《汉书·张汤传》，中华书局1962年版，第2639页。
〔2〕（东汉）班固:《汉书·隽疏于薛平彭传》，中华书局1962年版，第3042～3043页。
〔3〕（东汉）班固:《汉书·隽疏于薛平彭传》，中华书局1962年版，第3051页。
〔4〕（东汉）班固:《汉书·何武王嘉师丹传》，中华书局1962年版，第3481页。
〔5〕（东汉）班固:《汉书·匡张孔马传》，中华书局1962年版，第3353页。

为廷尉；郭禧“少明习家业，兼好儒学，有名誉，延熹中亦为廷尉”[1]；陈球“少涉儒学，善律令”[2]，曾为廷尉。则儒生担任廷尉已经司空见惯。不唯如此，廷尉之属官中也出现了部分儒生。如张汤曾以“（兒）宽为奏谳掾，以古法义决疑狱”[3]，又请博士弟子补廷尉史；马宫“行能高絜，迁廷尉平”[4]。这些担任廷尉及其属官的儒生不仅通晓经学，也明习律令，善于将经义与律令结合起来。因此，其断案时便往往以经义为据进行论证，以此来增强律令的说理性与可接受性。如哀帝之时，曾发生这样一起恶性案件：博士申咸中伤并弹劾丞相薛宣，薛宣子薛况令食客杨明于宫门外砍伤申咸，致其“断鼻唇，身八创”。关于此案，廷尉直首先列出汉律之规定：“斗以刃伤人，完为城旦，其贼加罪一等，与谋者同罪。”其次陈述了自己对案情事实的理解，即薛况由于父亲被诽谤而发泄愤怒，早有伤害申咸的意图，而非因担心申咸任司隶才产生。杨明与申咸本是私下争斗，虽然事发地点在掖门外，却与普通百姓争斗并无不同。他随后引用了孔子之言“必也正名”与《春秋》之义“原心定罪”，来说明若加上诋毁欺骗之辞，集合小的过错来促成大辟之罪，使人陷于死刑，既非法律本意，又违背圣君不因怒加刑之意。其将经义运用于说理之中加强了其言语的可信服性。或许正出于这个原因，哀帝最后基本接受了他的意见，“明当以贼伤人不直，况与谋者皆爵减完为城旦”[5]。由此可见，廷尉断案不应当仅仅列举汉律规定，还应当以经义润饰之，以增强其观点的说理性，并使之体现经典政治的要求，从而更易被皇帝接受。

---

〔1〕（刘宋）范晔：《后汉书·郭陈列传》，中华书局1965年版，第1545页。
〔2〕（刘宋）范晔：《后汉书·张王种陈列传》，中华书局1965年版，第1831页。
〔3〕（东汉）班固：《汉书·公孙弘卜式儿宽传》，中华书局1962年版，第2629页。
〔4〕（东汉）班固：《汉书·匡张孔马传》，中华书局1962年版，第3365页。
〔5〕（东汉）班固：《汉书·薛宣朱博传》，中华书局1962年版，第3396页。

三、地方司法官员的经学背景

秦汉时期皇权对地方的管理与控制主要是通过设立郡县的方式来实现的，而妥善处理、解决郡县内部民众之间狱讼纠纷对维护郡县治安以及整个王朝的稳定具有关键性的作用，故司法活动又是郡县生活中至关重要的一环。受行政兼理司法之影响，郡县之行政长官郡太守与县令同时是其辖区内的最高司法官员，他们通过断狱、听讼、调解等活动来化解治下民众生活中出现的矛盾，从而维持帝国之统治根基。具言之，郡太守有“决讼检奸”“案讯诸囚”〔1〕之职责，县令亦有“禁奸罚恶，理讼平贼”〔2〕之义务。与三公以及廷尉相同，西汉中前期的郡县长官亦多功臣与文吏。如任敖、周苛、周昌、张苍、申屠嘉、吴公、袁盎、郅都、晁错、周亚夫、宁成、义纵、王温舒、赵禹等人均曾以郡守或国相的身份管理郡县与封国。故可以推测，武帝尊儒以前甚至以后的一段时期内，全以文吏和功臣子弟为地方二千石。但随着尊儒政策的全面贯彻实施，大量儒生开始担任地方大员，如兒宽、严彭祖、萧望之、韦玄成、翟方进、何武、王嘉、魏相、京房、谷永、平当、马宫、刘歆等名儒皆曾官至地方二千石。至东汉时，太守几乎成为儒生专利，欧阳歙、伏恭、曹褒、郑众、贾逵、鲁丕、马融等知名经师均曾任太守职，甚至多次担当。于是，循吏式郡太守便将推行儒家教化、践行经学理念的目标寄寓在断案决狱当中。如韩延寿任左冯翊时，“行县至高陵，民有昆弟相与讼田自言，延寿大伤之，曰：‘幸得备位，为郡表率，不能宣明教化，至令民有骨肉争讼，既伤风化，重使贤长吏、啬夫、三老、孝弟受其耻，咎在冯翊，当先退。’是日移病不听事，因入卧传舍，闭閤思过”〔3〕；许荆为桂阳太守时，“尝行春到耒阳县，人有蒋均者，兄弟争财，互

---

〔1〕（刘宋）范晔：《后汉书·百官五》，中华书局1965年版，第3621页。

〔2〕（刘宋）范晔：《后汉书·百官五》，中华书局1965年版，第3622页。

〔3〕（东汉）班固：《汉书·赵尹韩张两王传》，中华书局1962年版，第3213页。

相言讼。荆对之叹曰：‘吾荷国重任，而教化不行，咎在太守。’乃顾使吏上书陈状，乞诣廷尉”[1]；何敞任汝南太守时，“及举冤狱，以《春秋》义断之。是以郡中无怨声，百姓化其恩礼”[2]。彼时亦有诸多循吏式县令，如卓茂任密令时，“劳心谆谆，视人如子，举善而教，口无恶言，吏人亲爱而不忍欺之”[3]；虞延任细阳令时，“每至岁时伏腊，辄休遣徒系，各使归家，并感其恩德，应期而还。有囚于家被病，自载诣狱，既至而死，延率掾（吏）[史]，殡于门外，百姓感悦之”[4]；鲁恭为中牟令时，“专以德化为理，不任刑罚。讼人许伯等争田，累守令不能决，恭为平理曲直，皆退而自责，辍耕相让”[5]。此类郡县长官通过德主刑辅的基本理念、经义决狱的司法方法以及“反求诸己”的感化策略，在司法实践中将经义与汉律完美结合，实现了息讼的目的，有效维护了地方的安定。

与秦朝地方制度不同的是，汉武帝以后，将全国划为十三州，设刺史以监察郡国。州原本只是一个行政监察单位，不属于地方一级政府。但由于刺史举荐、弹劾之权极大，往往能够危及郡国守相之官位，故而渐渐凌驾于郡国长官之上，由中央派出的监察官员转型为地方行政长官。于此，州也就由一监察区域变为行政区域，这也可以从刺史曾多次被改为“州牧”这一称谓上看出。于是，郡县制于东汉中后期渐变为州郡县制，而州的最高长官刺史（州牧）也就享有了最高司法权。据《后汉书》记载，“诸州常以八月巡行所部郡国，录囚徒，考殿最”[6]。刺史之司法权侧重于惩治豪族兼并田宅、欺凌民众与郡国守相不奉诏书、不恤疑狱、选举不公、倚

---

〔1〕（刘宋）范晔：《后汉书·循吏列传》，中华书局1965年版，第2472页。

〔2〕（刘宋）范晔：《后汉书·朱乐何列传》，中华书局1965年版，第1487页。

〔3〕（刘宋）范晔：《后汉书·卓鲁魏刘列传》，中华书局1965年版，第869页。

〔4〕（刘宋）范晔：《后汉书·朱冯虞郑周列传》，中华书局1965年版，第1151页。

〔5〕（刘宋）范晔：《后汉书·卓鲁魏刘列传》，中华书局1965年版，第874页。

〔6〕（刘宋）范晔：《后汉书·百官五》，中华书局1965年版，第3617页。

势请托以及违公阿党等不法行为。[1]而这些行为恰恰关乎百姓的利益，并严重影响社会的安定有序。由于刺史之设在武帝时，故而其虽为传统意义上的法家官职，但多由儒生担任，以巡视州内之教化情况。其虽奉公守法严惩作恶之豪族、权贵与高官，但也以宽厚慎刑、举荐贤达为己任：如鲁丕任青州刺史后，“务在表贤明，慎刑罚”[2]；朱穆任冀州刺史时，“所辟用皆清德长者”[3]；谢夷吾为荆州刺史时，“所在爱育人物，有善绩”[4]。甚至还有不少推行教化、移风易俗者：周举担任并州刺史时，“太原一郡，旧俗以介子推焚骸，有龙忌之禁。至其亡月，咸言神灵不乐举火，由是士民每冬中辄一月寒食，莫敢烟爨，老小不堪，岁多死者。举既到州，乃作吊书以置子推之庙，言盛冬去火，残损民命，非贤者之意，以宣示愚民，使还温食。于是众惑稍解，风俗颇革”[5]；刘虞任幽州刺史时，“民夷感其德化，自鲜卑、乌桓、夫馀、秽貊之辈，皆随时朝贡，无敢扰边者，百姓歌悦之”[6]。则本以监察郡县为职责的刺史在权力扩大后亦开始在治区内选贤任能、宽厚施政、推行德化、变异风俗，这不能不说是受儒家政治理念之深刻影响。

---

〔1〕《后汉书·百官五》李贤注引蔡质《汉仪》曰：“诏书旧典，刺史班宣，周行郡国，省察治政，黜陟能否，断理冤狱，以六条问事，非条所问，即不省。一条，强宗豪右，田宅踰制，以强陵弱，以众暴寡。二条，二千石不奉诏书，遵承典制，倍公向私，旁诏守利，侵渔百姓，聚敛为奸。三条，二千石不恤疑狱，风厉杀人，怒则任刑，喜则任赏，烦扰苛暴，剥戮黎元，为百姓所疾，山崩石裂，妖祥讹言。四条，二千石选署不平，苟阿所爱，蔽贤宠顽。五条，二千石子弟怙恃荣势，请托所监。六条，二千石违公下比，阿附豪强，通行货赂，割损政令。诸州刺史初除，比诸持板揖不拜。”（刘宋）范晔：《后汉书·百官五》，中华书局1965年版，第3617～3618页。

〔2〕（刘宋）范晔：《后汉书·卓鲁魏刘列传》，中华书局1965年版，第883页。

〔3〕（刘宋）范晔：《后汉书·朱乐何列传》，中华书局1965年版，第1473页。

〔4〕（刘宋）范晔：《后汉书·方术列传上》，中华书局1965年版，第2713页。

〔5〕（刘宋）范晔：《后汉书·左周黄列传》，中华书局1965年版，第2024页。

〔6〕（刘宋）范晔：《后汉书·刘虞公孙瓒陶谦列传》，中华书局1965年版，第2353页。

第三节　律学家的出现与律学的繁荣

律学是中国传统法学的主要表现形式，其发端于两汉时期，是以儒家经说为主要依据来解释法律的学问，其不仅从逻辑上、字义上对法律条文进行阐释，也阐述某些法理，如礼与法的关系、法典与经典的界限、条文与法意的联系、律与例之间的关系，罪与刑之间的关联、刑罚的宽严、肉刑的存废、罪名的变迁等。治律学者即为律学家，以兼通经律为主要特征。如果说汉儒司法官的出现是经学群体与法学群体在司法实务层面融合的产物的话，那么律学家的形成则表明两大群体的融合已经进入智识领域，儒家经义开始影响司法理论。也正因如此，中国独具特色的传统法学理论渐渐得以定型并系统化。

一、律令学、律学与律学家

"律学"一词历来有广义与狭义之分。广义者指以律令为研究对象的学问，狭义者则指以法律注释为主要活动的学问。广义上的律学，往往被等同于律令学。就秦汉时期而言，有学者对律令学的传习内容总结如下："第一，在理论层面，律令学并不限于申、商、韩非的法家学说，而是包括对黄老思想、儒家学说的整合与兼容，并且司法官吏在法律实践中形成的法律认识也充实其中，由此形成了具有鲜明时代特色的'刑名学'。……第二，在法律文本层面，律令学不仅传习律令，而且秦的《法律答问》与汉的大杜律、小杜律、律章句也是传习的重要内容。……此外，决事比、奏谳书、故事、章程、军法、科、品等也是秦汉法律文本的组成部分，这些内容在秦汉官吏中间广泛流传，同样成为律令学传习的内容。第三，在实践层面，律令学包括对法律技能与法律道德的学习。……第四，法史知识是律令学知识的重要补充”〔1〕。也就是说，律令学，即广义的律学，是以研究法律学说、法律方法、法律文本、法律历史、法律技能与法律道德的学问，以培育合格的司法官吏（文吏）为主要目的。其核心是“以行政中庞杂的法律规章为对象，以知如何处理行政事务为主”〔2〕。概言之，律令学是两汉时期因袭秦之律令研究而形成的学问，其基础为法家理论，目的亦是培养法家式的文吏。而狭义的律学，就秦汉时期而言，其实是指依据儒家学说对以律为主的成文法进行讲习、注解的法学，是一种法律注释学，其主要运用经学研究的方法。比较而言，狭义律学之研究内容主要是法律文本，研究方法为经学注疏方法，而研究目的则是融合汉律与经典，使律意与经义在司法实践中实现一致。故狭义的律学才是学者所言两汉之独特的律学，应当与广义的律学即律令学相区别。不过，律学与承秦而来的律令学也的确有一定的联系：律学形成于律令学的基础之上并吸收了其中的部分因素，尤其继承了其法律注释技术。但它绝非就是律令学本身，因为其存在目的以及研究方式本身都是儒家的，与律令学秉承的法家精神具有极大差异。

从这点出发，律学家与律令学家自然不同。律令学家是指在“以法为教、以吏为师”之政策下培养出来的技术型司法官吏，其通晓律令规定，懂得如何在实践中正确适用法律，是秉公执法的楷模。律学家则与之不完全相同，其在通晓律令规定的同时也熟悉儒家经典，善于用经典之义理决断案件并解释法律。事实上，律令学家是法家学说的产物，而律学家

〔1〕 于凌：《秦汉律令学》，吉林大学出版社2012年版，第13～14页。

〔2〕 邢义田：《秦汉史论稿》，台北，东大图书公司1987年版，第249页。

则是儒家学说与法家学说相结合的产物，甚至可以说是披着法家外衣的儒家。故传统观点将张汤、赵禹、杜周、杜延年等法家式文吏视为律学家是站不住脚的，只能将之归入律令学家，而律学家的出现应该后推至宣帝时期的于定国、黄霸等人。换言之，汉代确实有不少世代治律并授徒讲学者，但他们并非都是律学家。而甄别两者的关键是考察其断案释律之目的是否为使司法活动合乎经典要求。杜周之流虽有注释作品传世，但其不习经义、唯从上意，并全以法家风格行事，故不为律学家而只为律令学家。而东汉时期的吴氏家族、陈氏家族以及郭氏家族虽然出身文吏，但亦兼明经学，且以儒家理论指导司法实践，断狱听讼务求哀矜宽平，又曾依据经典修改、删减律令，因而是彻底的律学家。律学家不同于律令学家之另一显著表现则是著有"律章句"〔1〕，即受经学影响，依据章句注疏法对律令进行注解后而产生的学术作品。盖彼时章句方法盛行，经书皆有章句注疏，此风波及律令领域，致使学者亦重视解释律令科比中的字、词、句以及章节，并考察其规定的某一制度性渊源与沿革。史载，"叔孙宣、郭令卿、马融、郑玄诸儒章句十有余家，家数十万言。凡断罪所当由用者，合二万六千二百七十二条，七百七十三万二千二百余言"〔2〕。则彼时之律章句有三大特征，一为众说纷纭，二为数量繁多，三为出自诸儒。而第三点正是辨别律学家作品与律令学家作品之关键。换言之，律学家"分为两类：一是出身律令的学者，因熟读儒家经书，借用经学章句方法转而研治律令，

〔1〕 龙大轩认为，法史学界习惯将汉代的法律注释学称为"律学"，但这其实并不能真实反映两汉律令的研究活动，因为"律学"一词最早见于《晋书》，两汉史籍中只有"律章句学"而无"律学"，故以"律章句学"指代汉代"律学"。参见龙大轩：《中国法制史考证续编·第五册·汉代律家与律章句考》，社会科学文献出版社2009年版，第1～8页。笔者认为，龙大轩的观点具有一定的道理，因为就两汉之特定历史背景而言，彼时之研究成果确实以"律章句学"为表现。不过从整个中国法律发展史来看，"律学"已成为法史学界一约定俗成之语，封建社会之学者亦有将汉之"律章句学"称为"律学"者，今人因袭不变似并无什么不妥之处，故无须再以"律章句学"来专指两汉时期的法律学术研究，只将"律章句学"作为两汉"律学"的发展表现与特征即可。

〔2〕（唐）房玄龄：《晋书·刑法志》，中华书局1974年版，第923页。

以郭躬、陈宠等人为代表。二是本为经师，将经学研究扩伸于律令学领域，进而为律令著述章句，以马融、郑玄等人为代表”[1]，他们虽曾治律，明晓法令，但多为儒生出身，或最起码有较高经学素养。这类群体的形成同文吏通经、儒生学律而成儒吏之发展轨迹相一致，正反映出律学之出现是儒法二家于学术领域合流的结果。

二、律学与经学之关系

从形成角度而论，律学受益于经学的深入发展乃至社会化。也就是说，经义的社会化使得经典与法律调整、规制的领域开始重合，而经义的规范化又使得其成为上自天子下至庶民人人信奉的规范性准则。故而在其强有力的渗透性以及学者和统治者的大力扶持下，经义最终开始指导法律实践，起初表现在司法领域，后又进入法律注释领域。于是，以研究经典的方式研究律令，将经典之义理贯彻到法律规定中就渐渐得以实现。从这一点上来看，律学萌生与经学繁荣不无关系。此外，据皮锡瑞考证，“元、成以后，刑名渐废，上无异教，下无异学，皇帝诏书，群臣奏议，莫不援引经义，以为依据”[2]。所谓“刑名渐废”，并不是指汉律已经不再适用，而是指承秦而来的刑名律令之学已经开始式微，尤其是以强调重刑用术、循名责实为特征的申韩之学已经退出历史舞台。史载武帝时，“律令凡三百五十九章，大辟四百九条，千八百八十二事，死罪决事比万三千四百七十二事。文书盈于几阁，典者不能遍睹。是以郡国承用者驳，或罪同而论异。奸吏因缘为市，所欲活则傅生议，所欲陷则予死

〔1〕 龙大轩：《中国法制史考证续编·第五册·汉代律家与律章句考》，社会科学文献出版社2009年版，第2页。

〔2〕 （清）皮锡瑞：《经学历史》，台北，艺文出版社1974年版，第101页。

比，议者咸冤伤之”[1]。盖此时律令科比繁杂，歧义纷出，诸种规定或相抵牾，从而导致奸吏舞文弄墨，时有冤狱产生。而传统的“以法为教，以吏为师”的官方法律注释与传授方法已经不能适应这一情况。因而治学方法的转变迫在眉睫。此时盛行的经学研究方法便成为可供借鉴之典范。故而就经学的外部影响和律令之学的内在发展而言，传统的律令之学势必被深受儒家影响的律学所取代。作为一种体现主流意识形态的政治哲学，经学影响甚至指导着一切学问，这些学问难以突破其规定的框架范围，律学亦是如此：被官方所认可的法律注释活动，基本上都是采用经学的注疏体例；载入史册的法律之家，往往也是著名的经学家，或者说兼修儒家经典；解释法律的目的，也有契合作为显学的经学之义理与精神这一方面的考量。总之，从研究群体、研究方式以及研究目的三个角度来考察，律学皆受限于经学，或者说严重经学化。因此，就两汉时期而言，律学无法摆脱经学的影响，其始终是以经学附庸之形象而出现的。

不过，这并不意味着律学就没有相对的独立性。事实上，律学与经学相比，还是有其自身特色的。律学虽然严重经学化但并非经学的一个组成部分。首先，律学之研究内容毕竟是两汉之律令科比，是一套庞杂的国家法律制度系统及其运作程序，这同儒家经典之间实有较大的差异，故而难以完全为经书内容所涵盖。其次，律学之研究目的虽有迎合经学之意，但还是以如何更好地在社会实践中适用汉律条文为基本问题，即如何能够依照条文准确地断狱听讼而令人信服。因而在不少情况下，经义只具有“润饰”作用。“如果说儒家关怀仁道，那么，律学则关心的是仁道在法律中的具体落实及其方式。即使如此，仁道精神毕竟不同于对

[1]（东汉）班固：《汉书·刑法志》，中华书局1962年版，第1101页。

这种精神的贯彻落实，后者需要专门的知识。”[1]最后，律学确实有一套不同于经学的专门概念与术语体系，其解释这些概念、术语的方法虽然是经学章句式的，但这些概念、术语本身具有较强的法律学科归属性，如“故”“失”“斗”“戏”“矫”“不敬”“不道”等。因此，虽然律学是经学的附庸，受其严重影响，但还要注意到它所具有的相对独立性，不宜武断视之为经学的一个组成部分。

〔1〕 谢晖：《中国古典法律解释的哲学向度》，中国政法大学出版社2005年版，第220页。

第四章　实践路径：经义对法律实践的渗透

经义法律化的实践路径便是它在法律实践中可以作为法律原则乃至法律规则直接适用，从而补充、修饰、解释乃至破除汉律条文的规定。具体而言，在司法中，当法官遇到疑难案件难以适用现行律文进行决断时，或者采用汉律规定明显使人难以接受时，往往就会将经义作为超法律的存在而直接适用。在颁布诏令这一立法活动中，皇帝也倾向于援引经义为证，在增强诏令本身的说理性与可接受性的同时，潜移默化地推行经典政治。通常而言，法官与皇帝均将经义视为效力高于汉律具体条文的规范而予以适用，或以之填补规定空白，或以之润饰规定内容。如果将汉律条文当作一种法律规则的话，那么经义在立法与司法活动中则类似于法律原则[1]。其原因在于：首先，汉律条文具体而细致，有特定的行为模式与法律后果；经典义理则较为抽象而普遍，对人之行为虽具有指引性，但内容往往比较笼统，需要在实践中将其具体化。其次，汉律条文在某一案例中或者有效，或者无效，或者应当被适用于此次裁判中，或者完全与此次裁判无关；经典义理之适用于具体事例则要考虑当时的情形，其可以在某

〔1〕 法律规则与法律原则的区别与适用问题历来聚讼纷纭，国内外学界存在多种说法。笔者无意在此探讨这一问题，故只取已被我国学界所认可的通说以阐述之。一般认为，法律规则与法律原则的差异在于其是否具有具体性与确定性。前者通常具有具体性，后者通常具有模糊性。这源于规则具体且往往不具有价值维度，而原则抽象并具有价值维度。因而规则可以被直接适用而原则则必须被权衡，从而导致规则限制了法官的自由裁量权而原则赋予并鼓励法官的自由裁量权。参见刘叶深：《法律规则与原则：质的差别？》，载《法学家》2009年第5期。

一情形下适用，却不一定在另一情形下适用，即便其适用条件被满足，也不会自动发生相应的法律后果。最后，发生冲突的汉律条文之间必有一条无效；经义之间也常有矛盾与抵牾，但彼此之间却仍然可以共存，不必然具有排他性。或者说，经义之间的矛盾并不导致其中之一必然失效，而解决这一矛盾也必须考虑两者在特定事例中分量的强弱。在一个场合某一义理可能占据优势，在另一场合却可能相反。综上来看，经义在通常意义下具备法律原则的特征，其适用也恰恰与“作为法律解释和推理的依据”、“作为纠正法条失误的依据”及“作为弥补法律漏洞的依据”〔1〕等法律原则之功能相一致。不过，当律学家开始以经义注解汉律、汉律注解经义之时，汉律规定与经典义理便开始在刑事领域融会贯通，甚至合二为一。此时经义之本身也就变得清晰而又明确，并且具有了相应的行为模式与法律后果，从而转化为可以直接适用的法律规则。质言之，从引经折狱、援经入诏直至经律互注的发展演变，实际上是经义由高高在上的法律原则转变为可具体适用于实践的法律规则的过程，可以被视为一种法律原则的规则化。此变化恰恰印证了这一论断：在经义对法律实践活动的逐步渗透之下，经典渐趋成为社会生活中具有实质性规范效果的法典。

第一节　司法层面的引经折狱

所谓引经折狱，是指引用经典之义理来断狱听讼，解决疑难案件。这一现象表明：审判活动中虽不得不适用承秦而来体现法家理念的汉律，但

〔1〕 庞凌：《法律原则的识别和适用》，载《法学》2004年第10期。

是在大多数情况下还必须以儒家精神为评判案件是非的最终依据。因而法学界与史学界均将引经折狱视为法律儒家化的开端。从另一个方面来看，以儒家经义来评判案件是非，其实已经赋予了经义高于汉律的地位，一切与经义相抵触的汉律规定均可以被阻却适用，则经义实际上成为超越汉律规则之上的法律原则，被直接适用于审判当中。故引经折狱既是法律儒家化的结果，又是经义法律化的表现。由于两汉时期始终尊崇《春秋》，常以之为依据来评判案件，因而引经折狱又被称为《春秋》决狱。故"《春秋》之义"即作为经义的典型被广泛地适用于司法实践当中。而在《春秋》三传中，《公羊传》最善于阐述《春秋》之微言大义，且为两汉显学，因此"《春秋》之义"实际上多指"《公羊》义"，或者说它们多通过《公羊传》解经者的口吻被表述出来。且相较于另外两传而言，《公羊传》尤为尚法，"主要表现在重视法制的功效，强调运用法律维护以三纲五常为核心的封建等级制度"〔1〕。由此而论，《公羊传》所阐发的"《春秋》之义"本身就具有约束力，是儒家司法官的有力武器。

一、史料中"《春秋》之义"考

两汉史籍中，有多处明引"《春秋》之义"作为法律原则者。所谓《春秋》之义，从广义上来看，是指"孔子在整理鲁史而成《春秋》时，继承发展先前史家笔法而形成的编撰方法、思想原则和笔削法度的总称"〔2〕。在本节的语境下，《春秋》之义主要指《春秋》一书中所隐含的孔子之思想原则，或后人托于孔子阐发而出的微言大义。在这些被汉人视作法律原则的"义"中，除少数几条得自《左传》与《谷梁传》外，其余或可从《公羊传》

〔1〕 高恒：《秦汉法制论考》，厦门大学出版社1994年版，第229页。

〔2〕 李建军：《〈春秋〉义法内涵新探》，载《孔子研究》2009年第5期。

中找到原型，或可由其引申而出，可供考证者共二十三条。

（一）原心定罪

“原心定罪”指根据犯罪者的主观心理来决定其构成犯罪与否以及惩罚力度，既是整个《春秋》决狱行为的核心与精髓，也是最能体现《公羊传》“原志”“诛心”之褒贬标准的根本原则。其尤为汉人所推崇。史载：

> 甲父乙与丙争言相斗，丙以佩刀刺乙，甲即以仗击丙，误伤乙。甲当何论？或曰：“殴父也，当枭首”。议曰：“臣愚以为父子，至亲也，闻其斗，莫不有怵怅之心，扶伏而救之，非所以欲诟父也。《春秋》之义，许止父病，进药于其父而卒。君子原心，赦而不诛。甲非律所谓殴父也，不当坐。”〔1〕

以上为董仲舒依据“原心定罪”断案的事例一件。他曾于《春秋繁露》中将该原则细化为“志邪者不待成，首恶者罪特重，本直者其论轻”〔2〕，以进一步彰显主观心理动机在定罪量刑中的关键地位。正如董仲舒所言，“原心定罪”其实得自于《公羊传》对许止弑父一事的记载：

> 冬，葬许悼公。贼未讨，何以书葬？不成于弑也。曷为不成于弑？止进药而药杀也。止进药而药杀，则曷为加弑焉尔？讥子道之不尽也。……止进药而药杀，是以君子加弑焉尔，曰许世子止弑其君买，是君子之听止也。葬许悼公，是君子之赦止也。赦止者，免止之罪辞也。〔3〕

许止免于弑父之罪，是因为他虽然未尽子之道，但主观上不具有杀死

〔1〕（北宋）李昉：《太平御览·刑法部六》引董仲舒《春秋决狱》，河北教育出版社1994年版，第42页。

〔2〕（西汉）董仲舒撰，（清）苏舆义证：《春秋繁露义证·精华》，中华书局1992年版，第92页。

〔3〕（东汉）何休解诂，（唐）徐彦疏：《春秋公羊传注疏·昭公十九年》，北京大学出版社1999年版，第509～510页。

自己父亲的意图。换句话说，其固然有弑父之客观表现，但绝无弑父之主观心理。而心理意图的有无恰恰是《春秋》尤为重视的。根据《春秋》“贼未讨，不书葬”的原则，其书“葬许悼公”者，正不将许止视为“贼”而免除了他的罪名，即原许止之心而免许止之罪，也就是“原心定罪”。

（二）君亲无将，将而必诛

“将”通常指存有谋逆之心。该原则意为即便是君主的亲属，也不得叛乱谋反，否则就是无赦死罪，必得诛杀。其经常为汉人决狱所援引。史载：

> 其后广陵王荆有罪，帝以至亲悼伤之，诏儵与羽林监南阳任隗杂理其狱。事竟，奏请诛荆。引见宣明殿，帝怒曰：“诸卿以我弟故，欲诛之，即我子，卿等敢尔邪！”儵仰而对曰：“天下高帝天下，非陛下之天下也。《春秋》之义，‘君亲无将，将而诛焉’。是以周公诛弟，季友鸩兄，经传大之。臣等以荆属託母弟，陛下留圣心，加恻隐，故敢请耳。如令陛下子，臣等专诛而已”[1]

汉史中还有多例以此为断案依据者。在这些案件中，犯罪人虽然多为皇亲国戚、功臣贤能，但均受到了处罚，体现了君权至上不可侵犯之“义”。这一“义”于《公羊传》中两见，分别为：

> 俄而牙弑械成。季子和药而饮之，曰：“公子从吾言而饮此，则必可以无为天下戮笑，必有后乎鲁国。不从吾言而不饮此，则必为天下戮笑，必无后乎鲁国。”于是从其言而饮之，饮之无傫氏，至乎王堤而死。公子牙今将尔，辞曷为与亲弑者同？君亲无将，将而诛焉。然则善之与？曰：然。杀世子母弟直称君者，甚之也。

---

〔1〕（刘宋）范晔：《后汉书·樊宏阴识列传》，中华书局1965年版，第1123页。

季子杀母兄，何善尔？诛不得辟兄，君臣之义也。[1]

此陈侯之弟招也，何以不称弟？贬。曷为贬？为杀世子偃师贬，曰陈侯之弟招杀陈世子偃师。大夫相杀称人，此其称名氏以杀何？言将自是弑君也。今将尔，词曷为与亲弑者同？君亲无将，将而必诛焉。[2]

季友杀母兄公子牙未遭《春秋》贬斥，反被视为“善”；陈侯之弟被《春秋》贬而不称弟，均与“君亲无将，将而诛焉”有关。盖子牙欲弑鲁侯，虽未实行，兵械已成，意图显著；陈招杀世子，“世子者，君之副贰，今而杀之，明其从是以后有弑君之心”[3]。则二者虽未亲弑君，但谋逆之心已显露无遗，故《春秋》贬斥诛伐之。季友为保护君主而诛杀母兄，完美诠释了以臣事君之义，故《春秋》善之贤之，讳言杀于经文中而称“公子牙卒”。

(三)诛首恶与恶恶止其身

所谓“诛首恶”，是指在共同犯罪中只诛杀首恶者而不问其他犯罪参与人。“恶恶止其身”则是一种典型的罪责自负理论，指只制裁犯罪者本人而不连及其亲朋好友以及子孙后代。关于这两者，汉史有载：

宝到部，亲入山谷，谕告群盗，非本造意。渠率皆得悔过自出，遣归田里。自劾矫制，奏商为乱首，《春秋》之义，诛首恶而已。[4]

安帝初，清河相叔孙光坐臧抵罪，遂增锢二世，衅及其子。是时居延都尉范邠复犯臧罪，诏下三公、廷尉议。司徒杨震、司空陈

---

〔1〕(东汉)何休解诂，(唐)徐彦疏：《春秋公羊传注疏·庄公三十二年》，北京大学出版社1999年版，第186～187页。

〔2〕(东汉)何休解诂，(唐)徐彦疏：《春秋公羊传注疏·昭公元年》，北京大学出版社1999年版，第473～474页。

〔3〕(东汉)何休解诂，(唐)徐彦疏：《春秋公羊传注疏·昭公元年》，北京大学出版社1999年版，第473页。

〔4〕(东汉)班固：《汉书·盖诸葛刘郑孙毋将何传》，中华书局1962年版，第3258页。

> 褒、廷尉张皓议依光比。恺独以为“《春秋》之义，‘善善及子孙，恶恶止其身’，所以进人于善也。《尚书》曰：‘上刑挟轻，下刑挟重。’如今使臧吏禁锢子孙，以轻从重，惧及善人，非先王详刑之意也。”〔1〕

之所以将此两原则并举，是因为其具有相似性，即在惩治犯罪时只限于首恶者一人而不再于空间与时间上进行扩展，既不问罪于其他犯罪参与人，又不连累亲朋好友，更不影响子孙后代。不过，“诛首恶”与“恶恶止其身”在《公羊传》中是被分开记述的：

> 夏，曹公孙会自鄸出奔宋。奔未有言自者，此其言自何？畔也。畔则曷为不言其畔？为公子喜时之后讳也。《春秋》为贤者讳，何贤乎公子喜时？让国也。……贤公子喜时，则曷为为会讳？君子之善善也长，恶恶也短；恶恶止其身，善善及子孙。贤者子孙，故君子为之讳也。〔2〕
>
> 虞师、晋师灭夏阳。虞，微国也，曷为序乎大国之上？使虞首恶也。曷为使虞首恶？虞受赂，假灭国者道，以取亡焉。〔3〕

这两条原则分别源于两个事例：在第一个事例中，公子喜时曾有让国之名，《春秋》以为贤，故讳言喜时后人公孙会之“畔”行为，这体现了善行应及于贤人子孙，而目的则是为彰显善行，使之具有长远影响。《公羊传》作者由此出发，认为恶行之影响则须越短越好，故惩罚邪恶应仅止于罪犯自身，不可波及与犯罪没有关联的亲朋好友及子孙后人，由此推演出了“恶恶止其身”之原则。在第二个事例中，虞为小国，《春秋》小国例不

〔1〕（刘宋）范晔：《后汉书·刘赵淳于江刘周赵列传》，中华书局1965年版，第1308～1309页。

〔2〕（东汉）何休解诂，（唐）徐彦疏：《春秋公羊传注疏·昭公二十年》，北京大学出版社1999年版，第510～511页。

〔3〕（东汉）何休解诂，（唐）徐彦疏：《春秋公羊传注疏·僖公二年》，北京大学出版社1999年版，第206页。

得称师，但此处却称其军为师，并序于大国晋之上，正是为了说明其受晋国贿赂假道灭虢，自取灭亡。也就是说，在《公羊传》作者看来，虞国受晋国之贿赂“助”其灭虢比晋国自出师灭虢恶性更大，故将之作为“首恶”予以诛伐，以此警戒后人。

（四）诛君之子不宜立

诛君即被诛杀的君主，指因不合君道尤其是暴虐臣子百姓而被诛杀的君主。这类君主的子孙后人往往被剥夺了继承君位而统治天下的权力。汉史载：

> 初，武帝复以亲亲故，立敬肃王小子偃为平干王，是为顷王，十一年薨。子缪王元嗣，二十五年薨。大鸿胪禹奏：“元前以刃贼杀奴婢，子男杀谒者，为刺史所举奏，罪名明白。病先令，令能为乐奴婢从死，迫胁自杀者凡十六人，暴虐不道。故《春秋》之义，诛君之子不宜立。元虽未伏诛，不宜立嗣。”奏可，国除。[1]

此原则实为“恶恶止其身”的例外，即将先君的罪恶延续至其子孙身上，以此来彰显先君的恶行。其往往被用以警告君主勿行不道之行为，否则会严重影响子嗣继位统治的正当性。两汉皇帝在裁撤诸侯国时往往依据此原则。故许多诸侯国君都因自己的胡作非为而使子孙后人失去了治理封国的权力。该原则见于《公羊传·昭公十一年》：

> 执蔡世子有以归，用之。此未逾年之君也，其称世子何？不君灵公，不成其子也。不君灵公，则曷为不成其子？诛君之子不立。非怒也，无继也。[2]

---

〔1〕（东汉）班固：《汉书·景十三王传》，中华书局1962年版，第2421～2422页。

〔2〕（东汉）何休解诂，（唐）徐彦疏：《春秋公羊传注疏·昭公十一年》，北京大学出版社1999年版，第492页。

蔡世子即位虽未逾年，但已经为君，按《春秋》常例，“君存称世子，君薨称子某，既葬称子，逾年称公”[1]，当以子称之。但《春秋》仍称其为世子，正因为不将灵公视为国君。据《春秋》记载，襄公三十年，“夏，四月，蔡世子般弑其君固”，灵公弑君父自立，这已触犯《春秋》大忌，故《春秋》不视之为君，认为其被楚王讨伐诛杀，合乎时宜。既然灵公本身便不配为君，其子也不应当为嗣君以继其父，故即位之后仍直称世子，以显示灵公行为恶性之严重。

(五)大夫出境有可以安社稷利国家者则专之

此处之“专”，是指官员在特殊情形下享有不经皇帝事先允许便擅自采取临时性措施的权力。就此问题汉朝时曾发生了一次争议：

> 元鼎中，博士徐偃使行风俗。偃矫制，使胶东、鲁国鼓铸盐铁。还，奏事，徙为太常丞。御史大夫张汤劾偃矫制大害，法至死。偃以为《春秋》之义，大夫出疆，有可以安社稷，存万民，颛之可也。汤以致其法，不能诎其义。有诏下军问状，军诘偃曰：“古者诸侯国异俗分，百里不通，时有聘会之事，安危之势，呼吸成变，故有不受辞造命颛己之宜；今天下为一，万里同风，故《春秋》‘王者无外’。偃巡封域之中，称以出疆何也？且盐铁，郡有余臧，正二国废，国家不足以为利害，而以安社稷存万民为辞，何也？”……偃穷诎，服罪当死。军奏“偃矫制颛行，非奉使体，请下御史征偃即罪。”奏可。[2]

终军在争议中的胜利说明皇权具有至上性，故官员在通常情形下不可

[1] (东汉)何休解诂，(唐)徐彦疏：《春秋公羊传注疏·庄公三十二年》，北京大学出版社1999年版，第188～189页。

[2] (东汉)班固：《汉书·严朱吾丘主父徐严终王贾传下》，中华书局1962年版，第2817～2818页。

以专权擅断。但如若在皇权难以延伸之处尤其是国境之外，出于国家利益与社稷安危的考虑，可以允许官员在无法及时得到皇帝授权的情形下擅自决断。这成为一条十分重要的法律原则，亦是《公羊传》经权观的有力反映。《公羊传》曰：

> 秋，公子结媵陈人之妇于鄄，遂及齐侯、宋公盟。媵者何？诸侯娶一国，则二国往媵之，以侄娣从。侄者何？兄之子也。娣者何？弟也。诸侯壹聘九女，诸侯不再娶。媵不书，此何以书？为其有遂事书。大夫无遂事，此其言遂何？聘礼，大夫受命，不受辞。出竟有可以安社稷利国家者，则专之可也。[1]

按《春秋》通例，大夫不书遂，以明臣子不得自专外事。但此处却有"遂及齐侯、宋公盟"一语，这是因为"公子结出竟，遭齐、宋欲深谋伐鲁，故专矫君命而与之盟，除国家之难，全百姓之命，故善而详录之"[2]。也就是说，公子结出使外国时，得知齐国宋国欲讨伐鲁国，故假托君命与之结盟，以保国家安危。因此《春秋》肯定了他因维护社稷安危而擅自专断的行为。这里也体现了《公羊传》所秉承的经权观。"经"为"常道"，权为"权变"。通常情况下应当奉行常道，但在遇到特殊情形尤其是危及社稷安危时采取一定程度的变通也应当得到认可甚至鼓励。

（六）以功覆过

所谓"以功覆过"，就是因先前之功抵消或者减轻当前之过所应受到的处罚，是一种功罪相抵的法律思想，在两汉时期乃至后世经常被运用于司法实践中。史载：

---

〔1〕（东汉）何休解诂，（唐）徐彦疏：《春秋公羊传注疏·庄公十九年》，北京大学出版社1999年版，第158～159页。

〔2〕（东汉）何休解诂，（唐）徐彦疏：《春秋公羊传注疏·庄公十九年》，北京大学出版社1999年版，第159页。

初，大司农取民牛车三万两为僦，载沙便桥下，送致方上，车直千钱，延年上簿诈增僦直车二千，凡六千万，盗取其半。焦、贾两家告其事，下丞相府。丞相议奏延年“主守盗三千万，不道”。霍将军召问延年，欲为道地，延年抵曰：“本出将军之门，蒙此爵位，无有是事。”光曰：“即无事，当穷竟。”御史大夫田广明谓太仆杜延年：“《春秋》之义，以功覆过。当废昌邑王时，非田子宾之言大事不成。今县官出三千万自乞之何哉？愿以愚言白大将军。”〔1〕

由上述事例可以看出，这一法律原则的适用主体往往是对汉王朝具有大功勋者。田延年曾在废昌邑王而立宣帝之时发挥过关键作用，其功勋之大足以覆盖“主守盗三千万”这一不法行为所造成的损害。该原则虽未于《春秋》中明言，但实可由其笔法推出，首见于《公羊传·僖公十七年》：

夏，灭项。孰灭之？齐灭之。曷为不言齐灭之？为桓公讳也。《春秋》为贤者讳，此灭人之国，何贤尔？君子之恶恶也疾始，善善也乐终。桓公尝有继绝。存亡之功，故君子为之讳也。〔2〕

为贤者讳是《春秋》特有的笔法。具体到不言齐桓公灭项一例中来看，齐桓公灭项虽为大过，但《春秋》不明言而为之讳，则说明其将桓公视为贤者。其“贤”之表现正在于他前有立鲁僖公，存邢、卫、杞之大功德。《春秋》认为这些功德要远胜过其灭国之过错，故以功而抵过。

（七）母以子贵与子以母贵

“母以子贵”与“子以母贵”，指母亲可以因儿子的尊贵身份而尊贵，儿子亦可以凭母亲的尊贵身份而尊贵，实为对母子之间所具有的身份上之

---

〔1〕（东汉）班固：《汉书·酷吏传》，中华书局1962年版，第3665～3666页。

〔2〕（东汉）何休解诂，（唐）徐彦疏：《春秋公羊传注疏·僖公十七年》，北京大学出版社1999年版，第236页。

联动关系的准确表达。其于汉史中多有记载：

诏曰："《春秋》'母以子贵'，尊定陶太后曰恭皇太后，丁姬曰恭皇后，各置左右詹事，食邑如长信宫、中宫。"[1]

"《春秋》之义，子以母贵。绍母亲为傅婢，地实微贱，据职高重，享福丰隆。"[2]

由史料可知，该原则实为两汉乃至整个帝制时代立储立世子与立后所遵循的最基本的法律原则。同时，它还是两汉史中引用最多的"《春秋》之义"。这说明了统治者对选后立子这两件事的慎重程度。盖因其常常关涉统治政策的延续转变以及诸多家族的兴衰存亡。这一原则实发端于《公羊传》中隐代桓立一事：

隐长又贤，何以不宜立？立適以长不以贤，立子以贵不以长。桓何以贵？母贵也。母贵则子何以贵？子以母贵，母以子贵。[3]

"立適以长不以贤，立子以贵不以长"为《春秋》所载先秦立世子之原则。何休详述曰："礼，嫡夫人无子，立右媵；右媵无子，立左媵；左媵无子，立嫡姪娣；嫡姪娣无子，立右媵姪娣；右媵姪娣无子，立左媵姪娣。"[4]按照这一原则，桓公之母为右媵，比隐公之母左媵地位更高，因此更为尊贵。此为"子以母贵"。同时，妾子得立后，其母可升格为夫人，此为"母以子贵"。故于法理而言，鲁桓公本应凭借其母的身份成为鲁国国君。

（八）不以父命辞王父命，不以家事废国事

在该原则中，父命所代表的是家事，而王父命所代表的是国事。也就

---

[1] （东汉）班固：《汉书·哀帝纪》，中华书局1962年版，第335页。
[2] （刘宋）范晔：《后汉书·刘虞公孙瓒陶谦列传》，中华书局1965年版，第2360页。
[3] （东汉）何休解诂，（唐）徐彦疏：《春秋公羊传注疏·隐公元年》，北京大学出版社1999年版，第13页。
[4] （东汉）何休解诂，（唐）徐彦疏：《春秋公羊传注疏·隐公元年》，北京大学出版社1999年版，第13页。

是说，国事当重于家事，王命应重于父命。其在汉史中多有记载：

> 皇太后诏曰："先帝圣德淑茂，早弃天下。朕奉皇帝，夙夜瞻仰日月，冀望成就。岂意卒然颠沛，天年不遂，悲痛断心。朕惟平原王素被痼疾，念宗庙之重，思继嗣之统，唯长安侯祜质性忠孝，小心翼翼，能通《诗》、《论》，笃学乐古，仁惠爱下。年已十三，有成人之志。亲德系后，莫宜于祜。《礼》'昆弟之子犹己子'；《春秋》之义，为人后者为之子，不以父命辞王父命。其以祜为孝和皇帝嗣，奉承祖宗，案礼仪奏。"〔1〕

> 鸿初与九江人鲍骏同事桓荣，甚相友善，及鸿亡封，与骏遇于东海，阳狂不识骏。骏乃止而让之曰："昔伯夷、吴札乱世权行，故得申其志耳。《春秋》之义，不以家事废王事。今子以兄弟私恩而绝父不灭之基，可谓智乎？"鸿感悟，垂涕叹息，乃还就国，开门教授。〔2〕

这一原则虽然在汉史中被分开引用，但其所意欲表达的意思则是一致的，即国重于家、忠胜于孝，不能因家庭利益而危害国家利益。《公羊传·哀公三年》曰：

> 辄者曷为者也？蒯聩之子也。然则曷为不立蒯聩而立辄？蒯聩为无道，灵公逐蒯聩而立辄，然则辄之义可以立乎？曰可。其可奈何？不以父命辞王父命，以王父命辞父命，是父之行乎子也。不以家事辞王事，以王事辞家事，是上之行乎下也。〔3〕

《春秋》认为，卫灵公驱逐蒯聩而立其子辄符合礼制规定。辄不能因

---

〔1〕（刘宋）范晔：《后汉书·孝安帝纪》，中华书局1965年版，第204页。

〔2〕（刘宋）范晔：《后汉书·桓荣丁鸿列传》，中华书局1965年版，第1263页。

〔3〕（东汉）何休解诂，（唐）徐彦疏：《春秋公羊传注疏·哀公三年》，北京大学出版社1999年版，第594页。

父命而不从王命，却可以因王命而不从父命；不能因家之私事而辞让不立，当以王事公法听灵公之命而立。其说明的正是王高于父、国高于家、忠高于孝的道理，亦与《公羊传》作者所秉承的尊王理念相符合。

（九）诸侯不能守其社稷者绝

“诸侯不能守其社稷者绝”，是指不能保住社稷的封国国君不配再享有延续先祖荣耀的权利。换言之，一旦封国不保，诸侯之身份也应当随之失去。汉史载：

> 时匡衡议，以为“王者存二王后，所以尊其先王而通三统也。其犯诛绝之罪者绝，而更封他亲为始封君，上承其王者之始祖。《春秋》之义，诸侯不能守其社稷者绝。今宋国已不守其统而失国矣，则宜更立殷后为始封君，而上承汤统，非当继宋之绝侯也，宜明得殷后而已。今之故宋，推求其嫡，久远不可得；虽得其嫡，嫡之先已绝，不当得立。《礼记》孔子曰：‘丘，殷人也。’先师所共传，宜以孔子世为汤后。”上以其语不经，遂见寝。〔1〕

在此，匡衡意欲说明宋国国君之后人不应被立为殷商之后奉祀成汤，因为其“不守其统而失国矣”已“绝”，故应当更立殷商的其他后人使其承继汤统。这一原则并未明见于《公羊传》，而是由《公羊传》作者经由《春秋》笔法推衍解释而来：

> 秋，九月，荆败蔡师于莘，以蔡侯献舞归。……蔡侯献舞何以名？绝。曷为绝之？获也。曷为不言其获？不与夷狄之获中国也。〔2〕

徐彦在解释《公羊传》“蔡侯献舞何以名”时曾援引了一条礼制规定，

---

〔1〕（东汉）班固：《汉书·杨胡朱梅云传》，中华书局1962年版，第2926页。

〔2〕（东汉）何休解诂，（唐）徐彦疏：《春秋公羊传注疏·庄公十年》，北京大学出版社1999年版，第143～145页。

即“礼，诸侯不生名，则书名者绝之，不以为诸侯也”[1]。也就是说，《春秋》常例不称诸侯之名，此处直言蔡侯献舞，正是认为其被夷狄（楚国）所获而丢失了国家社稷。同时，《公羊传》又有“国灭，君死之，正也”[2]之说，而蔡侯献舞却是被生擒，恰恰未能做到这一点。丢失江山社稷却又不能“死之”者便当然不配再作为“诸侯”，故《春秋》“绝”之。

（十）许夷狄者不壹而足

“许夷狄者不壹而足”，指欲认可夷狄，不能一步到位。具言之，由夷狄而至华夏需要循序渐进，不能马上对夷狄之人适用华夏之礼，应当在适度体现出两者之间差别的同时渐渐使其趋向文明。这确实是两汉王朝处理同游牧民族关系的准则：

> 初元四年，遣使奉献，因求侍子，愿为内附。汉议遣卫司马谷吉送之。御史大夫贡禹、博士匡衡以为《春秋》之义“许夷狄者不壹而足”，今郅支单于乡化未（淳）[醇]，所在绝远，宜令使者送其子至塞而还。[3]

郅支单于虽有“遣使奉献，因求侍子，愿为内附”的向化之举，但其毕竟为夷狄出身，不能直接以华夏之礼待之，而应循序渐进，因此只令“使者送其子至塞而还”，并未将其子送至匈奴王庭。《公羊传》有载：

> 椒者何？楚大夫也。楚无大夫，此何以书？始有大夫也。始有大夫，则何以不氏？许夷狄者，不一而足也。[4]

---

〔1〕（东汉）何休解诂，（唐）徐彦疏：《春秋公羊传注疏·庄公十年》，北京大学出版社1999年版，第145页。

〔2〕（东汉）何休解诂，（唐）徐彦疏：《春秋公羊传注疏·襄公六年》，北京大学出版社1999年版，第423页。

〔3〕（东汉）班固：《汉书·傅常郑甘陈段传》，中华书局1962年版，第3008页。

〔4〕（东汉）何休解诂，（唐）徐彦疏：《春秋公羊传注疏·文公九年》，北京大学出版社1999年版，第294页。

> 札者何？吴季子之名也。《春秋》贤者不名，此何以名？许夷狄者，不壹而足也。[1]

楚国已有大夫，但《春秋》不称其氏；吴国季札贤明，但《春秋》直呼其名。这不符合《春秋》大夫称氏与贤者不名的常例。究其原因则是因为楚国、吴国本为夷狄，《春秋》“内其国而外诸夏，内诸夏而外夷狄”，二国虽有向慕华夏之举，但夷狄身份难以改变，“则当纯以中国礼责之，嫌夷狄质薄，不可卒备，故且以渐”[2]，应通过循序渐进的方式对其适用华夏之礼。

（十一）大能变改

从字面上来看，“大能变改”意指以善于改变为大，对改变的主体与改变的客体似乎没有特定的要求。而在汉代政治实践中，该原则的适用则与臣民的行为密切相关。据汉史记载：

> 骏谕指曰：“礼为诸侯制相朝聘之义，盖以考礼壹德，尊事天子也。且王不学《诗》乎？《诗》云：‘俾侯于鲁，为周室辅。’今王舅博数遗王书，所言悖逆。王幸受诏策，通经术，知诸侯名誉不当出竟。天子普覆，德布于朝，而恬有博言，多予金钱，与相报应，不忠莫大焉。故事，诸侯王获罪京师，罪恶轻重，纵不伏诛，必蒙迁削贬黜之罪，未有但已者也。今圣主赦王之罪，又怜王失计忘本，为博所惑，加赐玺书，使谏大夫申谕至意，殷勤之恩，岂有量哉！博等所犯（罪）恶大，群下之所共攻，王法之所不赦也。自今以来，王毋复以博等累心，务与众弃之。《春秋》之义，大能变改。

---

〔1〕（东汉）何休解诂，（唐）徐彦疏：《春秋公羊传注疏·襄公二十九年》，北京大学出版社1999年版，第466页。

〔2〕（东汉）何休解诂，（唐）徐彦疏：《春秋公羊传注疏·文公九年》，北京大学出版社1999年版，第294页。

《易》曰‘藉用白茅，无咎’，言臣子之道，改过自新，絜己以承上，然后免于咎也。王其留意慎戒，惟思所以悔过易行，塞重责，称厚恩者。如此，则长有富贵，社稷安矣。”〔1〕

元帝对淮阳王的指责意在说明，作为臣民，应当善于发现自己的错误以改过自新，同时应增强自身修养来更好地践行臣道、侍奉君主。即所谓的“臣子之道，改过自新，絜己以承上，然后免于咎也”。可见这一原则常被汉代皇帝用来规范与约束臣民的行为。其实在《公羊传》中，“大能变改”是用来称赞君主知错能改的品格。《公羊传·文公十七年》曰：

秦伯使遂来聘。遂者何？秦大夫也。秦无大夫，此何以书？贤缪公也。何贤乎缪公？以为能变也。其为能变奈何？惟諓諓善竫言。俾君子易怠，而况乎我多有之，惟一介断断焉，无他技。其心休休，能有容，是难也。〔2〕

《春秋》本视秦国为蛮夷，按照常例本不应书其大夫之名，以为其无大夫，彰显其夷狄身份，而此处实为表现穆公之贤。他在崤之战以后“自伤前不能用百里子、蹇叔子之言，感而自变悔，遂霸西戎，故因其能聘中国，善而与之，使有大夫”〔3〕。即秦穆公知错就改，专心政治，任用贤人。故《春秋》称颂之而不以蛮夷待之。

（十二）王人微者序乎诸侯之上

“王人微者”为王庭中的低级官员，通常是指“士”，其身份与地位远远低于镇守藩国、拱卫中央的诸侯。但王人之士衔王命，代表天子。为表

〔1〕（东汉）班固：《汉书·宣元六王传》，中华书局1962年版，第3317页。
〔2〕（东汉）何休解诂，（唐）徐彦疏：《春秋公羊传注疏·文公十二年》，北京大学出版社1999年版，第299～300页。
〔3〕（东汉）何休解诂，（唐）徐彦疏：《春秋公羊传注疏·文公十二年》，北京大学出版社1999年版，第300页。

示尊天子之义，在政治活动中将王人之士的位次排在诸侯之前，以显示礼制上的君臣尊卑之别。汉史有载：

> 丞相、御史请遣掾史与司隶校尉、部刺史并力逐捕，察无状者，奏可。司隶校尉涓勋奏言："《春秋》之义，王人微者序乎诸侯之上，尊王命也。臣幸得奉使，以督察公卿以下为职，今丞相宣请遣掾史，以宰士督察天子奉使命大夫，甚悖逆顺之理。"[1]

西汉时期，司隶校尉的地位远低于丞相。涓勋以汉三公之一的丞相比况古诸侯，以汉司隶校尉比况古天子之士，说明丞相掾史无权督察天子之奉命大夫。此原则亦由《春秋》笔法中推衍出来：

> 八年，春，王正月，公会王人、齐侯、宋公、卫侯、许男、曹伯、陈世子款、郑世子华盟于洮。王人者何？微者也。曷为序乎诸侯之上？先王命也。[2]

《春秋》所言"人"为卑微者之称，"王人"是指天子之士，在政治序列中位次较后。但他"衔王命会诸侯，诸侯当北面受之"[3]，即天子之士受有王命，代表天子参加诸侯会盟，故应当将其位次擢于诸侯之前，以示对天子的尊敬。

（十三）娶先大国

娶先大国，为对天子娶妻之要求，即先以大国之女为后，这实为东汉时期皇帝立后的重要标准：

---

〔1〕（东汉）班固：《汉书·翟方进传》，中华书局1962年版，第3413页。

〔2〕（东汉）何休解诂，（唐）徐彦疏：《春秋公羊传注疏·僖公八年》，北京大学出版社1999年版，第220页。

〔3〕（东汉）何休解诂，（唐）徐彦疏：《春秋公羊传注疏·僖公八年》，北京大学出版社1999年版，第220页。

阳嘉元年春，有司奏立长秋宫，以乘氏侯商先帝外戚，《春秋》之义，娶先大国，梁小贵人宜配天祚，正位坤极。帝从之，乃于寿安殿立贵人为皇后。〔1〕

皇帝“娶先大国”既能与自身之尊贵地位相匹配，又体现了对大国的重视。就东汉时期而言，皇后往往需要具有外戚豪族之出身。这样既是对皇帝至上地位的尊敬，又是对豪强势力的笼络与安抚，更有利于维护政权的稳定。此原则亦可由《春秋》笔法中推衍出来：

纪子伯、莒子盟于密。〔2〕

秋，七月，纪侯来朝。〔3〕

纪国本为子爵而非侯爵，但《春秋》于“桓公二年”以后却恒称其为侯。何休认为，“称侯者，天子将娶于纪，与之奉宗庙，传之无穷，重莫大焉，故封之百里”〔4〕。也就是说，周天子将迎娶纪姬，与之共事宗庙、传宗接代，这是一件十分神圣的事情。但纪国本身地位较低，属于子爵小国，故天子赐其百里之地，将之作为大国对待，并将其由子爵晋升为侯爵。故由“纪子”到“纪侯”这一称谓的转变，正体现了天子当娶与自身地位相匹配者为妻的理念，以及重视并交好大国以获得其支持的策略。

（十四）选人所长，弃其所短，录其小善，除其大过。

这一原则意为在看待与评价他人时，应当选取其长处、抛弃其短处，记录其小善、祛除其大过，实为以宽仁待人的重要表现。汉史载：

（第五）种匿于闾、甄氏数年，徐州从事臧旻上书讼之曰：

---

〔1〕（刘宋）范晔：《后汉书·皇后纪下》，中华书局1965年版，第439页。

〔2〕（东汉）何休解诂，（唐）徐彦疏：《春秋公羊传注疏·隐公二年》，北京大学出版社1999年版，第34页。

〔3〕（东汉）何休解诂，（唐）徐彦疏：《春秋公羊传注疏·桓公二年》，北京大学出版社1999年版，第75页。

〔4〕（东汉）何休解诂，（唐）徐彦疏：《春秋公羊传注疏·桓公二年》，北京大学出版社1999年版，第75页。

“……伏见故兖州刺史第五种，杰然自建，在乡曲无苞苴之嫌，步朝堂无择言之阙，天性疾恶，公方不曲，故论者说清高以种为上，序直士以种为首。《春秋》之义，选人所长，弃其所短，录其小善，除其大过。种所坐以盗贼公负，筋力未就，罪至征徙，非有大恶。”〔1〕

“取长避短，录小善除大恶”被作为皇帝对犯罪臣子进行处罚的原则。其有些类似于以功覆过，即对待自己的臣子，要记其小善，而忘其大恶，注意以宽待人，如此才能拉拢贤能，使其敢于为己效力。此亦可由《春秋》笔法得出：

取邑不日，此何以日？一月而再取也。何言乎一月而再取？甚之也。内大恶讳，此其言甚之何？《春秋》录内而略外，于外大恶书，小恶不书，于内大恶讳，小恶书。〔2〕

《春秋》于“所传闻世”“内其国而外诸夏”，详细记录鲁国发生的事情而简略记录其他国家发生的事情，以别内外之嫌。对内所采取的策略即是录小善而讳大恶，正有扬长避短，通过正己以达到正人之意。

(十五)子不报仇，非子也

“子不报仇，非子也”是儒家对复仇的要求。即认为如果儿子不替父亲复仇，便失去了作为儿子的资格，是严重不孝的表现。汉代法律虽然对私人之间的擅杀行为打击比较严厉，但对复仇的态度却颇为暧昧：

建初中，有人侮辱人父者，而其子杀之，肃宗贳其死刑而降宥之，自后因以为比。是时遂定其议，以为《轻侮法》。敏驳议曰：

〔1〕(刘宋)范晔:《后汉书·第五钟离宋寒列传》，中华书局1965年版，第1404～1405页。

〔2〕(东汉)何休解诂，(唐)徐彦疏:《春秋公羊传注疏·隐公十年》，北京大学出版社1999年版，第63页。

“夫《轻侮》之法，先帝一切之恩，不有成科班之律令也。夫死生之决，宜从上下，犹天之四时，有生有杀。若开相容恕，著为定法者，则是故设奸萌，生长罪隙。孔子曰：‘民可使由之，不可使知之。’《春秋》之义，子不报仇，非子也。而法令不为之减者，以相杀之路不可开故也。今托义者得减，妄杀者有差，使执宪之吏得设巧诈，非所以导‘在丑不争’之义。”〔1〕

这一史料涉及的是两汉时期经义与国法之间的冲突。儒家经典要求子为父复仇，而汉律则惩罚相杀之路。但在实践中，统治者有时又以经义为准对这一行为进行褒奖，《轻侮法》的出台就说明了这一点。这也正是儒家经义已经深入人心的有力例证。对复仇行为的赞许于《公羊传》中有两处：

子沈子曰：“君弑，臣不讨贼，非臣也。子不复仇，非子也。”〔2〕

远祖者，几世乎？九世矣。九世犹可以复仇乎？虽百世可也。〔3〕

《春秋》认可复仇的正当性，认为替君复仇为臣道，替父复仇为子道，这是作为人臣人子的一项基本责任，亦是忠孝之道的重要体现。而且主张复仇没有代际限制，虽百世亦可复仇，故有《春秋》大复仇之说。

(十六)不以天子之尊加于诸侯

根据礼制的规定，天子的地位高于诸侯，相对于诸侯为尊，这确实表

〔1〕(刘宋)范晔：《后汉书·邓张徐张胡列传》，中华书局1965年版，第1502～1053页。

〔2〕(东汉)何休解诂，(唐)徐彦疏：《春秋公羊传注疏·隐公十一年》，北京大学出版社1999年版，第65页。

〔3〕(东汉)何休解诂，(唐)徐彦疏：《春秋公羊传注疏·庄公四年》，北京大学出版社1999年版，第122页。

明了天子享有一系列诸侯所无法企及的特权，诸侯应当尊敬并服从天子。但这并不意味着天子就可以滥用自己的优势地位。在有些情况下，诸侯可能在某些方面也具有比天子更“尊”的地位。据汉史记载：

《春秋》之义，王姬嫁齐，使鲁主之，不以天子之尊加于诸侯也。今汉承秦法，设尚主之仪，以妻制夫，以卑临尊，违乾坤之道，失阳唱之义。〔1〕

此处实体现了由两处尊卑秩序所产生的矛盾。天子尊诸侯卑，但同时男尊女卑。故而天子嫁女使其他诸侯主之，以示地位相匹配，而不将己身之尊强加于诸侯，以说明尊卑有序而不当反其道行之。荀爽借此来说明汉代尚主之仪以妻制夫违反天道尊卑。此条源于《公羊传》中对先秦婚姻制度的记载：

逆之者何？使我主之也。曷为使我主之？天子嫁女乎诸侯，必使诸侯同姓者主之。诸侯嫁女于大夫，必使大夫同姓者主之。〔2〕

何休注曰：“不自为主者，尊卑不敌，其行婚姻之礼，则伤君臣之义；行君臣之礼，则废婚姻之好，故必使同姓有血脉之属，宜为父道，与所适敌体者主之。”〔3〕此是说，天子地位尊于诸侯，诸侯地位尊于大夫，若他们嫁女自主之，则有以尊凌卑之嫌，且有损于君臣之道；若行君臣之道，又废婚姻双方平等之礼，故先王采取了一种折中的方法，要求与卑者地位相匹配的同姓来主持婚礼，则既合君臣之道，又合婚姻之礼。

〔1〕（刘宋）范晔：《后汉书·荀韩钟陈列传》，中华书局1965年版，第2053页。

〔2〕（东汉）何休解诂，（唐）徐彦疏：《春秋公羊传注疏·庄公元年》，北京大学出版社1999年版，第114页。

〔3〕（东汉）何休解诂，（唐）徐彦疏：《春秋公羊传注疏·庄公元年》，北京大学出版社1999年版，第114页。

（十七）贤者之后，宜有殊礼

“贤者之后，宜有殊礼”为重视并礼遇贤人之后，是统治者尚贤任贤的重要表现。这在历朝历代都是统治者笼络人心的重要举措，两汉时期也不例外：

> 建安中，曹操北讨柳城，过涿郡，告守令曰：“故北中郎将卢植，名著海内，学为儒宗，士之楷模，国之桢干也。昔武王入殷，封商容之闾；郑丧子产，仲尼陨涕。孤到此州，嘉其余风。《春秋》之义，贤者之后，宜有殊礼。亟遣丞掾除其坟墓，存其子孙，并致薄醊，以彰厥德。”〔1〕

曹操认为卢植“名著海内，学为儒宗，士之楷模，国之桢干也”，是名副其实的贤者，应当对其尊崇，故“除其坟墓，存其子孙，并致薄醊，以彰厥德”。这一原则实可由《公羊传》中的两条阐述归纳总结而来：

> 夏，曹公孙会自鄸出奔宋。奔未有言自者，此其言自何？畔也。畔则曷为不言其畔？为公子喜时之后讳也。《春秋》为贤者讳，何贤乎公子喜时？让国也。其让国奈何？曹伯庐卒于师，则未知公子喜时从与？公子负刍从与，或为主于国，或为主于师。公子喜时见公子负刍之当主也，逡巡而退。贤公子喜时，则曷为为会讳？君子之善善也长，恶恶也短；恶恶止其身，善善及子孙。贤者子孙，故君子为之讳也。〔2〕
>
> 冬，黑弓以滥来奔。文何以无邾娄？通滥也。曷为通滥？贤者子孙，宜有地也。〔3〕

---

〔1〕（刘宋）范晔：《后汉书·吴延史卢赵列传》，中华书局1965年版，第2119页。

〔2〕（东汉）何休解诂，（唐）徐彦疏：《春秋公羊传注疏·昭公二十年》，北京大学出版社1999年版，第510～511页。

〔3〕（东汉）何休解诂，（唐）徐彦疏：《春秋公羊传注疏·昭公三十一年》，北京大学出版社1999年版，第538页。

如前所述，公子喜时让国，《春秋》以为贤，故为其后公孙会讳而不言畔。同理，叔术让国，《春秋》亦以为贤，故言黑弓以滥地来奔而不言邾娄，认为叔术之后人应以滥地为封邑。对此二者进行总结，则《春秋》对待贤者之后，确实多有“殊礼”。

（十八）国君死社稷，忠臣死君命

“国君死社稷，忠臣死君命”是说统治集团应当具有君道与臣道，即君主应当以社稷为重，臣子应当以君命为重，二者都应当视其高于自己的性命。历代统治者与学者都曾鼓励提倡之，两汉时期也不例外：

> 九年三月，尚使审配守邺，复攻谭于平原。配献书于谭曰：“配闻良药苦口而利于病，忠言逆耳而便于行。愿将军缓心抑怒，终省愚辞。盖《春秋》之义，国君死社稷，忠臣死君命。苟图危宗庙，剥乱国家，亲疏一也。是以周公垂涕以(毙)[蔽]管、蔡之狱，季友歔欷而行叔牙之诛。何则？义重人轻，事不获已故也。”〔1〕

由上可知，国君与社稷共存亡，忠臣以死信守君命，皆为汉时所崇尚的君主与臣子所应当具备的“义”。这一原则也源于《公羊传》中对君主与忠臣的要求：

> 十有二月，齐侯灭莱。曷为不言莱君出奔？国灭，君死之，正也。〔2〕

> 荀息可谓不食其言矣。其不食其言奈何？奚齐、卓子者，骊姬之子也，荀息傅焉。骊姬者，国色也。献公爱之甚，欲立其子，于是杀世子申生。申生者，里克傅之。献公病将死，谓荀息曰：

---

〔1〕（刘宋）范晔：《后汉书·袁绍刘表列传下》，中华书局1965年版，第2414页。

〔2〕（东汉）何休解诂，（唐）徐彦疏：《春秋公羊传注疏·襄公六年》，北京大学出版社1999年版，第423页。

> “士何如，则可谓之信矣？”荀息对曰：“使死者反生，生者不愧乎其言，则可谓信矣。”献公死，奚齐立。里克谓荀息曰：“君杀正而立不正，废长而立幼，如之何？愿与子虑之。”荀息曰：“君尝讯臣矣，臣对曰：‘使死者反生，生者不愧乎其言，则可谓信矣。’”里克知其不可与谋，退，弑奚齐。荀息立卓子，里克弑卓子，荀息死之。[1]

《春秋》不言莱君出奔并认为其“正”，因为其与国家社稷共存亡；荀息为兑现晋献公的承诺而死，《春秋》认为其“不食言”。此二人的言行生动诠释了君道与臣道的最高境界，即死社稷与死君命，故得到了《春秋》的赞许。

（十九）家不藏甲

所谓“家不藏甲”，是指臣子家里不能私藏兵器，是对臣子之威权与私人武装力量的一种限制，亦是尊君与强化君权的一种表现。西汉时曾有一事例涉及此原则：

> 时侍中董贤方贵，上使中黄门发武库兵，前后十辈，送董贤及上乳母王阿舍。隆奏言：“武库兵器，天下公用，国家武备，缮治造作，皆度大司农钱。大司农钱自乘舆不以给共养，共养劳赐，壹出少府。盖不以本臧给末用，不以民力共浮费，别公私，示正路也。古者诸侯方伯得颛征伐，乃赐斧钺。汉家边吏，职在距寇，亦赐武库兵，皆任其事然后蒙之。《春秋》之谊，家不臧甲，所以抑臣威，损私力也。今贤等便僻弄臣，私恩微妾，而以天下公用给其私门，契国威器共其家备。民力分于弄臣，武兵设于微妾，建立非宜，以

---

〔1〕（东汉）何休解诂，（唐）徐彦疏：《春秋公羊传注疏·僖公十年》，北京大学出版社1999年版，第225～226页。

广骄僭，非所以示四方也。孔子曰：‘奚取于三家之堂！’臣请收还武库。”上不说。〔1〕

汉哀帝发武库兵给董贤及乳母王阿舍，毋将隆认为武库兵器乃是国器，是天子赐予诸侯和边吏以使之征伐与拒寇之用。若随意以之赐予弄臣，是以天下公用备私门，既不体恤民力，又增长了弄臣的骄僭之情，故不当实行。该原则实见于《公羊传·定公十二年》：

季孙斯、仲孙何忌帅师堕费。曷为帅师堕郈？帅师堕费？孔子行乎季孙，三月不违，曰：“家不藏甲，邑无百雉之城。”于是帅师堕郈，帅师堕费。〔2〕

《春秋》借用孔子之语与季孙斯、仲孙何忌的实际行为表明：礼制之序不可逾越，尊卑之差不可消除。“家不藏甲”正是尊王而保证天子安全的重要措施。

(二十)君子大居正

“居正”为恪守正道之义，“大居正”就是指以恪守正道为贵。从字面意义上来看，“正道”所涵盖内容似乎比较广泛，但在政治实践中往往被集中适用于立储立世子之中。汉史载：

和帝赐恭诏曰：“皇帝问彭城王始夏无恙。盖闻尧亲九族，万国协和，书典之所美也。下邳王被病沈滞之疾，昏乱不明，家用不宁，姬妾適庶，诸子分争，纷纷至今。前太子卬顽凶失道，陷于大辟，是后诸子更相诬告，迄今適嗣未知所定，朕甚伤之。惟王与下邳王恩义至亲，正此国嗣，非王而谁？《礼》重適庶之序，《春秋》

〔1〕（东汉）班固：《汉书·盖诸葛刘郑孙毋将何传》，中华书局1962年版，第3264页。

〔2〕（东汉）何休解诂，（唐）徐彦疏：《春秋公羊传注疏·定公十二年》，北京大学出版社1999年版，第578页。

之义大居正。孔子曰：'惟仁者能好人，能恶人。'贵仁者所好恶得其中也。太子国之储嗣，可不慎欤！王其差次下邳诸子可为太子者上名，将及景风拜授印绶焉。"[1]

也就是说，在两汉统治者看来，立太子是关乎国本之举，不可不慎重。选择适任者为太子继承统治衣钵、延续国祚便是"正"，而如何处理好诸多候选人之间的嫡庶之分、兄弟之亲则是重中之重。这一原则实源于《公羊传》中所记载的一则事例：

宣公谓缪公曰："以吾爱与夷，则不若爱女。以为社稷宗庙主，则与夷不若女，盍终为君矣。"宣公死，缪公立。缪公逐其二子庄公冯与左师勃。曰："尔为吾子，生毋相见，死毋相哭。"与夷复曰："先君之所为不与臣国，而纳国乎君者，以君可以为社稷宗庙主也。今君逐君之二子，而将致国乎与夷，此非先君之意也。且使子而可逐，则先君其逐臣矣。"缪公曰："先君之不尔逐，可知矣。吾立乎此，摄也。"终致国乎与夷。庄公冯弑与夷。故君子大居正。宋之祸，宣公为之也。[2]

《春秋》认为，宋之祸始于宣公不坚守嫡长子继承制这一正道而让国于弟，造成了弟与子之间的矛盾，最终导致了国家的混乱。因此何休认为，"明修法守正，最计之要者"[3]，徐彦认为，"君子之人大其適子居正，不劳违礼而让庶也"[4]，应以恪守正道为贵，尤其在立子继承这一方面更应如此。

---

〔1〕（东汉）刘珍等撰，吴树平校注：《东观汉记校注·下邳惠王衍》，中华书局2008年版，第255页。

〔2〕（东汉）何休解诂，（唐）徐彦疏：《春秋公羊传注疏·隐公三年》，北京大学出版社1999年版，第40～41页。

〔3〕（东汉）何休解诂，（唐）徐彦疏：《春秋公羊传注疏·隐公三年》，北京大学出版社1999年版，第41页。

〔4〕（东汉）何休解诂，（唐）徐彦疏：《春秋公羊传注疏·隐公三年》，北京大学出版社1999年版，第41页。

(二十一)王者不理夷狄

“王者不理夷狄”为两汉时期对周边民族实行的政策之一,并影响了后世诸多王朝。汉史载:

窦宪出征匈奴,恢上书谏曰:“《春秋》之义,王者不理夷狄。得其地不可垦发,得其人无益于政,故明王之于夷狄,羁縻而已。孔子曰:‘远人不服,则修文德以来之。’以汉之盛,不务修舜、禹、周公之德,而无故兴干戈,动兵革,以求无用之物,臣诚惑之!”〔1〕

由此可见,“王者不理夷狄”的实质为不侵犯游牧民族的领地,也不主动与其民接触。其可由《春秋》笔法推衍而来:

二年,春,公会戎于潜。〔2〕

何休注曰:“王者不治夷狄,录戎者,来者无拒,去者勿追。”〔3〕鲁隐公对戎狄即采取羁縻政策,其来侵略不与之发生大规模战争,其逃离亦不追击。徐彦认为,“王者草创,夷狄有罪不暇治之”〔4〕。盖《春秋》以为王者当先自正,修明内政,积聚力量,然后方可治夷狄。

(二十二)父为子隐

此为父亲替儿子隐瞒罪行的规定,是汉代亲属相隐的重要表现。汉史载:

时有疑狱曰:“甲无子,拾道旁弃儿乙养之以为子。及乙长,有罪杀人,以状语甲,甲藏匿乙。甲当何论?”仲舒断曰:“甲无子,振活养乙,虽非所生,谁与易之!《诗》云:‘螟蛉有子,蜾蠃负

〔1〕(东汉)刘珍等撰,吴树平校注:《东观汉记校注·乐恢》,中华书局2008年版,第699页。
〔2〕(东汉)何休解诂,(唐)徐彦疏:《春秋公羊传注疏·隐公二年》,北京大学出版社1999年版,第29页。
〔3〕(东汉)何休解诂,(唐)徐彦疏:《春秋公羊传注疏·隐公二年》,北京大学出版社1999年版,第29页。
〔4〕(东汉)何休解诂,(唐)徐彦疏:《春秋公羊传注疏·隐公二年》,北京大学出版社1999年版,第29页。

之。'《春秋》之义，'父为子隐'，甲宜匿乙。"诏不当坐。[1]

父为子隐是司法实践中处理亲属犯罪的准则，由此亦可延伸出尊长对卑幼犯罪行为的隐匿。该原则亦是由《公羊传》的阐述而来：

十有二月，齐人来归子叔姬。其言来何？闵之也。此有罪，何闵尔？父母之于子，虽有罪，犹若其不欲服罪然。[2]

《春秋》认为，子虽有罪，但为人父母者出于爱子之情皆不愿其服罪，这就构成了父为子隐的心理基础。何休注引孔子"父为子隐，子为父隐，直在其中矣"释此句，也说明《春秋》崇父子至亲之情。则"父为子隐"原则正可由此推出。

（二十三）夫死无男有更嫁之道

"夫死无男有更嫁之道"意为丈夫死后又没有儿子的寡妇可以再嫁为人妻，是关于妇女可否再婚的探讨。汉史载：

又曰：甲夫乙将船，会海风盛，船没，溺流死亡，不得葬四月。甲母丙即嫁甲。欲当何论？或曰："甲夫死未葬，法无许嫁。以私为人妻，当弃市。"议曰："臣愚以为《春秋》之义，言夫人归于齐，言夫死无男，有更嫁之道也。妇人无专制擅恣之行，听从为顺。嫁之者归也。甲又尊者所嫁，无淫行之心，非私为人妻也。明于决事，皆无罪名。不当坐。"[3]

由该案可以看出，汉人对妇女再婚持较为宽容的态度，允许妇女之尊长在夫死无子的情形下再次许配。而再嫁的妇女"无专制擅恣之行，听从

---

〔1〕（唐）杜佑：《通典·养兄弟子为后后自生子议》，中华书局2016年版，第1893页。

〔2〕（东汉）何休解诂，（唐）徐彦疏：《春秋公羊传注疏·文公十五年》，北京大学出版社1999年版，第312页。

〔3〕（北宋）李昉：《太平御览·刑法部六》引董仲舒《春秋决狱》，河北教育出版社1994年版，第42页。

为顺”，又“无淫行之心，非私为人妻也”，因此为汉代社会所接受。此原则亦由《春秋》笔法中推演得出：

夫人姜氏归于齐。[1]

何休注曰：“归者，大归也。夫死子杀贼人立，无所归留，故去也。”[2]《春秋》认为，对于妇女而言，夫死又无子，则于夫家再无亲属，理应“归家”。其归家之后，当然可以由尊长安排再嫁，故可由此推出“夫死无男有更嫁之道”。

通过以上引证与分析，不难发现，这些“《春秋》之义”种类繁多，涉及君臣之义、夫妇之道、华夷之辨、经律之别等汉代思想史上的重要命题，关乎政治与伦理生活中诸如立子、选后、礼贤、待夷、断案、婚配等各个方面。这表明《春秋》之义不仅是适用于司法实践中的法律原则，亦是应用于施政过程中的政治原则。它们指导着统治集团的为人处世，是名副其实的行为规范。就来源而言，其或直接在《公羊传》中有相应或类似的表述，或由其所记载的事例归纳推演而来，但都滥觞于《春秋》，体现了公羊学者心目中孔子之《春秋》笔法与隐含其中的王道理想。正是汉代学者们对以“《春秋》之义”为代表的经义的不懈发掘、解释与援引，才使经典具备了较强的经世致用性，并递变为可以适用于政治生活的隐性法典。

二、引经折狱与司法实践之新探

引经折狱是经义进入司法领域的开端，也是其法律化最为突出的表现。它要求司法官在断案过程中以儒家经义作为分析案情、定罪量刑、解

[1] （东汉）何休解诂，（唐）徐彦疏：《春秋公羊传注疏·文公十八年》，北京大学出版社1999年版，第316页。

[2] （东汉）何休解诂，（唐）徐彦疏：《春秋公羊传注疏·文公十八年》，北京大学出版社1999年版，第316页。

决纠纷的依据，并按经义之精神解释与适用法律。关于它的性质，学界素来争议不断，常有“应用习惯”说、“判例法”说、“肯定”说、“否定”说、“轻刑”说、“衡平”说等诸种观点[1]，均具有一定的合理性。在此，不妨将它作为一种对案件与法律的诠释活动进行分析解读，以求更为深刻地揭示其特点。

（一）儒法两家法律视域的交融

汉革秦命而承其制，延续了秦代的立法思路与风格。由于刘邦初入关中时的“约法三章”不能安定天下、维护统治秩序，因此萧何不得不通过损益秦律而制九章律的方式来治理国家。此后，叔孙通、张汤、赵禹等人先后作《傍章律》《越宫律》《朝律》等，使汉律体系在武帝朝基本建立起来。从宏观上来看，汉律大抵以秦律为蓝本而制定，其内容受到了秦律极大的影响，许多规定甚至直接由此而来。据程树德考证，汉代的诸多刑名如夷三族、枭首、腰斩、弃市、司寇、宫、刖、劓、黥、城旦、鬼薪等皆出自秦，而夺爵之罚、迁边之罚、见知不举之罪、故纵故不值之罪、妖言诽谤之罪、非所宜言之罪、失期之罪、亡失士卒之罪、选举不实之罪也本于秦律的规定。[2]从出土简牍来看，“以睡虎地、龙岗等秦律与张家山汉律比照，其间因袭之处是容易看到的”[3]。而秦律又是以法家学说为指导思想的。由此，瞿同祖认为：“秦、汉之法律为法家所拟订，纯本于法家精神。”[4]此话虽然失之于偏颇，却有一定道理。从整体上而言，汉初的立法者多以一种法家的思维方式与立法技术来制定法律，具有“法家视

[1] 参见朱宏才：《“春秋决狱”研究述评》，载《青海社会科学》2005年第6期。
[2] 参见程树德：《九朝律考》，中华书局1963年版，第37～142页。
[3] 李学勤：《张家山汉简研究的几个问题》，载《郑州大学学报（哲学社会科学版）》2002年第3期。
[4] 瞿同祖：《中国法律与中国社会》，中华书局1981年版，第357页。

域"[1],并将先秦法家的法律观反映于其所制定的律令中。因此,汉律不免具有苛杂繁重等法家法律的特征。故而武帝时有"律令凡三百五十九章,大辟四百九条,千八百八十二事,死罪决事比万三千四百七十二事。文书盈于几阁,典者不能遍睹"[2]这种情形,至章帝时更是出现"律令死刑六百一十,耐罪千六百九十八,赎罪以下二千六百八十一,溢于《甫刑》者千九百八十九"[3]这种极端现象。而且汉律在处刑上也仿效秦律,以深苛为特色,多使用肉刑、死刑。虽然汉律条文自身带有法家法律的特性,但自西汉中期始,作为法律适用者的儒吏则因文吏与儒生的融合而具有了相当的经学素养。这些熟读经书的儒吏在面对司法实践时已经无法摆脱其具有的"儒家视域"。他们以儒家伦理道德来评判汉律,并试图将儒家经义原则渗入其中以对之进行改造。比如,陈宠主张"宜令三公、廷尉平定律令,应经合义者,可使大辟二百,而耐罪、赎罪二千八百,并为三千,悉删除其余令,与礼相应"[4];鲁恭认为"夫断薄刑者,谓其轻罪已正,不欲令久系,故时断之也"[5];张酺谏言"王政骨肉之刑,有三宥之义,过厚不过薄"[6]。由此可见,他们因学习经书而持有的宽、仁、平等儒家理念对其断狱听讼、认识与解释律文起着决定作用。

由于作为汉律作者的立法者与作为理解者的儒吏均具有自己独特的视域,故儒吏就不免以自己的儒家视域来审视、理解包含有法家视域的汉律,实现儒法两种思想之间的交流与沟通。这便是"视域交融"。以引经

---

〔1〕 所谓"视域"就是指"看视的区域,这个区域囊括和包容了从某个立足点出发所看到的一切……谁有视域,谁就知道按照近和远、大和小去正确评价这个视域内的一切东西的意义"。参见[德]汉斯-格奥尔格·加达默尔:《真理与方法:哲学诠释学的基本特征》(上卷),洪汉鼎译,上海译文出版社1999年版,第388页。(通常译为"伽达默尔",此书译为"加达默尔"。——编者注)

〔2〕 (东汉)班固:《汉书·刑法志》,中华书局1962年版,第1101页。

〔3〕 (刘宋)范晔:《后汉书·郭陈列传》,中华书局1965年版,第1554页。

〔4〕 (刘宋)范晔:《后汉书·郭陈列传》,中华书局1965年版,第1554页。

〔5〕 (刘宋)范晔:《后汉书·卓鲁魏刘列传》,中华书局1965年版,第880页。

〔6〕 (刘宋)范晔:《后汉书·袁张韩周列传》,中华书局1965年版,第1531页。

折狱为例，儒吏在面对汉律时自然持有儒家视域，从自身所储备的经学知识出发，结合彼时复古改制的时代主题，同汉律文本中反映出来的汉初立法者具有的法家视域相接触。在这一过程中，解释者的视域、文本作者的视域和当下情景便实现了融合。或者说，儒法两种视域都被包含、超越并最终形成了一种新的视域。这一新视域虽然仍可视为儒家视域，但已非先秦儒家视域，而是原儒法两个视域的调和与重整：法家视域之中的合理部分被儒家吸收与整合，不合理的则被抛弃。就审理个案而言，儒吏在理解、分析案件时，把自己接受的儒家思想融合于带有法家精神的律文之中，在裁判过程中实现了两种思想的“对话”。他们在将自己固有的理解注入汉律之中的同时，又使汉律在保持法家之法律形式的同时渐渐具备了儒家之法律内涵。从这一角度出发，也可以认为此时适用于司法实践中的汉律已渐渐成为以儒家经义为最高原则的一种工具，儒家经典反而逐步变为了具有至高权威的法律渊源。“饱读儒家经典的古代法官，其对于儒家经典的熟悉程度远远超过了对于法律的把握，因此，在面对成文法律规则的内涵或意义不甚清晰或其表面含义似乎与当时社会的主流价值观严重背离时，儒家的经义内容往往成为法官解释法律条文的‘前见’，他们并依此尽可能地深挖出相关法律条文的伦理内涵。”〔1〕这种具有指引作用的儒家式“前见”使儒吏在理解律文时不会完全追求文义的客观性，而会不时地将自己安身立命的准则渗透到律文解释之中，借以引导案件的认定与裁判，并实现自身的政治理想。

（二）断案标准与裁判依据的历史典故探寻

儒吏在断案时往往倾向于考察犯罪者之心理原因，将他的动机善恶作为判断是否有罪的关键因素，这便是司法上的“原心定罪”，这一断案方式

〔1〕 管伟：《中国古代法律解释的学理诠释》，山东大学出版社2009年版，第115页。

源于《春秋》"重志""诛心"之论事方法。因此，司法官在论证案件的判决时，重点需要言说犯罪者的犯罪动机，而犯罪动机的有无与强弱则以犯罪当时犯罪者的心理活动是否合于经义要求为判断标准。因此才有"《春秋》之听狱也，必本其事而原其志。志邪者不待成，首恶者罪特重，本直者其论轻"[1]之论。为了迎合这一标准，解释经义时必须求诸历史，以历史典故来阐述、印证经典中的微言大义。这不仅因为"奉天而法古"是经典的要求，还在于历史本身便论证了经典价值观的合理性。"在他们看来，史书之所以有研习价值，并不是因为它客观记录了历史，而是因为它承载着儒家对仁义道德的歌颂。"[2]作为将儒家经义应用于司法实践的第一人，董仲舒的《春秋》决狱就借用了历史典故，通过对特定历史环境中典故的援引解释来论证法律适用的合理性。史料记载他曾"作《春秋折狱》二百三十二事，动以经对，言之详矣"[3]。董仲舒对疑案的回答无疑是建立在其对儒家经义的理解与运用之上的，而他所言之"经"就是《春秋》。通过研读《春秋》，"天地之变，国家之事，粲然皆见，亡所疑矣"[4]。也就是说，世间万物之理都包含在《春秋》一书中。精通《春秋》则解决一切政治法律问题不在话下。而"《春秋》之义"正是通过对其中所记载的历史典故进行阐述与解释体悟出来的。兹举董仲舒亲自处理的几个案件为证：

> 时有疑狱曰："甲无子，拾道旁弃儿乙养之以为子。及乙长，有罪杀人，以状语甲，甲藏匿乙。甲当何论？"仲舒断曰："甲无子，振活养乙，虽非所生，谁与易之！《诗》云：'螟蛉有子，蜾蠃负之。'《春秋》之义，'父为子隐'，甲宜匿乙。"诏不当坐。[5]

---

〔1〕（西汉）董仲舒撰，（清）苏舆义证：《春秋繁露义证·精华》，中华书局1992年版，第92页。

〔2〕朱腾：《渗入皇帝政治的经典之学——汉代儒家法思想的形态与实践》，中国政法大学出版社2013年版，第64页。

〔3〕（唐）房玄龄：《晋书·刑法志》，中华书局1974年版，第920页。

〔4〕（东汉）班固：《汉书·五行志上》，中华书局1962年版，第1332页。

〔5〕（唐）杜佑：《通典·养兄弟子为后后自生子议》，中华书局2016年版，第1893页。

董仲舒《决狱》曰：甲父乙与丙争言相斗，丙以佩刀刺乙，甲即以仗击丙，误伤乙。甲当何论？或曰："殴父也，当枭首。"议曰："臣愚以父子，至亲也，闻其斗，莫不有怵怅之心。扶伏而救之，非所以欲诟父也。《春秋》之义，许止父病，进药于其父而卒。君子原心，赦而不诛。甲非律所谓殴父也，不当坐。"[1]

又曰：甲夫乙将船，会海风盛，船没，溺流死亡，不得葬四月。甲母丙即嫁甲。欲当何论？或曰："甲夫死未葬，法无许嫁。以私为人妻，当弃市。"议曰："臣愚以为《春秋》之义，言夫人归于齐，言夫死无男，有更嫁之道也。妇人无专制擅恣之行，听从为顺。嫁之者归也。甲又尊者所嫁，无淫衍之心，非私为人妻也。明于决事，皆无罪名。不当坐。"[2]

以上所举为董仲舒明言"《春秋》之义"以断案的例子。他从《春秋》记载的典故中抽象出法律原则，并认为其具有普适性，可以适用于当下案情。或者说，董仲舒援引《春秋》所载之事是为了说明其裁判有所本，并非擅断而得。他利用了古代典故与当今案件之间的相似性来寻找新的诠释力量，通过对典故的阐发与附会来证明自己判决的合理性。这种方式的论证优势在于能够从中抽象出一些具有指导作用的法律原则，使司法官在日后的司法实践中可以恰当地应对与之相同或相似的案件，类似于当前判例所起的作用。[3]更进一步来看，作为一名司法官，需要通过对历史进行纵向考察来解释律意，在论证自己的裁判具有合法性与合理性的同时，形成合于经义要求的法律意义。事实上，司法官对法律条文的理解与解释主要不是追寻法律文本中隐含的立法者原意，而是意图依据自己所处的历史

---

〔1〕（北宋）李昉：《太平御览·刑法部六》引董仲舒《春秋决狱》，河北教育出版社1994年版，第42页。

〔2〕（北宋）李昉：《太平御览·刑法部六》引董仲舒《春秋决狱》，河北教育出版社1994年版，第42页。

〔3〕有学者认为，春秋决狱是对古代判例法的复兴，它本身就是适用判例、创制判例的操作过程。参见武树臣：《儒家法律传统》，法律出版社2003年版，第130～135页。

环境去解读法律文本并创造新的文本意义。[1]也就是说，自汉代中期以后，儒吏在断案、释律时并不专注于研究汉律原意，而是醉心于如何对之进行改造以解决疑难案件，并顺应伦理道德的要求，从而赋予汉律条文经学意义，形成一种符合儒家标准的法律规则。这些举动“都是汉人试图在法律中重建价值体系，并且围绕着这一核心创立更加完备的法律体系和更加确定之法律秩序的自觉尝试”[2]。

（三）决狱活动与历史情境之间的互动

通过引经折狱，汉儒意图实现三个目的：其一，确保裁判结果能够为民众认可，寓情于法。儒吏将自身对法律的理解融入相关案情中去，并通过儒家经义这种最高法律渊源保证了民众对法律的可接受性。或者说引经折狱本身就是统治者与民众之间的妥协，因为它将普通民众深谙的习俗、人情带入了冰冷的律文之中，使民众感受到了情理的温暖。其二，以一种个案的形式实现道德教化，寓德于法。汉儒认为断案虽然会涉及刑狱，但其主要目的仍在于教化。《春秋》决狱实际上是以形象的故事代替抽象的说教，使道德教化更容易为民众接受。“故折狱而是也，理益明，教益行。折狱而非也，暗理迷众，与教相妨。教，政之本也。狱，政之末也。其事异域，其用一也，不可不以相顺，故君子重之也。”[3]其三，对法律进行改造且使之为己所用，寓义于法。与儒家在政治上的独尊地位相适应，改造法律、彻底清除法家在法律领域的影响力，已成为汉儒的当务之急。但

---

〔1〕 伽达默尔（Gadamer）认为，“本文的意义超越它的作者，这并不只是暂时的，而是永远如此的。因此，理解就不只是一种复制的行为，而始终是一种创造性的行为”，即理解所具有的个体性与时代性说明其本身就是一种创造行为。参见［德］汉斯-格奥尔格·加达默尔：《真理与方法：哲学诠释学的基本特征》（上卷），洪汉鼎译，上海译文出版社1999年版，第380页。（通常译为“伽达默尔”，此书译为“加达默尔”。——编者注）

〔2〕 梁治平：《寻求自然秩序中的和谐：中国传统法律文化研究》，中国政法大学出版社1997年版，第276页。

〔3〕（西汉）董仲舒撰，（清）苏舆义证：《春秋繁露义证·精华》，中华书局1992年版，第94页。

是，在现阶段法律作为一种统治手段仍然是必要的并且无法废止，那么就只好退而求其次，使法律更加符合儒家的要求。通过引经折狱，汉儒不仅判断了案件是非，还验证了汉律得失，从而确立了儒家经义为最高法律原则的目标，并以此为指导逐渐使法律伦理化、人情化。

历史的发展证明，汉儒实现了以微言大义为最高法律原则的目标。在这一过程中，他们以独有的儒家“视域”，通过理解与解释，将先前制定的汉律融于当下的语境之中，使其在新的时空环境中发挥了巨大的作用，实现了汉儒群体与历史之间的互动。〔1〕诚如前文所言，中国历史发展至西汉中期，儒学发展势头强劲。汉儒吸收了其他学派的思想，改造了先秦儒学，令其更加适应汉代大一统的需要。汉武帝接受“罢黜百家、表彰六经”的建议后，儒学成为官学，司法官员需要以儒家思维来看待体现法家精神的汉律，并且在断案与解律时一决于儒家经义的要求，以此来迎合这一统治政策的需要。此外，不少司法官本身就是儒生，其语言、行为皆本于儒家要求，其对引经折狱之断案方式更是大加赞扬。同时，汉儒作为理解者将自身的特性融了入历史之中，彰显了其主体性。对此，沈家本认为：“汉人多以《春秋》治狱，如胶西王议淮南王安罪、吕步舒治淮南狱、终军诘徐偃矫制颛行、隽不疑缚成方遂、御史中丞众等及廷尉共议薛况罪、龚胜等议傅晏等罪，并引《春秋》之义，乃其时风尚如此，仲舒特其著焉者耳。”〔2〕甚至汉武帝也特令太子学习《公羊春秋》，以为治国之具。可见，引经折狱已

---

〔1〕 伽达默尔认为，“真正的历史对象根本就不是对象，而是自己和他者的统一体，或一种关系，在这种关系中同时存在着历史的实在以及历史理解的实在。一种名副其实的诠释学必须在理解本身中显示历史的实在性。因此，我就把所需要的这样一种东西称之为‘效果历史’。理解按其本性来讲乃是一种效果历史事件。”参见［德］汉斯－格奥尔格·加达默尔：《真理与方法：哲学诠释学的基本特征》（上卷），洪汉鼎译，上海译文出版社1999年版，第384～385页。（通常译为“伽达默尔”，此书译为“加达默尔”。——编者注）根据这一理论，效果历史强调历史与理解活动之间的互动，其不仅将历史或传统视作静态的过去，还把它当作一个动态的实现过程。一方面，历史的影响和作用制约着人们的理解活动，它通过借助传统和语言等因素对人的理解和整个实际存在产生着影响；另一方面，理解活动连接着过去与现在、历史与当代，只有将自身的主观性带入历史处境之中，才能真正认识历史并以之为鉴，通古博今。

〔2〕（清）沈家本：《历代刑法考》（二），中华书局1985年版，第881页。

俨然成为汉人独特的法律思维与司法方法，并被广泛运用到断狱当中，在法律实践中起着导向与规范的作用。它使汉律所代表的过去的、历史的视域同汉儒所代表的现在的、主流的视域实现了相互融合，将历史以一种新的形态融入当时社会之中，使社会实现了延续，统治秩序也得以稳定。

三、经义与汉故事、汉比

除经义与律令之外，能够成为汉代断案依据的还有比与故事。《晋书》载东晋主簿熊远言："凡为驳议者，若违律令节度，当合经传及前比故事，不得任情以破成法。"两晋多沿袭两汉之司法传统，熊远的观点很可能源于汉人。也就是说，律令、经义、比、故事均可以成为断案正当性之来源。除去此四者之外则再无其他。经义、故事、比同为断案依据，具有一定的相似性。就作用而言，三者均能够修饰、解释、补充甚至代替、破除律令之规定。但三者又各具特色：经义是为社会各阶层所信奉的超越法律之上并对政治实践活动具有规制作用的行为规范；故事作为一种旧言行与旧制度的表现形式是国家制度与行政章程的重要组成部分；而司法领域的比则是为司法官所因循的具有相当强度约束力的先例。就其适用范围而言，经义已经渗透于社会生活的方方面面，故事主要作用于行政领域，比则活跃于司法领域。

（一）故事

关于故事之定义，学界聚讼纷纭，有品式章程说，法律汇编说以及格式之合说等，各有道理。[1]但在两汉的语境下，故事即为旧事，又称"行事"，指过去曾经发生的事情。"言已行之事，旧例成法也。"[2]尤其是自高

〔1〕参见吕丽：《汉魏晋"故事"辨析》，载《法学研究》2002年第6期。

〔2〕（清）王念孙：《读书杂志》，江苏古籍出版社1985年版，第342页。

祖建汉以来所发生的事例都可以被视为故事。就其形式而言，主要包括两种：一为旧之言行，即先前某人的某些言语活动以及政治事迹，如“宣帝循武帝故事，招选名儒俊材置左右”[1]；“及霍后立，亦修许后故事”[2]；“帝亲称制临决，如孝宣甘露石渠故事”[3]；“和帝遵肃宗故事，兄弟皆留京师，恩宠笃密”[4]；“太尉张酺、司徒刘方、司空张奋上奏，依光武黜吕太后故事，贬太后尊号，不宜合葬先帝”[5]；“发北军五校、轻车、介士送葬，如大将军霍光故事”[6]；“讽因说宜修呼韩邪故事，保国安人之福”[7]；“七年，衡卒，亦赠车骑将军，如超故事”[8]等。这些故事所涉及的主人公不单单是帝王宗室，还有将相臣僚、帝后、匈奴单于、宦者等，十分广泛，涵盖了整个社会上层人物。而其内容则多与他们在政治生活中的言行举止有关。二为旧之制度，其又分为两种情况：或者泛指国家先前存在的典章制度，此多以“故事”二字开头。如“故事，岁漕关东谷四百万斛以给京师，用卒六万人”[9]；“故事，近臣皆随陵为园郎”[10]；“又故事诸上书者皆为二封，署其一曰副，领尚书者先发副封，所言不善，屏去不奏”[11]；“故事丞相病，明日御史大夫辄问病”[12]；“故事二千石新到，辄遣吏存问致意，乃敢起就职”[13]；“故事，聘皇后黄金二万斤，为钱二万万”[14]；“故事，州郡所举上奏，

[1] (东汉)班固:《汉书·楚元王传》,中华书局1962年版,第1928页。
[2] (东汉)班固:《汉书·外戚传上》,中华书局1962年版,第3968页。
[3] (刘宋)范晔:《后汉书·肃宗章帝纪》,中华书局1965年版,第138页。
[4] (刘宋)范晔:《后汉书·章帝八王传》,中华书局1965年版,第1806页。
[5] (刘宋)范晔:《后汉书·皇后纪上》,中华书局1965年版,第416页。
[6] (刘宋)范晔:《后汉书·吴盖陈臧列传》,中华书局1965年版,第684页。
[7] (刘宋)范晔:《后汉书·窦融列传》,中华书局1965年版,第817页。
[8] (刘宋)范晔:《后汉书·宦者列传》,中华书局1965年版,第2522页。
[9] (东汉)班固:《汉书·食货志上》,中华书局1962年版,第1141页。
[10] (东汉)班固:《汉书·霍光金日磾传》,中华书局1962年版,第2963页。
[11] (东汉)班固:《汉书·魏相丙吉传》,中华书局1962年版,第3135页。
[12] (东汉)班固:《汉书·萧望之传》,中华书局1962年版,第3280页。
[13] (东汉)班固:《汉书·薛宣朱博传》,中华书局1962年版,第3400页。
[14] (东汉)班固:《汉书·王莽传上》,中华书局1962年版,第4052页。

司直察能否以惩虚实”[1]；“故事，黄门、常侍但当给事省内，典门户，主近署财物耳”[2]等。或者专指某一特定时期的典章制度，如“其出媵妾，皆归家得嫁，如孝文时故事”[3]；“是时，美阳得鼎，献之。下有司议，多以为宜荐见宗庙，如元鼎时故事”[4]；“二月戊戌，诏以民入山凿石，发泄藏气，敕有司检察所当禁绝，如建武、永平故事”[5]；“复置护西域副校尉，居于敦煌，如永元故事”[6]；“二年正月，初制郊兆于雒阳城南七里，依鄗。采元始中故事”[7]；“上许梁松等奏，乃求元封时封禅故事，议封禅所施用”[8]。则不论泛指还是特指，作为旧制的故事多为国家曾经沿用的典章制度。该制度可能如今还在使用，亦可能只盛行于一时，但确实作为一种旧制度而载入史册，或者牢记于社会上层心目之中。就其涵盖范围而言，则包括了礼仪规定、行政章程、职官管理、赏罚机制等，几乎涉及了政府行政事务的各个方面，与整个汉家制度及其运作机制密切相关。

除存在于统治阶层的记忆中之外，故事还被专门保存起来加以管理，并供人研习援用。西汉中前期，故事多由太常之属官太常掌故保管。应劭注《汉书》曰：“掌故，六百石吏，主故事。”[9]。这可能同太常掌礼仪祭祀，而故事又多涉及礼仪制度有一定关系。后随太常权力不断缩小，故事似乎不再由掌故保存，转而归于尚书：“光以高第为尚书，观故事品式，数岁明习汉制及法令”[10]；“初，琼随父在台阁，习见故事”[11]。则西汉中期以后，故

〔1〕（刘宋）范晔：《后汉书·马援列传》，中华书局1965年版，第860页。
〔2〕（刘宋）范晔：《后汉书·窦何列传》，中华书局1965年版，第2242页。
〔3〕（东汉）班固：《汉书·平帝纪》，中华书局1962年版，第360页。
〔4〕（东汉）班固：《汉书·郊祀志下》，中华书局1962年版，第1251页。
〔5〕（刘宋）范晔：《后汉书·孝顺孝冲孝质帝纪》，中华书局1965年版，第256页。
〔6〕（刘宋）范晔：《后汉书·班梁列传》，中华书局1965年版，第1587～1588页。
〔7〕（刘宋）范晔：《后汉书·祭祀上》，中华书局1965年版，第3159页。
〔8〕（刘宋）范晔：《后汉书·祭祀上》，中华书局1965年版，第3164页。
〔9〕（东汉）班固：《汉书·袁盎晁错传》引应劭注，中华书局1962年版，第2277页。
〔10〕（东汉）班固：《汉书·匡张孔马传》，中华书局1962年版，第3353页。
〔11〕（刘宋）范晔：《后汉书·左周黄列传》，中华书局1965年版，第2033页。

事已被收藏于尚书台。这可能得益于武帝时期扩大尚书职权的举措。东汉时期因而不改。尚书诸官不仅保藏故事，还需学习故事，如弘恭“明习法令故事，善为请奏，能称其职”〔1〕；樊准“视事三年，以疾征，三转为尚书令，明习故事，遂见任用”〔2〕；“（刘）佑初察孝廉，补尚书侍郎，闲练故事，文札强辨，每有奏议，应对无滞，为僚类所归”〔3〕；阳球“初举孝廉，补尚书侍郎，闲达故事，其章奏处议，常为台阁所崇信”〔4〕。则学习故事是尚书诸官的基本要求，明习者被视为称职，能够受到重用，甚至得到赏赐与晋升。不唯尚书诸官如此，诸多上层人士皆明习故事，并因此而得到公卿大夫乃至帝王的赏识：“（张）放子纯嗣侯，恭俭自修，明习汉家制度故事，有敬侯遗风”〔5〕；“新都侯（王）莽前以大司马奉送先帝大行，晓习故事，吾令莽佐君”〔6〕；“（梁）松博通经书，明习故事，与诸儒修明堂、辟雍、郊祀、封禅礼仪，常与论议，宠幸莫比”〔7〕。由于故事内容涉及礼仪规定，故其虽为吏事与政制的重要组成部分且同律令系统紧密相关，却不为儒生所排斥。魏相、孔光、樊儵、张酺、张奋、梁松、黄琼等两汉名儒皆研习并援引之。以此而论，故事之内容杂糅经律，本身便是儒法合流的重要载体。而对它的习用行为又推动了文吏与儒生的融合，是儒吏产生的重要表现。

故事往往能够被后世所遵循、奉行，史料中有不少以沿用故事而出名者。如“（王）凤不能自立法度，循故事而已”〔8〕；魏相“好观汉故事及便宜

〔1〕（东汉）班固：《汉书·佞幸传》。此处值得注意的是，两汉时期的中书、尚书实为一官。应劭《汉旧仪》曰：“汉旧置中书官领尚书事。”（清）孙星衍等辑：《汉官六种》，中华书局1990年版，第140页。《后汉书·百官志》亦云：“尚书令一人，千石，本注曰：承秦所制，武帝用宦者，更为中书谒者令。”（刘宋）范晔：《后汉书·百官三》，中华书局1965年版，第3596页。则中书官其实即为尚书官的别称。

〔2〕（刘宋）范晔：《后汉书·樊宏阴识列传》，中华书局1965年版，第1129页。

〔3〕（刘宋）范晔：《后汉书·党锢列传》，中华书局1965年版，第2199页。

〔4〕（刘宋）范晔：《后汉书·酷吏列传》，中华书局1965年版，第2498页。

〔5〕（东汉）班固：《汉书·张汤传》，中华书局1962年版，第2657页。

〔6〕（东汉）班固：《汉书·佞幸传》，中华书局1962年版，第3739页。

〔7〕（刘宋）范晔：《后汉书·梁统列传》，中华书局1965年版，第1170页。

〔8〕（东汉）班固：《汉书·杜周传》，中华书局1962年版，第2670页。

章奏，以为古今异制，方今务在奉行故事而已”[1]；杜林要求“祖宗故事，所宜因循”[2]等。故事因在当时具有一定的合理性而被时人认可，渐渐成为一种惯例而延续下来：“其后以为故事，至丞相封，自（公孙）弘始也”[3]；“后人代（丙）吉，因以为故事，公府不案吏，自吉始”[4]；“（薛）宣为相，府辞讼例不满万钱不为移书，后皆遵用薛侯故事”[5]；“自（左）雄掌纳言，多所匡肃，每有章表奏议，台阁以为故事”[6]。由于故事能够被世人认同和遵循，故对当时的政治行为具有一定的约束力。如太尉杨秉奏劾中常侍侯览与具瑗一例，尚书召问杨秉掾属曰：“公府外职，而奏劾近官，经典汉制有故事乎？”杨秉则以“汉世故事，三公之职无所不统”作为应对，不仅使尚书理屈词穷，亦令“帝不得已，竟免览官，而削瑗国”[7]。则依据故事行政已经蔚然成风。但对故事的正式援用却并非自然而然，需要得到统治者的批准，至少应当是默认而不反对。史载：“（上官）桀、安欲为外人求封，幸依国家故事以列侯尚公主者，（霍）光不许”[8]；“（王）莽欲依霍光故事，以女配帝，太后意不欲也”[9]。实际意义上的最高决策者有权决定是否在某一行政事务中援用某一故事或排斥某一故事。当最高决策者否定某一故事时，其便失去了在某一事例中被引用的效力。如元帝遣谏大夫指责淮阳宪王时说：“故事，诸侯王获罪京师，罪恶轻重，纵不伏诛，必蒙迁削贬黜之罪，未有但已者也。今圣主赦王之罪，又怜王失计忘本，为博所惑，加赐玺书，使谏大夫申谕至意，殷勤之恩，岂有量哉！”[10]元帝出于兄弟之情，赦免宪

---

[1] （东汉）班固：《汉书·魏相丙吉传》，中华书局1962年版，第3137页。
[2] （刘宋）范晔：《后汉书·宣张二王杜郭吴承郑赵列传》，中华书局1965年版，第937页。
[3] （东汉）班固：《汉书·公孙弘卜式儿宽传》，中华书局1962年版，第2621页。
[4] （东汉）班固：《汉书·魏相丙吉传》，中华书局1962年版，第3145页。
[5] （东汉）班固：《汉书·薛宣朱博传》，中华书局1962年版，第3393页。
[6] （刘宋）范晔：《后汉书·左周黄列传》，中华书局1965年版，第2022页。
[7] （刘宋）范晔：《后汉书·杨震列传》，中华书局1965年版，第1774页。
[8] （东汉）班固：《汉书·霍光金日磾传》，中华书局1962年版，第2934页。
[9] （东汉）班固：《汉书·外戚传下》，中华书局1962年版，第4009页。
[10] （东汉）班固：《汉书·宣元六王传》，中华书局1962年版，第3317页。

王之罪，又赐玺书申谕己意，以自己的意志阻却了诸侯王获罪京师之故事的适用。这便是皇帝本人不欲遵从故事的表现。

（二）比

“比”在汉代法律视野下有两用，一为动词，即比附、类比。如史载汉高祖诏：“自今以来，县道官狱疑者，各谳所属二千石官，二千石官以其罪名当报之。所不能决者，皆移廷尉，廷尉亦当报之。廷尉所不能决，谨具为奏，傅所当比律令以闻。”[1]刘邦要求廷尉无法决断的疑狱应当上奏，通过比附律令的规定来解决。由此可见，对于法律、法令未明文规定的犯罪，可以通过类比解释来定罪量刑。其实，比的动词用法三代已有之。《尚书·吕刑》中即有“上下比罪，无僭乱辞，勿用不行；惟察惟法，其审克之”之语，说明通过法律解释来比附现行律文的司法技术在西周时即已存在。但其普遍使用还是在秦时。据统计，《睡虎地秦墓竹简》中有十一条简文计十四处载有“比”字，其均作为动词使用。“睡虎地秦墓竹简的‘比’字表明，秦代的‘比’更多地是一种司法程序或者一种司法技术。……因为这种比仅是一次‘比’，即仅是一种简单的比照具体实物（法律规定或者具体物品）。”[2]“比”之另一用法为名词。如郑玄注《周官》“凡庶民之狱讼，以邦成弊之”一句时认为，“邦成，谓若今时决事比也。弊之，断其狱讼也”[3]。又《汉书》载武帝时“死罪决事比万三千四百七十二事”[4]。此处所论之“决事比”，专指其名词意义，即作为一种特定的法律形式。其与“比”在一般意义上可以互换。由此可见，名词“比”之作用为律令无规定时类比解释律令以形成一确定的结果。或者说，经由解释后产生的结果连同解释时所依据的准则就构成了“比”。从历史渊源上来看，这种具有司

---

〔1〕（东汉）班固：《汉书·刑法志》，中华书局1962年版，第1106页。
〔2〕马凤春：《论传统中国法“比”》，载《政法论丛》2015年第5期。
〔3〕（东汉）郑玄注，（唐）贾公彦疏：《周礼注疏·大司寇》，北京大学出版社1999年版，第909页。
〔4〕（东汉）班固：《汉书·刑法志》，中华书局1962年版，第1101页。

法判例意味的比或许与秦时的廷行事有一定关系。有学者将《睡虎地秦墓竹简》中所见廷行事的作用总结为修正、增补、细化秦律，并在遇到疑难案件时可直接用以断案。[1]这些特点其实也正为汉比所继承，成为汉比自身在司法实践中的彰显：

今大辟之刑千有余条，律令烦多，百有余万言，奇请它比，日以益滋，自明习者不知所由，欲以晓喻众庶，不亦难乎！[2]

建初中，有人侮辱人父者，而其子杀之，肃宗贳其死刑而降宥之，自后因以为比。是时遂定其议，以为《轻侮法》。[3]

又见法令决事，轻重不齐，或一事殊法，同罪异论，奸吏得因缘为市，所欲活则出生议，所欲陷则与死比，是为刑开二门也。今可令通义理明习法律者，校定科比，一其法度，班下郡国，蠲除故条。[4]

南郡谳女子何侍为许远妻，侍父何阳素酗酒，从远假求，不悉如意，阳数骂詈。远谓侍曰："汝翁复骂者，吾必揣之。"侍曰："共作夫妻，奈何相辱？揣我翁者搏若母矣。"其后阳复骂，远遂揣之，侍因上搏姑耳再三。下司徒鲍昱，决事曰："夫妻，所以养姑者也，今婿自辱其父，非姑所使。君子之于凡庸，不迁怒，况所尊重乎？当减死论。"[5]

针对第一条史料，颜师古曾注"奇请它比"曰："奇请，谓常文之外，主者别有所请以定罪也。它比，谓引它类以比附之，稍增律条也。"即允许通过类比的手段于律条规定之外定罪。而运用这一手段后，律条的规定较之

---

〔1〕 参见顾凌云、金少华：《廷行事的功能及其流变》，载《河北法学》2014年第8期。
〔2〕 （东汉）班固：《汉书·刑法志》，中华书局1962年版，第1103页。
〔3〕 （刘宋）范晔：《后汉书·邓张徐张胡列传》，中华书局1965年版，第1502～1503页。
〔4〕 （刘宋）范晔：《后汉书·桓谭冯衍列传上》，中华书局1965年版，第959页。
〔5〕 （北宋）李昉：《太平御览·刑法部六》引《风俗通》，河北教育出版社1994年版，第42页。

先前便有所增加。在第二条史料中，有人杀死了对自己父亲进行侮辱的人，本应判处死刑，但章帝出于宽宥之心免除了该人的死刑。于是，章帝以自己的行为修正了律令的规定，使得杀侮辱己父者这一行为不再受到法律的实际惩罚。这一处理方式最终成为“比”，即被作为一种定制确立下来并得到遵循，甚至成为新的文本《轻侮法》。可见比作为一种法律形式在修正乃至破除律令规定上具有强大的力量。在第三条史料中，桓谭指出彼时所用之比“轻重不齐”“同罪异论”，急需明习者对之进行校订与统一。这正是比在细化汉律令时所造成的负面影响。具言之，以事例配以准则的比使普适性的汉律得到细化，可以应对实践中出现的新情况与新问题。但是，比所具有的因事而制的特征又导致汉律之适用过于具体，甚至出现一事一罚的极端情形，这反而造成了律令繁杂、罪刑不一等混乱现象的出现。第四条史料则是以决事比直接应对疑难案件的印证。何侍搏姑实源于其夫许远踹翁，是出于一种报复心理。正是这种主观心理导致了该案案情的复杂性，即行为人的心理因素也应予以考量，而不能简单将其视为卑殴尊的案件予以处罚。决事比正填补了汉律规定在量刑上存在的漏洞，在说理的同时直接对此行为处以“减死”，从而直接在司法实践中得到适用。

正是由于在司法领域中的比具有上述四个特征，因此我们可以将之视为一种先例，具有判例的意味。它本身可以被援引为审判的依据，且对日后的法律实践活动具有一定的约束力：

> 安帝初，清河相叔孙光坐臧抵罪，遂增锢二世，衅及其子。是时居延都尉范邠复犯臧罪，诏下三公、廷尉议。司徒杨震、司空陈褒、廷尉张皓议依光比。[1]

在安帝初年，曾有类似的坐臧抵罪案发生，处理结果为“增锢二世，衅

〔1〕（刘宋）范晔：《后汉书·刘赵淳于江刘周赵列传》，中华书局1965年版，第1308～1309页。

及其子”。这一案件的犯罪事实以及处理结果合起来便成为“比”被因循下来。即日后再遇到“坐臧抵罪”的情形时，可以参考当时“增锢二世，衅及其子”的处理结果。因此，该比就具有了一定的约束力。故当出现居延都尉范邠“复犯臧罪”的类似情形时，司徒杨震、司空陈褒、廷尉张皓便要求依照前案来进行处罚。在此，比在司法实践中的适用性与对司法官员的约束力可见一斑。但比之形成与沿用亦绝非自然而然，而是应当得到皇帝的事前批准或事后追认。如果皇帝明确表示反对，则某一案件的处理及其结果只能作为一个特例存在，不具有对日后类似案件的参考性与约束性。例如，和帝诏“故居巢侯刘般嗣子恺，当袭般爵，而称父遗意，致国弟宪，遁亡七年，所守弥笃。盖王法崇善，成人之美。其听宪嗣爵。遭事之宜，后不得以为比”[1]。此为皇帝明令禁止援引赞许让爵于弟这一处理结果，认为这只是一特例，因此其就不能在日后的类似事例中作为“比”被沿用。

（三）经义、故事、比之间的关系

1.故事与比

从某种程度上来看，区分故事与比有一定困难，这源于两者在很多情况下都具有制度或事例的外壳。换句话说，如果仅凭外在表现形式，有时很难辨别故事与比。在汉代也确实存在两者被混同使用的情形。《礼记·王制》曰：“众疑，赦之。必察小大之比以成之。”郑玄释为“小大犹轻重，已行故事曰比”。[2]在郑玄看来，已经得到遵循的故事便是比。故而比似乎是故事之一种，只不过这种故事已经被官方所认可并奉行。郑玄的解释具有一定的合理性，以史料证之，比在一定程度上确实具有故事的意义。兹举几例：

〔1〕（刘宋）范晔：《后汉书·刘赵淳于江刘周赵列传》，中华书局1965年版，第1306页。
〔2〕（东汉）郑玄注，（唐）孔颖达正义：《礼记正义》，北京大学出版社1999年版，第412页。

少府萧望之独以奉世奉使有指，而擅矫制违命，发诸国兵，虽有功效，不可以为后法。即封奉世，开后奉使者利，以奉世为比，争逐发兵，要功万里之外，为国家生事于夷狄。〔1〕

吾用野王为三公，后世必谓我私后宫亲属，以野王为比。〔2〕

太后母李亲，苟氏妻，生一男名参，寡居。顷侯禁在时，太后令禁还李亲。太后怜参，欲以田蚡为比而封之。〔3〕

在这三则史料中，“比”与“故事”无异，将这些论述换为“以奉世为故事”“以野王为故事”“欲以田蚡为故事而封之”亦无不妥，它们可以被归入上文中探讨的属于旧言行类的故事。更进一步来看，这些“比”有一共同特点，即均未进入司法领域，是关涉行政事务诸如封赏、追谥者。因此我们可以推测，适用于行政领域的“比”其实就是“故事”中之属于旧言行者，二者名异而实同。即是说，故事与比之间的最大区别在于是否可以在司法领域被适用。比能够被适用于司法领域，具有判例的意味，有一定的强制力：

张汤又与（颜）异有郤，及有人告异以它议，事下张汤治异。异与客语，客语初令下有不便者，异不应，微反唇。汤奏当异九卿见令不便，不入言而腹诽，论死。自是之后，有腹诽之法（以此）[比]，而公卿大夫多谄谀取容矣。〔4〕

（陈）庆有罪未伏诛，无恐惧心，豫自设不坐之比。〔5〕

（陈）咸性仁恕，常戒子孙曰：“为人议法，当依于轻，虽有百金之利，慎无与人重比。”〔6〕

---

〔1〕（东汉）班固：《汉书·冯奉世传》，中华书局1962年版，第3294页。
〔2〕（东汉）班固：《汉书·冯奉世传》，中华书局1962年版，第3302页。
〔3〕（东汉）班固：《汉书·元后传》，中华书局1962年版，第4018页。
〔4〕（西汉）司马迁：《史记·平准书》，中华书局1959年版，第1433～1434页。
〔5〕（东汉）班固：《汉书·翟方进传》，中华书局1962年版，第3412页。
〔6〕（刘宋）范晔：《后汉书·郭陈列传》，中华书局1965年版，第1548页。

此处之比显然有判例之义，与后世所言之“例”相似，具有法律效力，能够被用于司法断案之中。相较而言，故事则不必然被运用于司法领域。或许会有法官在裁判时参考故事，但这并不表明故事就具有强制力，其只是作为一种增强说理性与可信服性的工具而出现。换言之，在司法领域使用的比是司法判例，具有硬性的约束力；而故事却没有进入司法领域，它不是司法上的判例，因而就没有硬性的约束力。或者可以这样理解：“比”在司法领域即是通常所言之“比”或“决事比”，在行政领域则是“故事”之一种。故而说两者有一定的重合与交叉也不无道理。正如比在司法领域所起的作用一样，故事在行政领域也具有重大的影响。杨一凡在论述故事的属性时指出，“职官管理及赏功罚过是关系到国家权力的系统配置和统治集团内部权益分配的重大问题。它们是行政事务，其中有些也具有宪法性质。从这个意义上讲，故事既是行政惯例，又是宪法性质的惯例”〔1〕。此论具有一定的道理。承载着旧言行与旧制度的故事可以被视为一种处理行政事务时的习惯性做法，即汉统治者因重复应对相同或相似的事务而渐渐生成的对日后具有指引作用的规则。同时，由于有些事务涉及礼仪制度、职官管理等“国本”，是关乎一个政权得以存在与有效运作的基础，因而在现代视野下，其确实具有根本性规则的意味，将之视为宪法性惯例似不为过。因此，故事虽然不能被作为与比同类的司法判例，但在当代语境中却可以被视为一种行政惯例。

2.经义与故事

经义与故事往往被共用于政治实践之中。就其来源而言，经义源于儒家经典，无所不包；故事则是政府官员处理行政事务的习惯性做法，与国家法律制度、政府行政章程紧密相关。两者之间似乎有一些儒法之别的意味，但又不全然如此。首先，就故事本身的内容而言，其包含有许多礼仪

〔1〕 杨一凡、刘笃才：《历代例考》，社会科学文献出版社2012年版，第37页。

规定。“中国古代自先秦始，礼制就形成了庞大的成文规范体系，但在实践中却不断遇到一些新的问题。故事在解决这些问题方面所起的作用不可低估。”[1]也就是说，故事所载之礼制正有补充当下礼制不足之功效。由此而论，故事诸多内容与儒家经义实有一定的关联，甚至能够在经典中得到印证，因此其对儒生而言很容易接受。其次，步入政坛的儒生需要研习故事。尤其在独尊儒术后，他们大量参与到汉家政权的建设当中，不得不对具体国家制度有所了解，并希望能够顺利地处理各种行政事务，故而亦十分重视故事作为一种行政惯例所发挥的巨大作用。这一点在西汉中后期直至整个东汉表现得都十分明显，此时大量儒生进入内朝尚书台，成为皇帝亲信并担任尚书诸官，而故事则被收藏于尚书台中，故他们因工作需要也会大量接触、研习、引用故事。同时，明习故事者又往往得到公卿大臣的赞许与皇帝的青睐，进而为自己的晋升获取政治资本。因此，出于尽职与升职两方面的考虑，儒生也会全力熟悉、研习故事。再次，从儒法合流的角度讲，儒生与文吏的融合导致了儒吏的出现，而儒吏之标准即为既通经术，又明吏事。故事因其内容多涉政制、职官、章程等当然应被归入吏事，亦属儒吏所应掌握者无疑。而以“经术润饰吏事”的风气又使得经义与故事两者得以并用。故而我们可以认为，经义与故事两者之间不仅不存在必然的排斥，而且能够被亦儒亦官者运用得得心应手。兹举几例为证：

太尉张酺、司徒刘方、司空张奋上奏，依光武黜吕太后故事，贬太后尊号，不宜合葬先帝。百官亦多上言者。帝手诏曰：“窦氏虽不遵法度，而太后常自减损。朕奉事十年，深惟大义，礼，臣子无贬尊上之文。恩不忍离，义不忍亏。案前世上官太后亦无降黜，其勿复议。”[2]

---

〔1〕 杨一凡、刘笃才：《历代例考》，社会科学文献出版社2012年版，第37页。
〔2〕（刘宋）范晔：《后汉书·皇后纪上》，中华书局1965年版，第416页。

熹平四年，小黄门赵佑、议郎卑整上言："《春秋》之义，母以子贵。隆汉盛典，尊崇母氏，凡在外戚，莫不加宠。今冲帝母虞大家，质帝母陈夫人，皆诞生圣皇，而未有称号。夫臣子虽贱，尚有追赠之典，况二母见在，不蒙崇显之次，无以述遵先世，垂示后世也。"〔1〕

建初四年八月，上以公卿所奏明德皇后在世祖庙坐位驳议示东平宪王苍，苍上言："文、武、宣、元袷食高庙，皆以后配。先帝所制，典法设张。《大雅》曰：'昭哉来御，从其祖武。'又曰：'不愆不忘，率由旧章。'明德皇后宜配孝明皇帝。"〔2〕

杜林上疏曰："……基业特起，不因缘尧。尧远于汉，民不晓信，言提其耳，终不悦谕。后稷近于周，民户知之，世据以兴，基由其祚，本与汉异。郊祀高帝，诚从民望，得万国之欢心，天下福应，莫大于此。民奉种祀，且犹世主，不失先俗。群臣佥荐鲧，考绩不成，九载乃殛。宗庙至重，众心难违，不可卒改。《诗》云：'不愆不忘，率由旧章。'明当尊用祖宗之故文章也。宜如旧制，以解天下之惑，合于《易》之所谓'先天而天不违，后天而奉天时'义。方军师在外，祭可且如元年郊祭故事。"〔3〕

在这四则史料中，"臣子无贬尊上之文""母以子贵""昭哉来御，从其祖武""不愆不忘，率由旧章""先天而天不违，后天而奉天时"是经义，"前世上官太后亦无降黜""尊崇母氏，凡在外戚，莫不加宠""文、武、宣、元袷食高庙，皆以后配""郊祀高帝"则为故事，言说者均以经义和故事两者相配合来论证自己的观点。由此出发，经义成为故事得以适用的理论依据，

〔1〕（刘宋）范晔：《后汉书·皇后纪下》，中华书局1965年版，第441页。
〔2〕（东汉）刘珍等撰，吴树平校注：《东观汉记校注·郊祀志》，中华书局2008年版，第166页。
〔3〕（东汉）刘珍等撰，吴树平校注：《东观汉记校注·杜林》，中华书局2008年版，第528页。

故事之内容有典可查可证，并非言说者自说自话。同时，因循故事本身也为经义之要求，正所谓“不愆不忘，率由旧章”。于是，故事得以被经义所解释，从而具有了一定的普适性与神圣性。反之，经义之抽象的内容经由故事的辅助实现了具体化，能够更直观地展现在他人面前，因而具有更强的可接受性。最后，故事之制度属性亦使得经典所言有了一定的制度保障与约束力，更容易为人们所遵循。就统治者而言，经义与故事并用既使自己所践行的制度有据可考，符合“奉天而法古”的时代潮流，又使自己所遵奉的经典有制度作为依托，能够在国家生活中得到落实，实为两全其美之举。当然，这是一种最为理想的模式。在实际生活中，两者也并非总是相互配合并达成一致，摩擦与抵牾也时有发生：

(王)莽又言：“帝王建立社稷，百王不易。社者，土也。宗庙，王者所居。稷者，百谷之主，所以奉宗庙，共粢盛，人所食以生活也。王者莫不尊重亲祭，自为之主，礼如宗庙。《诗》曰‘乃立冢土’。又曰‘以御田祖，以祈甘雨’。《礼记》曰‘唯祭宗庙社稷，为越绋而行事’。圣汉兴，礼仪稍定，已有官社，未立官稷。”遂于官社后立官稷，以夏禹配食官社，后稷配食官稷。稷种谷树。徐州牧岁贡五色土各一斗。〔1〕

自上为太子时，以好色闻，及即位，皇太后诏采良家女。(杜)钦因是说大将军凤曰：“礼壹娶九女，所以极阳数，广嗣重祖也；必乡举求窈窕，不问华色，所以助德理内也；娣侄虽缺不复补，所以养寿塞争也。故后妃有贞淑之行，则胤嗣有贤圣之君；制度有威仪之节，则人君有寿考之福。废而不由，则女德不厌；女德不厌，则寿命不究于高年。《书》云‘或四三年’，言失欲之生害也。男子五十，好色未衰；妇人四十，容貌改前。以改前之容侍于未衰

〔1〕(东汉)班固：《汉书·郊祀志下》，中华书局1962年版，第1269页。

之年，而不以礼为制，则其原不可救而后徕异态；后徕异态，则正后自疑而支庶有间适之心。是以晋献被纳谗之谤，申生蒙无罪之辜。今圣主富于春秋，未有适嗣，方乡术入学，未亲后妃之议。将军辅政，宜因始初之隆，建九女之制，详择有行义之家，求淑女之质，毋必有（声色）〔色声〕音技能，为万世大法。夫少，戒之在色，《小下》之作，可为寒心。唯将军常以为忧。”凤白之太后，太后以为故事无有。〔1〕

前一事例中，王莽以《诗经》与《礼记》中的规定打破了西汉“已有官社，未立官稷”的旧制；在后一事例中，王太后则以“故事无有”阻却了杜钦以《尚书》《诗经》之义说服统治者“建九女之制，详择有行义之家，求淑女之质，毋必有（声色）〔色声〕音技能”的意图。虽然在汉代以经破律与以事破律的情形时有发生，但从这两个事例却很难断定经义与故事二者之间谁具有更高的效力。因为这实由当权者个人之性格决定：王莽欲依托经典发动全面的复古改制，因此便常以经典所言变乱制度；王太后因循保守多依旧典，因此便遵奉故事而不欲有所改革。故在人心思变的历史潮流下，经义常为改革者的利器，而故事常为保守者的盾牌。

3.经义与比

经义与比的关系较为特殊。两者本为相对立之物。经义为儒家所尊崇，是典籍的核心与精髓；比为法家所运用，是律令的补充与浓缩。但是自经义法律化的进程开始之后，两者的融合之势却远远超过其对立之势。在这里，不得不再次提到《春秋》决狱这一司法现象与司法方法。其实正是它令原本对立的两者合二为一。若剖析其原因，还必须从《春秋》一书的记事特点说起：

〔1〕（东汉）班固：《汉书·杜周传》，中华书局1962年版，第2667～2669页。

孔子曰："入其国，其教可知也。其为人也温柔敦厚，《诗》教也。疏通知远，《书》教也。广博易良，《乐》教也。洁静精微，《易》教也。恭俭庄敬，《礼》教也。属辞比事，《春秋》教也。"〔1〕

孔子认为六经各有其教，《春秋》在于教人"属辞比事"。郑玄注《礼记》曰："属犹合也。《春秋》多记诸侯朝聘、会同，有相接之辞。罪辩之事。"也就是说，《春秋》一书中多记朝聘、会同等交往之辞与罪辨之事。此处之"比事"，后世学者通常理解为排比编次以连缀成事，或者说就是编排史实，〔2〕唯郑玄一人释为"罪辨之事"。郑玄此义当是借鉴了两汉时期"比"在法律领域所具有的含义，就如同其以"决事比"释《周官》中"邦成"一样。郑玄大儒，博采众长，其以汉律"比"之义注"比事"必有所本。故《春秋》所擅长之"比事"可能与律令系统中的"比"有一定的关联性，或者至少在汉儒看来应当如此。追根溯源，则可能与董仲舒治《春秋》之法有关：

问者曰：不予诸侯之专封，复见于陈蔡之灭。不予诸侯之专讨，独不复见于庆封之杀，何也？曰：《春秋》之用辞，已明者去之，未明者著之。今诸侯之不得专讨，固已明矣。而庆封之罪未有所见也，故称楚子以伯讨之，著其罪之宜死，以为天下大禁。曰：人臣之行，贬主之位，乱国之臣，虽不篡杀，其罪皆宜死，比于此其云尔也。〔3〕

今诛盾无传，弗诛无传，以比言之法论也。无比而处之，诬辞也。今视其比，皆不当死，何以诛之？《春秋》赴问数百，应问数

〔1〕（东汉）郑玄注，（唐）孔颖达正义：《礼记正义·经解》，北京大学出版社1999年版，第1368页。

〔2〕关于"属辞比事"，历代学者理解不同，争论较多。这里笔者只列举以郑玄为代表的汉儒的观点，以探求汉代学者对这一问题的认识。对"属辞比事"问题的全面论述，可参见张素卿：《叙事与解释——〈左传〉经解研究》，台北，花木兰文化出版社2008年版，第3～5页。

〔3〕（西汉）董仲舒撰，（清）苏舆义证：《春秋繁露义证·楚庄王》，中华书局1992年版，第4～5页。

千，同留经中。翻援比类，以发其端。卒无妄言而得应于传者。[1]

在两则引文中，均出现了董仲舒所言之“比”。该比为“比类”之义，是《春秋》义例之学中十分重要的一种方法，用来阐明经文中所蕴含的微言大义。作为经世致用的典型，《春秋》是被广泛应用于政治实践尤其是司法实践中的。因此，“人们既要善于类比《春秋》所记之事来明其微言大义，也要善于在《春秋》之事与现实问题之间类比，以发挥圣人之教”[2]。两者的融会贯通便使得《春秋》之“比”与司法之“比”产生了联系。董仲舒则是进行灵活运用的第一人。他已将《春秋》视作“法典”，“比类”之方法也就理所当然地成为一种司法技术。苏舆注《春秋繁露》曰：“比即律之所由生。”[3]即认为“比类”是律条产生的先决条件，是法律的一种渊源。由此可知司法之比与《春秋》之比的相通之处：司法之比可以补充律令之不足，进而创生新规则以应对新问题；《春秋》之比亦可以阐发该书之微言大义并推衍之，从而涵盖万事万物之理。两者均具有解释与创造的功能。因此，“比类”的方法与其所得出的结论无论在董仲舒解读《春秋》时还是在断狱听讼中都是同样适用的。故律令系统中的“比”作为“比附”的结果也就成为《春秋》决狱活动所认可的。而董仲舒所著之《春秋决事比》则将经义与比两者巧妙结合起来。《文献通考》引《崇文总目》曰：“汉董仲舒撰。丁氏平，黄氏正。初，仲舒既老病，致仕，朝廷每有政议，武帝数遣廷尉张汤问其得失，于是作《春秋决狱》二百三十二事，动以经对。至吴太史令吴汝南丁季、江夏黄复平正得失，今颇残逸，止有七八十事。”[4]《汉书·艺文志》有《公羊董仲舒治狱》十六篇，《隋书·经籍志》有董仲舒

〔1〕（西汉）董仲舒撰，（清）苏舆义证：《春秋繁露义证·玉杯》，中华书局1992年版，第40页。

〔2〕刘宁：《属辞比事：判例法与〈春秋〉义例学》，载《北京大学学报（哲学社会科学版）》2009年第2期。

〔3〕（西汉）董仲舒撰，（清）苏舆义证：《春秋繁露义证·楚庄王》，中华书局1992年版，第4～5页。

〔4〕（元）马端临：《文献通考·经籍考九》，浙江古籍出版社2000年版，第1567页。

撰《春秋决事》十卷。此或为一书，只因流传问题而导致名称与篇目不同。在该书中，董仲舒将两种“比”融会贯通，以《春秋》之义立司法之比。总之，经由《春秋》决狱，经义与比在很大程度上实现了一致。这一现象一直延续至汉末，于是才有郑玄以司法上“比”之义释《春秋》之“比事”，盖两者在时儒眼里区别不大，或为一体。

经义与比的结合虽为两汉时期的大趋势，亦是“以经术润饰吏事”的要求，但这绝不意味着两者之间就不存在矛盾与冲突。或者说，虽然有些决事比是在经义的指导下形成的，是对经义的法律确认，但它们只是众多比中的一部分，除此之外仍有许多与经义无关者。故两者之间的抵牾亦有发生。仍举上文所引一事为例：

> 安帝初，清河相叔孙光坐臧抵罪，遂增锢二世，衅及其子。是时居延都尉范邠复犯臧罪，诏下三公、廷尉议。司徒杨震、司空陈褒、廷尉张皓议依光比。恺独以为“《春秋》之义，‘善善及子孙，恶恶止其身’，所以进人于善也。《尚书》曰：‘上刑挟轻，下刑挟重。’如今使臧吏禁锢子孙，以轻从重，惧及善人，非先王详刑之意也”。有诏：“太尉议是。”[1]

在这一臧罪案中，已有类似之比可以适用，故司徒杨震、司空陈褒、廷尉张皓均欲因循前比。唯太尉刘恺依据《春秋》与《尚书》之义对前比进行质疑，认为其具有“以轻从重，惧及善人”的不良影响，意欲阻却其适用，这一论点最终得到了皇帝的支持。由于司法领域的比属于律令系统的组成部分，故当经义与其发生冲突时，往往以经义破前比，屈前比以申经义。这实为以经义排斥律令的重要表现，亦是经义在某些情况下代替律令而发挥规范性作用的必然结果。

---

〔1〕（刘宋）范晔：《后汉书·刘赵淳于江刘周赵列传》，中华书局1965年版，第1308～1309页。

第二节　立法层面的援经入诏

先秦时期的诏本指一种命令文告，多由上级针对下级发布。如《战国策·燕策三》："非有诏不得上"[1]；《吕氏春秋·审分览》："不知乘物，而自怙恃，夺其智能，多其教诏，而好自以，若此则百官恫扰，少长相越，万邪并起"。[2]秦以后，诏开始专指皇帝的文书命令。《史记·秦始皇本纪》："臣等昧死上尊号，王为'泰皇'。命为'制'，令为'诏'，天子自称曰'朕'。"[3]里耶秦简461号木牍有"以王令曰以皇帝诏"[4]一句。如淳注《汉书》亦曰："诏，告也。自秦汉以下，唯天子独称之。"[5]日本学者富谷至认为，"汉代的令来源于皇帝下的诏敕，是要执行的规范。因此令的格式不外乎诏本身。秦在统一六国之前没有使用'诏'这个词，这类规范都被叫作'令'。由此看来，秦统一六国以后的秦令就是皇帝的诏敕，有可能承袭秦制的汉令也是诏敕本身，这是再也自然不过的事"[6]。也就是说，皇帝所颁布者即为"诏"，而"诏"之规范性内容即为"令"。或者说，律令中的"令"来源于皇帝的"诏"，是由其修饰与加工而成。由此看来，称"诏"可能更偏重此文书的出处与表现形式，而称"令"可能更偏重此文书

〔1〕《战国策·燕策三》，缪文远、缪伟、罗永莲译注，中华书局2012年版，第1017页。

〔2〕《吕氏春秋集释》，许维遹集释，中华书局2009年版，第432～433页。

〔3〕（西汉）司马迁：《史记·秦始皇本纪》，中华书局1959年版，第236页。

〔4〕湖南省文物考古研究所：《里耶秦简（壹）》，文物出版社2012年版，简号为第8层之461号。

〔5〕（东汉）班固：《汉书·高帝纪下》引如淳注，中华书局1962年版，第53页。

〔6〕［日］富谷至：《走向晋泰始律令之路——第一部　秦汉的律与令》，载《东方学报》第72册，2000年，第121页。转引自［日］广濑薰雄：《秦汉时代律令辨》，载徐世虹主编：《中国古代法律文献研究》第7辑，社会科学文献出版社2013年版，第114页。

的效力与规定内容，故两者本可能为同一事物。在这里，还需提及律与令（诏）的区别问题。在两汉的法律用语中，律与令之概念界分似不明显，常常互换，如杜周有“前主所是著为律，后主所是疏为令”[1]之说，史书中也有《金布律》与《金布令》、《酎金律》与《酎金令》、《田律》与《田令》互称的情形。但从狭义上来看，两者之间确有一定差异。就产生方式而言，汉人有“天子之言曰令”[2]一说。进言之，即“萧何承秦法所作为律令，律经是也。天子诏所增损，不在律上者为令”[3]。也就是说，汉律其实是损益秦律而得，内容与秦律大体相当；汉令则是由皇帝以“诏”的形式制定，其内容本不见于律文，是对律文的增删改动。就规定内容而言，“令者所以教民也，法者所以督奸也”[4]；“故令者教也，所以导民人；法者刑罚也，所以禁强暴也”[5]。即是说，令（诏）具有较强的教化性，其往往以劝勉百姓为主要任务；律则具有较强的惩罚性，其作用在于督察奸邪并抑制强暴。正是因为诏令在产生方式与规定内容上所具有的这两个特点，才使经义的作用能够于其中更好地体现出来。其一，相较于作为祖宗成法而较少变动的律而言，诏令显然是当朝皇帝意志的集中体现。故而其对经学的态度最能借由诏令中的言词表现出来。其二，在难以彻底重新构建汉律体系的情形下，诏令便成为皇帝以经典治国、以道德化民之政策的主要载体，亦是皇帝个人道德修养与经学造诣的自然流露。因此，以诏令的形式承载经典的义理，并以此达到一定的政治目的，成为两汉诸帝在施政过程中最常使用的一种方式。

---

〔1〕（东汉）班固：《汉书·杜周传》，中华书局1962年版，第2659页。
〔2〕（西汉）贾谊：《贾谊集》，上海人民出版社1976年版，第25页。
〔3〕（东汉）班固：《汉书·宣帝纪》引文颖注，中华书局1962年版，第253页。
〔4〕（西汉）桓宽撰，王利器校注：《盐铁论校注·刑德》，中华书局1992年版，第565页。
〔5〕（西汉）桓宽撰，王利器校注：《盐铁论校注·诏圣》，中华书局1992年版，第595页。

一、君主诏令中的经义

西汉初立之时，并无援经入诏之举。刘邦虽有申孝、求贤等儒家所赞同的政治措施，但在发布的诏令中未以经义为据进行论证。对经义的首次明确援引出现在汉文帝时期。史载：

> 书奏天子，天子怜悲其意，遂下令曰："制诏御史：盖闻有虞氏之时，画衣冠异章服以为戮，而民弗犯，何治之至也！今法有肉刑三，而奸不止，其咎安在？非乃朕德之薄，而教不明与！吾甚自愧。故夫训道不纯而愚民陷焉。《诗》曰：'恺弟君子，民之父母。'今人有过，教未施而刑已加焉，或欲改行为善，而道亡繇至，朕甚怜之。夫刑至断支体，刻肌肤，终身不息，何其刑之痛而不德也！岂称为民父母之意哉？其除肉刑，有以易之；及令罪人各以轻重，不亡逃，有年而免。具为令。"〔1〕

汉文帝引《诗经》之语意欲说明皇帝在教化百姓中所起的不可替代的作用，以此批判不教而杀的残酷做法，从而为自己废除肉刑提供经典上的依据。文帝废肉刑诏首开援经入诏之举。武帝尊儒以后，其渐成一种风气。有学者对此进行了统计，指出《汉书》诸帝纪中保存西汉诏书约180篇，共征引经文35次；《后汉书》诸帝纪保存东汉诏书约120篇，共征引经文约50次。〔2〕有学者在详细考察汉代史料后指出，"两汉时期共有17位皇帝在诏书中征引经书117次。计西汉7位皇帝征引55次，东汉10位皇帝征引62次。西汉时期在诏书中征引经书最多的皇帝是篡汉立新的王莽，达26次之多。东汉时期在诏书中征引经书最多的皇帝是章帝，达29次之多。……从经书被征引的次数看很不平衡。被征引最多的是《尚书》，38次，几达总

---

〔1〕（东汉）班固：《汉书·刑法志》，中华书局1962年版，第1098页。

〔2〕刘厚琴：《儒学与汉代社会》，齐鲁书社2002年版，第19～20页。

数的1/3。其次是《诗经》，36次，接近总数的1/3。以下依次是《论语》12次、《礼》10次、《易》8次、《春秋》三传6次。其他如《孝经》、《逸周书》、《春秋》图谶也有1～3次”[1]。可见，几乎所有的两汉皇帝都曾援引经义支持诏令，所引之经也不仅局限于五经，还包括《论语》《孝经》等其他儒家经典，甚至谶纬之书也在其中。而且被引经义几乎涵盖政治生活的各个领域，包括治狱、赦免、立子、选后、赏赐、祭祀、征战、封侯、策免、赈灾、举荐、庙制、田税等。这也印证了经义在立法层面的重要影响。

援经入诏彰显了经义在法律文书中所具有的重要作用。从援引之目的方面进行考量，皇帝的这一举动有显示自身经学造诣的意图，但主要还是为其政治举措服务。例如，皇帝常常通过援引经义来增强作为施政纲领的诏令本身的说理性与可接受性。这正是运用了经义所起到的“润饰”作用，亦是皇帝本人对“以经术润饰吏事”政策所作的表率。史书中有不少出于这一目的而援经入诏者，例如：

> 汉既诛大宛，威震外国，天子意欲遂困胡，乃下诏曰：“高皇帝遗朕平城之忧，高后时单于书绝悖逆。昔齐襄公复九世之仇，《春秋》大之。”[2]

> 又曰：“朕微眇时，御史大夫丙吉、中郎将史曾、史玄、长乐卫尉许舜、侍中光禄大夫许延寿皆与朕有旧恩。及故掖庭令张贺辅导朕躬，修文学经术，恩惠卓异，厥功茂焉。《诗》不云乎？‘无德不报。’封贺所子弟子侍中中郎将彭祖为阳都侯，追赐贺谥曰阳都哀侯。吉、曾、玄、舜、延寿皆为列侯。故人下至郡邸狱复作尝有阿保之功，皆受官禄田宅财物，各以恩深浅报之。”[3]

---

〔1〕孟祥才：《从秦汉时期皇帝诏书称引儒家经典看儒学的发展》，载《孔子研究》2004年第4期。
〔2〕（东汉）班固：《汉书·匈奴传上》，中华书局1962年版，第3776页。
〔3〕（东汉）班固：《汉书·宣帝纪》，中华书局1962年版，第257页。

诏曰："《春秋》'母以子贵'，尊定陶太后曰恭皇太后，丁姬曰恭皇后，各置左右詹事，食邑如长信宫、中宫。"〔1〕

十七年，废皇后郭氏而立贵人。制诏三公曰："皇后怀执怨怼，数违教令，不能抚循它子，训长异室。宫闱之内，若见鹰鹯。既无《关雎》之德，而有吕、霍之风，岂可托以幼孤，恭承明祀。今遣大司徒涉、宗正吉持节，其上皇后玺绶。阴贵人乡里良家，归自微贱。'自我不见，于今三年。'宜奉宗庙，为天下母。主者详案旧典，时上尊号。异常之事，非国休福，不得上寿称庆。"〔2〕

六月戊申，诏曰："《春秋》之义，立子以贵。东海王阳，皇后之子，宜承大统。"〔3〕

其冬，制诏三公、大鸿胪曰："夫孝莫大于尊尊亲亲，其义一也。《诗》云：'父兮生我，母兮鞠我，抚我畜我，长我育我，顾我复我，出入腹我。欲报之德，昊天罔极。'朕不敢兴事，览于前世，太宗、中宗，实有旧典，追命外祖，以笃亲亲。其追封谥皇太后父竦为褒亲愍侯，比灵文、顺成、[恩成]侯。魂而有灵，嘉斯宠荣，好爵显服，以慰母心。"〔4〕

以上所举的六条史料，涉及征战、封赏、上尊号、立子、(废)立后、追谥六个方面。此六者皆为政治生活所必需，且有一共同特点，即施行与否不以经义之要求为转移。换句话说，无论经典提倡抑或反对，皇帝本人都会实行这些政治行为。在这里，皇帝的个人意志而非经典本身的约束起了决定作用，因此，对这些皇帝心意已决的行为，经典主张与否其实并无多少作用。即便如此，汉帝还是在下诏实行这些行为时援引了经义。则经义

〔1〕(东汉)班固:《汉书·哀帝纪》，中华书局1962年版，第335页。
〔2〕(刘宋)范晔:《后汉书·皇后纪上》，中华书局1965年版，第406页。
〔3〕(刘宋)范晔:《后汉书·光武帝纪下》，中华书局1965年版，第71页。
〔4〕(刘宋)范晔:《后汉书·梁统列传》，中华书局1965年版，第1174页。

于此处之润饰作用便得以显现。其实，援引经义是为施行这类诏令提供理论依据，通过对这些政治举措进行说明与阐释，以增强诏令作为一种法律文书的说服力。从皇帝自身而言，其目的很明确，援引经义是为了说明自己的举动由来有自，绝不是凭借个人喜好的恣意而为，而可以从圣贤之书中找到理论支持，是合乎“天道”的，从而确立诏令的神圣权威。总之，通过经义的“润饰”，西汉中期以后的诏令，无论是内容还是形式，都远远超过了秦代，成为一种颇为成熟的儒学化文体。〔1〕

当然，经义在诏令中的作用并非仅为“润饰”般简单，在多数情形下，援经入诏实为儒家所倡导的经典政治在法律制定领域的主要表现，史载：

秋八月，诏曰：“夫婚姻之礼，人伦之大者也；酒食之会，所以行礼乐也。今郡国二千石或擅为苛禁，禁民嫁娶不得具酒食相贺召。由是废乡党之礼，令民亡所乐，非所以导民也。《诗》不云乎？‘民之失德，乾糇以愆。’勿行苛政。”〔2〕

诏曰：“安土重迁，黎民之性；骨肉相附，人情所愿也。顷者有司缘臣子之义，奏徙郡国民以奉园陵，令百姓远弃先祖坟墓，破业失产，亲戚别离，人怀思慕之心，家有不安之意。是以东垂被虚耗之害，关中有无聊之民，非久长之策也。《诗》不云虖？‘民亦劳止，迄可小康，惠此中国，以绥四方。’今所为初陵者，勿置县邑，使天下咸安土乐业，亡有动摇之心。布告天下，令明知之。”〔3〕

四年春正月，诏曰：“夫《洪范》八政，以食为首，斯诚家给刑错之本也。先帝劭农，薄其租税，宠其强力，令与孝弟同科。间

---

〔1〕 关于对西汉诏令文体文风问题的探讨不在本文研究范围之内，此处不再赘述。可以参见张明华：《试论西汉诏书的独特性》，载《青海社会科学》2004年第3期；张梦晗：《西汉诏令称引经传四题》，载《史学月刊》2015年12期。

〔2〕 （东汉）班固：《汉书·宣帝纪》，中华书局1962年版，第265页。

〔3〕 （东汉）班固：《汉书·元帝纪》，中华书局1962年版，第292页。

者，民弥惰怠，乡本者少，趋末者众，将何以矫之？方东作时，其令二千石勉劝农桑，出入阡陌，致劳来之。《书》不云乎？‘服田力啬，乃亦有秋。’其勖之哉！”〔1〕

莽曰：“古者，设庐井八家，一夫一妇田百亩，什一而税，则国给民富而颂声作。此唐虞之道，三代所遵行也。秦为无道，厚赋税以自供奉，罢民力以极欲，坏圣制，废井田，是以兼并起，贪鄙生，强者规田以千数，弱者曾无立锥之居。又置奴婢之市，与牛马同兰，制于民臣，颛断其命。奸虐之人因缘为利，至略卖人妻子，逆天心，悖人伦，缪于‘天地之性人为贵’之义。《书》曰‘予则奴戮女’，唯不用命者，然后被此辜矣。汉氏减轻田租，三十而税一，常有更赋，罢癃咸出，而豪民侵陵，分田劫假。厥名三十税一，实什税五也。父子夫妇终年耕芸，所得不足以自存。故富者犬马余菽粟，骄而为邪；贫者不厌糟糠，穷而为奸。俱陷于辜，刑用不错。予前在大麓，始令天下公田口井，时则有嘉禾之祥，遭反虏逆贼且止。今更名天下田曰‘王田’，奴婢曰‘私属’，皆不得卖买。其男口不盈八，而田过一井者，分余田予九族邻里乡党。故无田，今当受田者，如制度。敢有非井田圣制，无法惑众者，投诸四裔，以御魑魅，如皇始祖考虞帝故事。”〔2〕

十二月壬子，诏曰：“《书》云：‘父不慈，子不祗，兄不友，弟不恭，不相及也。’往者妖言大狱，所及广远，一人犯罪，禁至三属，莫得垂缨仕宦王朝。如有贤才而没齿无用，朕甚怜之，非所谓与之更始也。诸以前妖恶禁锢者，一皆蠲除之，以明弃咎之路，但不得在宿卫而已。”〔3〕

〔1〕（东汉）班固：《汉书·成帝纪》，中华书局1962年版，第314页。
〔2〕（东汉）班固：《汉书·王莽传中》，中华书局1962年版，第4110～4111页。
〔3〕（刘宋）范晔：《后汉书·肃宗孝章帝纪》，中华书局1965年版，第147～148页。

乙卯，诏曰："夫政，先京师，后诸夏。《月令》仲春'养幼小，存诸孤'，季春'赐贫穷，赈乏绝，省妇使，表贞女'，所以顺阳气，崇生长也。其赐人尤贫困、孤弱、单独谷，人三斛；贞妇有节义十斛，甄表门闾，旌显厥行。"[1]

在这六则史料中，皇帝显然是在推行经典政治，即依照经义之规定来施政行事：宣帝禁苛政而申乡党之礼、元帝禁徒郡国民奉园陵、成帝命二千石劝勉农桑、王莽建王田并禁止买卖奴婢、章帝废止妖言禁锢、安帝优待弱势群体等皆符合儒家经典重礼、重民、重农、重贤、重时令等要求，可谓做到了应经合义。同时，其以经义为据推行经典政治亦是为了应对彼时社会中所存在的不安定因素，如"擅为苛禁，禁民嫁娶不得具酒食相贺召"，"令百姓远弃先祖坟墓，破业失产，亲戚别离"，"民弥惰怠，乡本者少，趋末者众"，"富者犬马余菽粟，骄而为邪；贫者不厌糟糠，穷而为奸"，"一人犯罪，禁至三属，莫得垂缨仕宦王朝"以及贫困孤弱无人赡养等。这些现象既违反了经典要求，又违背了社会风俗，皆为造成严重社会问题并足以影响政权安危的隐患。在这种情况下，仅仅以冷酷的汉律规定来要求与禁止往往效果不佳，反不如奉行经义以推行教化更有成效。因为经义已经随儒学的社会化渗入各个阶层，成为人们普遍遵循的行为准则；而教化则更容易以温和的方式消解潜在的矛盾。于是，经义的价值观得以通过法律的权威性在社会生活中落实，经义之规定成为诏令的核心，也就是经典政治得以推行的重要依据。就此六例来看："民之失德，干糇以愆"是苛政可能造成的后果，故应对之预防；"民亦劳止，迄可小康，惠此中国，以绥四方"是王道教化的目标，而徙郡国民以奉园陵则会劳民伤财并导致人心动摇，故应禁止；"服田力啬，乃亦有秋"阐明了务农与丰收之间的关系，其实也就是农事与社会安定之间的内在关系，故应令地方官劝勉农桑；"天地

[1]（刘宋）范晔：《后汉书·孝安帝纪》，中华书局1965年版，第229～230页。

之性人为贵”与“予则奴戮女”是对人之生存最基本需求的保护，故有设王田限兼并与禁卖奴婢之规定；“父不慈，子不祗，兄不友，弟不恭，不相及也”实为罪止其身原则的细化表述，即不当延及犯罪者子孙以免连累无辜与湮没贤者，故而应废除妖言禁锢；仲春“养幼小，存诸孤”与季春“赐贫穷，赈乏绝，省妇使，表贞女”是先王依时令行政的表现，是对自然规律的效法遵行，是天人合一的要求，故而应得到认可与施行。在这些事例中，经义本身经由皇帝重述后便成为一种带有强制性的规范性准则，被适用于政治生活的方方面面之中。

皇帝诏令引用儒家经典的行为也深深影响了臣下。其一方面表现为群臣的奏疏中亦大量引经据典，向皇帝建言献策，从而在皇帝与群僚这种上下关系之间形成了经义的传递；另一方面则表现为地方长官所发布的条教中也模仿皇帝而援引经典为证，从而使经典政治借由郡县条教走向社会基层。这种统治阶层对经义的全面援引使它在反复使用中得以真正深入施政活动之中，渐渐成为这些活动的依据与准则，并规范着它们的有效运行。

二、灾异观与罪己诏

罪己诏是一种特殊的诏令，其主要内容是皇帝针对自己的不当行为进行自我批评与反思，并采取一定措施来补救因此所造成的恶果。有学者归纳出了两汉时期罪己诏的固定格式：“首先，明示君主的治世职责；其次，将天灾、人事之不谐公之于众，接以‘朕之不德’之类自责语；最后，以不同的政治措施作为自救补弊之方。”[1]从中不难发现，罪己诏与普通诏令的区别在于对灾异的公布与对自责之语的套用。进而论之，在多数情况下，

〔1〕 林存光主编：《中国政治思想通史——秦汉卷》，中国人民大学出版社2014年版，第444～445页。

正是灾异的发生才使皇帝认识到了自己施政的不足，从而下诏罪己。或者说，诸多人事之不公与混乱也是经由天现灾异后才引起统治者的重视。故而在探讨罪己诏时，必须以阐明汉人的灾异观为先决条件。

两汉时期灾异发生较为频繁。有学者统计，西汉214年中的灾害年份为32年（15%），东汉195年中的灾害年份为119年（61%）。〔1〕自然灾害与政治生活之间的关联使灾异说成为汉人解经言政的重要方式。就西汉一朝，"孝武时有董仲舒、夏侯始昌，昭、宣则眭孟、夏侯胜，元、成则京房、翼奉、刘向、谷永，哀、平则李寻、田终术。此其纳说时君著明者也"〔2〕；东汉时期谶纬内学更以言说灾异见长，儒者争相附之。"坚持灾异谴告说者虽往往不免悲剧结局，却依然前赴后继，这是因为这种学说已经产生了深广的社会影响，形成了一种文化的'场'，文化的'势'的缘故。"〔3〕不过，汉人虽常常将灾异连用，但两者之间其实存在着不同。董仲舒认为，"天地之物有不常之变者，谓之异，小者谓之灾。灾常先至而异乃随之。灾者，天之谴也；异者，天之威也。谴之而不知，乃畏之以威"〔4〕。即反常的现象小者为灾而大者为异。两者的顺序为先灾后异："国家将有失道之败，而天乃先出灾害以谴告之；不知自省，又出怪异以警惧之，尚不知变，而伤败乃至。"〔5〕则灾为谴告而异为警惧，两者对人君的作用亦不相同。董仲舒的这一理论似乎曾为主流而成为汉儒的共识。但至东汉时期，出现了另一种解释灾异的理论："灾之为言伤也，随事而诛。异之为言怪也，先发感动之也。"〔6〕在这一理论中，灾与异在定义上的区别被细化：灾与伤连用，说明造成了

〔1〕 参见［日］鹤间和幸：《始皇帝的遗产：秦汉帝国》，马彪译，广西师范大学出版社2014年版，第401页。

〔2〕（东汉）班固：《汉书·眭两夏侯京翼李传》，中华书局1962年版，第3194～3195页。

〔3〕 王子今：《秦汉社会意识研究》，商务印书馆2012年版，第190页。

〔4〕（西汉）董仲舒撰、（清）苏舆义证：《春秋繁露义证·必仁且智》，中华书局1992年版，第259页。

〔5〕（东汉）班固：《汉书·董仲舒传》，中华书局1962年版，第2498页。

〔6〕（清）赵在翰辑：《七纬（附论语谶）》，载《秦汉齐博士论议集 七纬 附论语谶》，齐鲁书社1997年版，第880页。

一定的恶性结果；异与怪连用，说明出现了一定的反常现象。两者一重事后结果，一重事发现象。而且两者的发生顺序也出现了反转：灾为随事出现，异为先事出现，异在灾前。此理论在东汉时期似乎相当流行，并得到了《白虎通义》的认可。大儒何休亦以此来注释《公羊传》。他认为，“灾者，有害于人物，随事而至者”〔1〕，“异者，所以为人戒也”，“重异不重灾，君子所以贵教化而贱刑罚也”。〔2〕也就是说，相比于灾之害，《公羊传》更重视异之戒，即更为重视异所起到的警戒君主的作用。因此，他以刑罚比附灾害而以教化比附怪异，认为重异不重灾正是圣人贵教化而贱刑罚的表现。不过，不论灾异之间究竟有何区别，两者的产生都与君主之不当行为有关：“盖灾异者，天地之戒也”〔3〕；“人君不德，谪见天地，灾异娄发，以告不治”〔4〕；“凡灾异之发，各象过失，以类告人”〔5〕。根据汉人的天人感应理论，天与君之间实有一种双向互动的关系：一方面，人君为天之子，应当效法上天施政并满足民众的需求；另一方面，人君施善政，上天会出现祥瑞以示褒扬奖赏，而人君施恶政，上天就会降下灾异以示警戒和惩罚。具言之，君主之不当行为会导致阴阳不调，五行变乱，“行有点缺，气逆于天，情感变出，以戒人也”〔6〕；故“政有得失，则感动阴阳，妖变为应”〔7〕。因此，灾异的作用就是对人君进行谴告，使人君能够认识到自己施政行为的不当之处，并采取措施补救之：“天垂妖象，地见灾符，所以谴告人主，责躬修德，

---

〔1〕（东汉）何休解诂，（唐）徐彦疏：《春秋公羊传注疏·隐公五年》，北京大学出版社1999年版，第52页。

〔2〕（东汉）何休解诂，（唐）徐彦疏：《春秋公羊传注疏·定公元年》，北京大学出版社1999年版，第551页。

〔3〕（东汉）班固：《汉书·宣帝纪》，中华书局1962年版，第245页。

〔4〕（东汉）班固：《汉书·成帝纪》，中华书局1962年版，第307页。

〔5〕（东汉）班固：《汉书·谷永杜邺传》，中华书局1962年版，第3444页。

〔6〕（清）赵在翰辑：《七纬（附论语谶）》，载《秦汉齐博士论议集 七纬 附论语谶》，齐鲁书社1997年版，第948页。

〔7〕（刘宋）范晔：《后汉书·郭陈列传》，中华书局1965年版，第1562页。

使正机平衡，流化兴政也”〔1〕；“凡异所生，灾所起，各以其政，变之则除，其不可变，则施之亦除”〔2〕。在这种情形下，下罪己诏承认错误、改过自新便成了君主所采取的必要措施。史载：

十一月癸卯晦，日有食之。诏曰：“朕闻之，天生民，为之置君以养治之。人主不德，布政不均，则天示之灾以戒不治。乃十一月晦，日有食之，适见于天，灾孰大焉！朕获保宗庙，以微眇之身托于士民君王之上，天下治乱，在予一人，唯二三执政犹吾股肱也。朕下不能治育群生，上以累三光之明，其不德大矣。令至，其悉思朕之过失，及知见之所不及，丐以启告朕。及举贤良方正能直言极谏者，以匡朕之不逮。因各敕以职任，务省繇费以便民。朕既不能远德，故憪然念外人之有非，是以设备未息。今纵不能罢边屯戍，又饬兵厚卫，其罢卫将军军。太仆见马遗财足，余皆以给传置。”〔3〕

夏四月壬寅，郡国四十九地震，或山崩水出。诏曰：“盖灾异者，天地之戒也。朕承洪业，奉宗庙，托于士民之上，未能和群生。乃者地震北海、琅邪，坏祖宗庙，朕甚惧焉。丞相、御史其与列侯、中二千石博问经学之士，有以应变，辅朕之不逮，毋有所讳。令三辅、太常、内郡国举贤良方正各一人。律令有可蠲除以安百姓，条奏。被地震坏败甚者，勿收租赋。”大赦天下。上以宗庙堕，素服，避正殿五日。〔4〕

夏四月，有星孛于参。诏曰：“朕之不逮，序位不明，众僚久

---

〔1〕（刘宋）范晔：《后汉书·郎顗襄楷列传》，中华书局1965年版，第1054页。

〔2〕（清）赵在翰辑：《七纬（附论语谶）》，载《秦汉齐博士论议集　七纬　附论语谶》，齐鲁书社1997年版，第510页。

〔3〕（东汉）班固：《汉书·文帝纪》，中华书局1962年版，第116页。

〔4〕（东汉）班固：《汉书·宣帝纪》，中华书局1962年版，第245页。

旷，未得其人。元元失望，上感皇天，阴阳为变，咎流万民，朕甚惧之。乃者关东连遭灾害，饥寒疾疫，夭不终命。《诗》不云乎？‘凡民有丧，匍匐救之。’其令太官毋日杀，所具各减半。乘舆秣马，无乏正事而已。罢角抵、上林宫馆希御幸者、齐三服官、北假田官、盐铁官、常平仓。博士弟子毋置员，以广学者。赐宗室子有属籍者马一匹至二驷，三老、孝者帛，人五匹，弟者、力田三匹，鳏寡孤独二匹，吏民五十户牛酒。”省刑罚七十余事。除光禄大夫以下至郎中保父母同产之令。令从官给事宫司马中者，得为大父母父母兄弟通籍。〔1〕

鸿嘉元年春二月，诏曰：“朕承天地，获保宗庙，明有所蔽，德不能绥，刑罚不中，众冤失职，趋阙告诉者不绝。是以阴阳错谬，寒暑失序，日月不光，百姓蒙辜，朕甚闵焉。《书》不云乎？‘即我御事，罔克耆寿，咎在厥躬。’方春生长时，临遣谏大夫理等举三辅、三河、弘农冤狱。公卿大夫、部刺史明申敕守相，称朕意焉。其赐天下民爵一级，女子百户牛酒，加赐鳏寡孤独高年帛。逋贷未入者勿收。”〔2〕

诏曰：“朕承宗庙之重，战战兢兢，惧失天心。间者日月亡光，五星失行，郡国比比地动。乃者河南、颍川郡水出，流杀人民，坏败庐舍。朕之不德，民反蒙辜，朕甚惧焉。已遣光禄大夫循行举籍，赐死者棺钱，人三千。其令水所伤县邑及他郡国灾害什四以上，民赀不满十万，皆无出今年租赋。”〔3〕

癸亥晦，日有食之，避正殿，寝兵，不听事五日。诏曰：“吾德薄致灾，谪见日月，战栗恐惧，夫何言哉！今方念愆，庶消厥咎。

〔1〕（东汉）班固：《汉书·元帝纪》，中华书局1962年版，第285～286页。
〔2〕（东汉）班固：《汉书·成帝纪》，中华书局1962年版，第315页。
〔3〕（东汉）班固：《汉书·哀帝纪》，中华书局1962年版，第337页。

其令有司各修职任，奉遵法度，惠兹元元。百僚各上封事，无有所讳。其上书者，不得言圣。”〔1〕

壬申晦，日有蚀之。诏曰：“朕奉承祖业，无有善政。日月薄蚀，彗孛见天，水旱不节，稼穑不成，人无宿储，下生愁垫。虽夙夜勤思，而智能不逮。昔楚庄无灾，以致戒惧；鲁哀祸大，天不降谴。今之动变，傥尚可救。有司勉思厥职，以匡无德。古者卿士献诗，百工箴谏。其言事者，靡有所讳。”〔2〕

甲申，诏曰：“《春秋》书‘无麦苗’，重之也。去秋雨泽不适，今时复旱，如炎如焚。凶年无时，而为备未至。朕之不德，上累三光，震栗忉忉，痛心疾首。前代圣君，博思咨诹，虽降灾咎，辄有开匮反风之应。令予小子，徒惨惨而已。其令二千石理冤狱，录轻系；祷五岳四渎，及名山能兴云致雨者，冀蒙不崇朝遍雨天下之报。务加肃敬焉。”〔3〕

三月丙申，诏曰：“比年不登，百姓虚匮。京师去冬无宿雪，今春无澍雨，黎民流离，困于道路。朕痛心疾首，靡知所济。‘瞻仰昊天，何辜今人？’三公朕之腹心，而未获承天安民之策。数诏有司，务择良吏。今犹不改，竞为苛暴，侵愁小民，以求虚名，委任下吏，假埶行邪。是以令下而奸生，禁至而诈起。巧法析律，饰文增辞，货行于言，罪成乎手，朕甚病焉，公卿不思助明好恶，将何以救其咎罚？咎罚既至，复令灾及小民。若上下同心，庶或有瘳。其赐天下男子爵，人二级，三老、孝悌、力田三级，民无名数及流民欲占者人一级；鳏、寡、孤、独、笃癃、贫不能自存者粟，人

〔1〕（刘宋）范晔：《后汉书·光武帝纪下》，中华书局1965年版，第52页。
〔2〕（刘宋）范晔：《后汉书·显宗孝明帝纪》，中华书局1965年版，第106页。
〔3〕（刘宋）范晔：《后汉书·肃宗孝章帝纪》，中华书局1965年版，第139页。

三斛。"〔1〕

戊戌，诏曰："朕以不德，奉郊庙，承大业，不能兴和降善，为人祈福。灾异蜂起，寇贼纵横，夷狄猾夏，戎事不息，百姓匮乏，疲于征发。重以蝗虫滋生，害及成麦，秋稼方收，甚可悼也。朕以不明，统理失中，亦未获忠良以毗阙政。传曰：'颠而不扶，危而不持，则将焉用彼相矣。'公卿大夫将何以匡救，济斯艰厄，承天诫哉？盖为政之本，莫若得人，褒贤显善，圣制所先。'济济多士，文王以宁。'思得忠良正直之臣，以辅不逮。其令三公、特进、侯、中二千石、二千石、郡守、诸侯相举贤良方正，有道术、达于政化、能直言极谏之士，各一人，及至孝与众卓异者，并遣诣公车，朕将亲览焉。"〔2〕

四年春正月丙寅，诏曰："朕托王公之上，涉道日寡，政失厥中，阴阳气隔，寇盗肆暴，庶狱弥繁，忧悴永叹，疢如疾首。《诗》云：'君子如祉，乱庶遄已。'三朝之会，朔旦立春，嘉与海内洗心自新。其赦天下。从甲寅赦令已来复秩属籍，三年正月已来还赎。其阎显、江京等知识婚姻禁锢，一原除之。务崇宽和。敬顺时令，遵典去苛，以称朕意。"〔3〕

十一月甲申，诏曰："朕摄政失中，灾眚连仍，三光不明，阴阳错序。监寐寤叹，疢如疾首。今京师厮舍，死者相枕，郡县阡陌，处处有之，甚违周文掩胔之义。其有家属而贫无以葬者，给直，人三千，丧主布三匹；若无亲属，可于官壖地葬之，表识姓名，为设祠祭。又徒在作部，疾病致医药，死亡厚埋藏。民有不能自振及

〔1〕（刘宋）范晔：《后汉书·孝和孝殇帝纪》，中华书局1965年版，第186页。
〔2〕（刘宋）范晔：《后汉书·孝安帝纪》，中华书局1965年版，第217页。
〔3〕（刘宋）范晔：《后汉书·孝顺孝冲孝质帝纪》，中华书局1965年版，第255～256页。

流移者，禀谷如科。州郡检察，务崇恩施，以康我民。”[1]

西汉初期，灾异观尚未成为官方主流哲学，但文帝已经引用之而下诏罪己。自此之后，除个别时期未见灾异记载外，两汉诸帝基本都因灾异下诏罪己。有些时期虽未有明确诏书记载，但也有皇帝颁布的针对灾异的相应措施，故因灾异而下诏罪己之举已成为两汉时期司空见惯的现象。统观上引史料，皇帝对自己过失的补救措施主要体现在四个方面：就财用方面而言，主要有减免赋税、抚恤鳏寡孤独、赏赐孝悌力田、省宫廷用度等。就吏治方面而言，主要有裁汰冗员、禁止苛政、解除禁锢、罢免不称职的官员等。尤其是自成帝以后，渐渐出现因灾异策免三公的现象并于安帝时成定制；就选举方面而言，主要有举贤纳谏，鼓励上书言事，直言人君过失等；就治狱方面而言，主要有平冤狱、出轻囚、省律令、大赦天下等。这些措施无一不是儒家经典所提倡的，也均以实现经义所要求的仁政德治为目标。因此，汉代之罪己诏不单单是皇帝所采取的一种缓和矛盾、凝聚人心的统治术，还具有更深远的意义。针对一再宣称推崇经术的汉代诸帝而言，罪己诏的实质就是运用经义调整、纠正之前不合或违背经典所要求的施政行为，是对已经推行的经典政治的自我修补。通过皇帝的自责与补正，不合经义的举措被废止与淘汰，万象更新，一切又回到了经书中理想的经典政治的轨道上来。从另一个角度来看，皇帝下罪己诏这一行为非但不是对自身皇权的质疑，反而正表明自己就是合格的统治者。因为颁布罪己诏本身就合于经典的要求。《论语》曰：“朕躬有罪，无以万方；万方有罪，罪在朕躬。”[2]《尚书》曰：“其尔万方有罪，在予一人。予一人有罪，无以尔万方。”[3]舜与汤两位古代圣王都曾将未能治理好天下的责任揽于自身，希

---

[1] （刘宋）范晔：《后汉书·孝桓帝纪》，中华书局1965年版，第294～295页。

[2] （魏）何晏注，（北宋）邢昺疏：《论语注疏·尧曰》，北京大学出版社1999年版，第265页。

[3] （西汉）孔安国传，（唐）孔颖达正义：《尚书正义·汤诰》，北京大学出版社1999年版，第201页。

望上天只惩罚自己而不连累臣僚百姓。则儒家经典本身就主张君主作为代天牧民者理当一人承受上天的惩罚，担负起上天赋予自己的职责。天降灾异以谴告皇帝正是对其“获保宗庙”“托王公之上”“奉承大业”的认可。“今之动变，傥尚可救”，有灾异出现其实是上天欲警示皇帝保住江山社稷的表现。换句话说，灾异的出现确实说明了皇帝的治理举措不合理，但又间接承认了皇帝“恭承天地”、祀奉宗庙是合法的。如果皇帝不享有统治的合法性或不配作为人君，反而可能根本没有灾异出现，故“楚庄无灾，以致戒惧；鲁哀祸大，天不降谴”。由此而论，汉帝自我批评并勇于承担责任的方式恰恰证明了自己所拥有受之于天的合法统治权，并表现出对自己的至尊地位与至上权力的高度自信。

第三节　法律解释层面的经律互注

法律解释亦是法律实践活动的重要组成部分。“法律解释首先是指确定法律规范的内容，探求立法意图，说明法律规范含义的行为和过程，这个过程包括解释主体对解释对象的理解和阐明两个阶段，同时还包括该过程中运用的法律解释技术。其次指一个国家的法律解释制度。最后，它是指研究以上内容的科学，即专门的法律解释理论。法律解释，包括对法律内容的理解和对一定理解作出的统一认识的阐释，在法的创制和实现中是不可须臾离开的因素。”[1]则法律解释可以从解释行为、解释制度与解释技术三个层面来理解。法律解释虽然常常发生于法律适用的场合，但它不

〔1〕 郭华成：《法律解释比较研究》，中国人民大学出版社1993年版，第117～118页。

应当被混同于法律适用，而应被视为一种独立的法律实践活动。只有合理的解释法律，才能公正的适用法律，故法律解释实为法律适用得以实现的前提。中国古代也存在着法律解释行为，并形成了相对完备的法律解释技术，其主要特点便是对法典及其法条的注释。[1]具体到两汉的背景下，对汉律的解释主要是指汉儒对汉律的理解与阐明以及在这一过程中所运用的技术。其目的是使汉律之意应经合义，能够牵合经典所倡导的仁义道德，从而服务于经典政治的需要。受章句注疏之学的影响，汉儒解释法律时所采用的方法也是章句解释法，形成的结果自然也是律章句。这样看来，他们释律之目的与方法均是经学的。这种以经学注疏法解释法律以使之应经合义的行为便是以经注律。同时，还有另一种现象亦值得引起关注，即以汉律之条文规定比附、注解经书之义，此即为以律注经。以律注经发生在经学领域，虽不属于法律解释而归于经学解释，但与法律解释之间亦不可分割。以律注经者同样是汉儒群体，他们通过律意来对经义进行解释，使经义的强制力大大增强，更加突出了其规范性特点，促进了其法律化进程。因此，两汉时期之经义与律典之间实可互注互释，相辅相成。

一、以经注律

以经注律是经义法律化发展到一定阶段的必然结果。其基本表现形

---

〔1〕 关于这一问题，陈锐教授认为，中国古代很早就具有了法律解释活动，“春秋时期郑国的子产与邓析就‘悬书’‘致书’‘倚书’等法律概念展开的争论与区分实际上就是标准的法律解释活动”。“可以考证的、最早系统地解释法律的文献当属秦代的《法律答问》，当时的法吏们在司法实践中已经摸索出了一些法律解释方法，并将这些解释刻在竹简上，以司法经验的形式开始流传。”怀效锋教授也认为，中国古代的法律解释学是以法典为主要研究对象，采取了多种解释方法。他指出，“中国古代在春秋时期就已出现了成文法，有了法律，就要执行，法律只有经由解释才能适用。因此，在一般情况下，成文法典的持续适用，法制的长期发展，必然导致法典注释学的产生。在中国，法典注释学亦出现很早，并在两千多年的发展过程中，形成了丰富独特、纤细备至的注释方法，内容包括法律术语的规范化解释、互校解释、限制解释、扩大解释、类推解释、经义解释和判例解释等”。参见陈锐：《两汉经学与汉代的法律解释》，载《西南政法大学学报》2011年第6期；怀校锋：《中国律学丛刊》，法律出版社1999年版，“序”第8页。

式为以经典注释汉律,目的在于使律意更加应经合义。史载,“叔孙宣、郭令卿、马融、郑玄诸儒章句十有余家,家数十万言。凡断罪所当由用者,合二万六千二百七十二条,七百七十三万二千二百余言,言数益繁,览者益难”[1]。则以经注律实为东汉时期十分普遍的现象,亦有不少律章句作品行于世。遗憾的是,这些作品并未流传下来。近人程树德在《九朝律考·汉律考》中辑有律说8条,但它们只是单纯解释律文的作品,无法看出经学在其中的影响力。龙大轩在《汉代律家与律章句考》一书中罗列了543条汉律章句,范围涵盖广泛。但这些章句并非均为以经注律之作,反而有大量可以归为以律注经者,亦有一些单纯注释律意而不带有经学解释之倾向者。此外,许慎等援引汉律规定对字义进行的解释也被收录进来。于此,以两部作品所列举的资料为基础,搜寻严格意义上的援引经书解释汉律者,共找到10条。根据解释方法不同,这10条资料可以被归为以下三类:

(一)明引或概括经典内容以解释法律概念

此为以经注律最常见的方法,即明确引用或简要概括含有某一法律概念的经典原文之内容,以之解释、阐明这一概念的意思。汉律中的诸多法律概念,早已在儒家经典中被使用。此法律概念的意义或等同于其在经典中的意义,或是由其经学概念演变、引申而来。故引用经典中之内容进行解释,其实就是对这些概念从源头上所进行的考察,是一种对先王圣人原意的再现,是合理且必要的,有助于对它们进行更准确的理解。采用这一方式者共计五例。

例一:

封皇帝玺符节,降枳道旁。应劭曰:“玺,信也,古者尊卑共之。《左传》襄公在楚,季武子使公冶问玺书,追而与之。秦汉尊

[1] (唐)房玄龄:《晋书·刑法志》,中华书局1974年版,第923页。

者以为信，群下乃避之。”[1]

“玺”是皇帝身份地位的象征，在两汉的法律文书制度中发挥极大作用。皇帝通过加盖印玺使某一文书得以生效，从而具有了法律效力。应劭释“玺”从其历史渊源入手，而后论及当今。他引用了《左传》的记录来说明玺书产生之初实为“尊卑共之”。《左传·襄公二十九年》所载之玺书实为以泥封加印的文书，有在长途运输中保护文书的完整性以防止其破损之用。可见先秦时期玺书亦为诸侯大夫所使用，不属于天子专有。孔颖达疏引《月令》曰：“周封玺”，又引《周官》曰：“《周礼》‘掌节货贿，用玺节’”，认为周时即以玺指代印，但其不为天子所独有。应劭认为，至秦时，玺才成为一种体现天子至尊身份的象征。这其实也是汉代学者的共识。蔡邕认为，“玺者，印信也。天子玺白玉螭虎钮。古者尊卑共之。”[2]卫宏认为：“秦以前，民皆以金玉为印，龙虎钮，唯其所好。秦以来，天子独以印称玺，又独以玉。群臣莫敢用。”[3]应劭通过考察玺在使用范围上的流变，更为清晰地将玺之义呈现在读者面前，而其对《左传》的引用，则使玺之本来意义更具有说服力。

例二：

夏四月乙巳，庙立皇子闳为齐王，旦为燕王，胥为广陵王。初作诰。服虔曰：“诰敕王，如《尚书》诸诰也。”[4]

诰本意为“告”“示”，用于法律文书领域亦是一专有词汇，特指上告下，尤其是君主告诫诸侯。秦时已改诰为诏。武帝复古，仿先秦旧制别作诰，其内容、文辞均与《尚书》所载之诰极为相似。在《尚书》中，以“诰”

[1]（东汉）班固：《汉书·高帝纪上》引应劭注，中华书局1962年版，第22～23页。
[2]（西汉）司马迁：《史记·秦始皇本纪》裴骃集解，中华书局1959年版，第228页。
[3]（西汉）司马迁：《史记·秦始皇本纪》裴骃集解，中华书局1959年版，第228页。
[4]（东汉）班固：《汉书·武帝纪》引服虔注，中华书局1962年版，第179～180页。

命名者共《仲虺之诰》《汤诰》《大诰》《康诰》《酒诰》《召诰》《洛诰》《康王之诰》八篇。此外，孔颖达还认为，"《盘庚》亦诰也，故王肃云：'不言诰，何也？取其徒而立功，非但录其诰。'……《西伯戡黎》云，'祖伊恐，奔告于受'，亦诰也。《武成》云，'识其政事'，亦诰也。……《金滕》自为一体，祝亦诰辞也。《梓材》《酒诰》分出，亦诰也。《多士》以王命诰，自然诰也。……《君奭》周公诰召公，亦诰也。《多方》《周官》上诰于下，亦诰也。……《吕刑》陈刑告王，亦诰也"[1]。武帝作诰以告所封诸王，正如《尚书》中先王作诰以告诸侯。因此服虔以《尚书》中之诰体来类比武帝之诰体，使其显得更为直观。

例三：

> 二人谏，不听，胥靡之，衣之赭衣，使杵臼雅舂于市。应劭曰："《诗》云'若此无罪，沦胥以铺'。胥靡，刑名也。"[2]

胥靡是两汉时期的一种刑名。应劭认为其可能就是根据《诗经》所言而设。《诗经》曰："舍彼有罪，既伏其辜。若此无罪，沦胥以铺。"据郑玄《毛诗笺》："胥，相。铺，徧也。言王使此无罪者见牵率相引而徧得罪也。"[3]则"沦胥以铺"似为因有罪而累及无罪，有滥罪以致波及无辜之意。晋灼注《汉书》曰："胥，相也。靡，随也。古者相随坐轻刑之名。"颜师古进一步认为，"联系使相随而服役之，故谓之胥靡，犹今之役囚徒以锁联缀耳。晋说近之，而云随坐轻刑，非也"。他肯定了晋灼将胥靡之本义释为相随的做法，却不赞同坐轻刑之说。不过有一点他们已达成共识，即胥靡本身为相随之意。该意实可从《诗经》中推演出来，而它被用作一种刑名也当与《诗经》有关。按颜师古的解释，胥靡是指用绳索连着强制劳动。

---

〔1〕（西汉）孔安国传，（唐）孔颖达正义：《尚书正义·尧典》，北京大学出版社1999年版，第19～20页。
〔2〕（东汉）班固：《汉书·楚元王传》，中华书局1962年版，第1924页。
〔3〕（东汉）郑玄笺，（唐）孔颖达正义：《毛诗正义·雨无正》，北京大学出版社1999年版，第730页。

结合申公、白生劝谏不行反受刑的经历，其似乎也合于《雨无正》所言滥刑而罪及无辜之意。故应劭将胥靡一刑的名称由来归之于《诗经》之言当有一定道理。因此，援引《诗经》释“胥靡”，不仅使此刑名的由来有源可考，还使这一刑罚方式更符合经典要求。

例四：

莽作焚如之刑，烧杀陈良等，罢诸将率屯兵，但置游击都尉。应劭曰：“《易》有焚如、死如、弃如之言，莽依此作刑名也。”〔1〕

王莽依经典改制，故焚如之刑必有经典记载。应劭以《易》焚如之言比附、解释之，正合王莽当时制刑之义。盖刑名焚如之意完全来源于《易》之焚如。《易·离卦》九四：“突如其来如，焚如，死如，弃如。”〔2〕许慎言：“《易》曰：‘突如其来如’。不孝子突出，不容于内也。”〔3〕如淳认为，“焚如、死如、弃如者，谓不孝子也。不畜于父母，不容于朋友，故烧杀弃之，莽依此作刑名也”〔4〕。则儒家理想的政治制度中本来就有焚如、死如、弃如之刑，且通常被视为针对不孝行为的处罚。王莽可能采用了焚如火焰炽盛之义，将之设为一种火刑，专门处罚不孝行为者，以合于经典。应劭以焚如之经学概念释其法律概念，不仅使其定义明确化，还清楚揭示了其产生缘由。

例五：

梁皇后恃姊、兄荫势，恣极奢靡，兼倍前世，专宠妬忌，六宫莫得进见。郑玄注曰：六宫，谓后也。妇人称寝曰宫，宫，隐蔽之言。后象王，立六宫而居之，亦正寝一，燕寝五，夫人以下，分居后之六宫。每宫九嫔一人，世妇三人，女御九人；其余九嫔三人，

〔1〕（东汉）班固：《汉书·匈奴传下》，中华书局1962年版，第3827～3828页。
〔2〕（魏）王弼注，（唐）孔颖达正义：《周易正义·离》，北京大学出版社1999年版，第137页。
〔3〕（东汉）许慎撰，（清）段玉裁注：《说文解字注》，上海古籍出版社1981年版，第744页。
〔4〕（东汉）班固：《汉书·匈奴传下》引如淳注，中华书局1962年版，第3828页。

世妇九人，女御二十七人，从后唯所燕息焉。从后者，五日而沐浴，其次又上，十五日而遍云。夫人如三公，从容论妇礼，此礼所谓“以时御叙于王所”者也。[1]

六宫是东汉时期的一种后宫制度，该制度的设立与儒家经典有一定关联。《周官·天官冢宰》中即有六宫之法，可能就是东汉六宫制度的蓝本。郑玄在为六宫之法作注时，具体阐明了六宫之意，并认为“夫人如三公，从容论妇礼，此礼所谓‘以时御叙于王所’者也”。在他看来，汉帝采用这一制度，其实质是为了实现先王礼制的要求。《周官》载：“九嫔掌妇学之法，以教九御妇德、妇言、妇容、妇功，各帅其属而以时御叙于王所。”[2]郑玄在注《周官》时已经指出，“凡群妃御见之法，月与后妃其象也。卑者宜先，尊者宜后。女御八十一人当九夕，世妇二十七人当三夕，九嫔九人当一夕，三夫人当一夕，后当一夕，亦十五日而遍云。自望后反之”。[3]故所谓“以时御叙于王所”者，就是指六宫之法中的群妃御见之法，即月初卑者为先而望后尊者为先的规定。郑玄引《周官》之言解释东汉六宫之制，又以其注《周官》之言阐明群妃御见之法，正是明确看到了该制度产生的经典依据，从而印证了此制度合于先王旧制与经书之义。

（二）明引经典之语以解释律条

此亦为以经注律的方法之一。与上一种情况不同的是，其解释客体不再是法律概念，而是法律条文。解释之目的也不再是发现法律概念与经学概念之间的关联性，而是论证法律规定与经典之义之间的一致性。因此，解释者往往从儒家经书中搜索某一法律条文如此规定的原因。换言之，解释者倾向于为某一条文规定寻找经典上的依据，使之在经典话语之中得到

---

〔1〕（北宋）司马光：《资治通鉴·桓帝延熹二年》引《周官》郑玄注，中华书局1976年版，第1742页。
〔2〕（东汉）郑玄注，（唐）贾公彦疏：《周礼注疏·九嫔》，北京大学出版社1999年版，第192页。
〔3〕（东汉）郑玄注，（唐）贾公彦疏：《周礼注疏·九嫔》，北京大学出版社1999年版，第192页。

印证与重述。这一方法之运用共两例。

例一：

谨按：《易》称："守位以仁。"《尚书》："无旷庶官。"《诗》云："彼君子不素餐兮。"《论语》："陈力就列，不能者止。"汉典，吏病百日，应免。所以恤民急病，惩俗逋慝也。[1]

此处之法律条文即"汉典，吏病百日，应免"，属于规范职官退免者。《后汉书》亦有"吏病免百日当免"[2]之说。应劭的解释道明了如此规定的原因："恤民急病、惩俗逋慝也。"即一方面是为了表现皇帝体恤生病之人，另一方面是为了惩治怠惰邪恶却仍把持官位之人。就这两者而言，后者当是主要目的。为证明其论点的合理性，应劭分别引用了《易》《尚书》《诗经》《论语》四部经典中的论述。由《易》所引可见为官须有仁德，由《尚书》《诗经》《论语》所引可见为官须有才能，故德才兼备者才可治人。而吏病百日，长期无法主政，既无从见其仁德，又不能见其才能，因而应当罢免之，将位置留给更合适的人，以防止阻却他人的晋升与新人的进入。此注列举了四部经书中的经义，从德与才两个角度为汉律规定寻找印证，并配以自己的阐发，增强了"吏病百日，应免"的合理性与可接受性，堪称以经注律的典范。

例二：

至中营，将军亚夫揖，曰："介胄之士不拜，请以军礼见。"应劭曰："礼，介者不拜。"[3]

---

〔1〕（东汉）应劭撰，王利器校注：《风俗通义校注·过誉》，中华书局1981年版，第178页。

〔2〕（刘宋）范晔：《后汉书·蔡邕列传下》李贤注引《汉书音义》，中华书局1965年版，第2002页。又《后汉书·刘赵淳于江刘周赵列传》李贤注曰："汉制，吏病满三月当免，天下优赐其告，使得带印绶，将官属，归家养病，谓之赐告也。"（刘宋）范晔：《后汉书·刘赵淳于江刘周赵列传》李贤注，中华书局1965年版，第1295页。此处认为吏病满三月当免。三月或为虚数，可能正指一百天。

〔3〕（东汉）班固：《汉书·张陈王周传》，中华书局1962年版，第2058页。

"介胄之士不拜"是一条军事行为规范。由于规范军事行为的礼仪往往都具有强制性，而规范军事行为的法律又具有一定的仪式性，因此军礼和军法在很大程度上相互包含，可以视为一体。或者说，某一军事行为规范通常既属于军礼，又属于军法。由此而论，周亚夫虽然将"介胄之士不拜"当作军礼的规定，但它其实亦是一条赋予战士特权的汉律规定。故应劭释之也理所当然地属于以经注律的范畴。应劭所依之礼见于《礼记·少仪》："武车不式，介者不拜。"《左传·成公十六年》也载有践行这一礼仪规定的具体事例：鄢之战时，郤至在战场上见敌君楚共王，曾说道："君之外臣至，从寡君之戎事，以君之灵，间蒙甲胄，不敢拜命。"则因甲胄在身而不叩拜君主（己君或他君）虽然可能有损于君主权威，但确实为礼制所认可与支持。应劭以《礼记》《左传》之要求来注解这条军法，说明周亚夫之言行由来有自，合于经典要求，并非随意为之。

（三）解释律意时彰显经义价值观

在这种解释方法中，解释的客体依旧是法律概念或法律条文。但与上述两种解释方法不同的是，此类解释言语中并未明确援引经典内容，而是彰显了蕴含于经义之中的价值观。或者说，解释者虽并未明言经义之要求，但却在解释律文或法律概念时将之渗入其中，在解释言语中多处体现出其痕迹，从而使原本平淡枯燥的法律规定具有深奥的经学意蕴。由于此类解释不采用"某经云（曰）"这样的直接援引格式，即不以经典之规定为一般前提再加以细致论证，因此其在诸多律章句中较难被发现。笔者仅找到三例。

例一：

上造以上及内外公孙耳孙有罪当刑及当为城旦舂者，皆耐为鬼薪白粲。应劭曰："上造，爵满十六者也。内外公孙谓王侯内外孙也。耳孙者，玄孙之子也，言去其曾高益远，但耳闻之也。今以上造有功劳，内外孙有骨血属婕，施德布惠，故事从其轻也。”[1]

汉惠帝颁布的这条诏令本身便带有相当的儒家因素，即保证有爵位者以及王侯一定服制内的亲属在犯罪受刑时享有一定的优待。应劭在解释这一律文规定时，首先界定了“上造”“内外公孙”“耳孙”三个概念，随后又找到了对这三者从轻处罚的原因之所在：“上造为有功劳者，内外孙有骨血属婕。”即上造有功而内外孙有亲。至此，这条律文规定开始同儒家经典产生了联系。《周礼》有“八辟丽邦法”，其中，“一曰议亲之辟”“五曰议功之辟”[2]，“内外公孙”“耳孙”及“上造”以上两类人正可分别归入这两者。因此这条律文的规定足以与经典的要求相印证。同时，对这两类人进行处罚上的优待也体现了皇帝的德行与恩惠，即厚待宗亲与有功勋者，这亦是经典所极力提倡的。故应劭虽未明引经典原文，却已经在解释该条文内容时以之为据，使该规定充满了经学意味。

例二：

武有衡山、淮南之谋，作左官之律，设附益之法，诸侯惟得衣食税租，不与政事。应劭曰：“人道上右，今舍天子而仕诸侯，故谓之左官也。”[3]

关于左官之律，解释之焦点主要在于该称谓之意。服虔注曰：“仕于诸侯为左官，绝不得使仕于王侯也。”[4]则左官即为诸侯之官。应劭也认同这点，并进一步指出，左官是指“舍天子而仕诸侯”者，即不为天子效力而为诸侯效力者。在这里，应劭将诸侯对应于左而将天子对应于右以相区别，这又来源于汉儒人道尚右、以右为尊的思想。《白虎通义》云：“天道左旋，

[1]（东汉）班固：《汉书·惠帝纪》，中华书局1962年版，第85～87页。
[2]（东汉）郑玄注，（唐）贾公彦疏：《周礼注疏·小司寇》，北京大学出版社1999年版，第915～916页。
[3]（东汉）班固：《汉书·诸侯王表》，中华书局1962年版，第395～396页。
[4]（东汉）班固：《汉书·诸侯王表》，中华书局1962年版，第396页。

改正者右行，何也？改正者，非改天道也，但改日月耳。日月右行，故改正亦右行也。”〔1〕故推天道而行人道，“改正朔、易服色、殊徽号”〔2〕的汉朝便以右为尊。这在政治领域表现得尤为明显。《礼记》曰：“析言破律，乱名改作，执左道以乱政，杀。”郑玄曰：“左道，若巫蛊及俗禁。”〔3〕卢植云：“左道谓邪道，地道尊右，右为贵。”〔4〕则左道即为不正之道，而舍天子仕诸侯即为不正，因此将仕于诸侯者称为左官。应劭以政治领域的“尊右”为切入点来解释左官，可谓十分恰当。

例三：

> 吴王恐，为谋滋甚。及后使人为秋请。应劭曰：“冬当断狱，秋先请择其轻重也。”〔5〕

关于秋请制度，孟康认为，“律，春曰朝，秋曰请，如古诸侯朝聘也”〔6〕，即诸侯王于秋季朝觐汉朝皇帝的制度。除去《刘濞传》中的这条史料外，还有一条汉代史料提及秋请，即河间献王子重侯刘担“元狩二年，坐不使人为秋请免”〔7〕。则秋请当为汉代经常实行的一种朝见礼，并为汉律所保护。不遵从这一规定的诸侯王甚至可能被罢免。应劭在注解这一法律制度时，说明了其名称由来，并由此引申出设立之目的。所谓秋请，是指诸侯王秋天时入京请示皇帝冬天所当断案件的轻重。故在他看来，秋请制度主要是为了冬季有效地断案决狱而设。或者说，诸侯王朝见时的主要任务是请皇帝批示自己治内发生的案件孰轻孰重，以便冬季断狱时快速处理并适用不同的刑罚。这一说法并非应劭凭空捏造，实可从经典的记载中得

〔1〕（东汉）班固撰，（清）陈立疏：《白虎通疏证·三正》，中华书局1994年版，第364页。
〔2〕（东汉）郑玄注，（唐）孔颖达正义：《礼记正义·大传》，北京大学出版社1999年版，第1001页。
〔3〕（东汉）郑玄注，（唐）孔颖达正义：《礼记正义·王制》，北京大学出版社1999年版，第412页。
〔4〕（东汉）郑玄注，（唐）孔颖达正义：《礼记正义·王制》，北京大学出版社1999年版，第416页。
〔5〕（西汉）司马迁：《史记·吴王濞列传》裴骃集解引应劭注，中华书局1959年版，第2823页。
〔6〕（西汉）司马迁：《史记·吴王濞列传》裴骃集解引孟康注，中华书局1959年版，第2823页。
〔7〕（东汉）班固：《汉书·王子侯表上》，中华书局1962年版，第463～464页。

到一定程度的印证。《礼记》载，孟秋之月，"命有司修法制，缮囹圄，具桎梏，禁止奸，慎罪邪，务搏执。命理瞻伤，察创视折。审断、决狱，讼必端平。戮有罪，严断刑"[1]。其中，"慎罪邪"与"审断、决狱，讼必端平"中便含有辨别罪行轻重并施以相应处罚的意味。由于借助了经书内容，应劭之注较之于孟康之注更为具体，也更为应经合义。

二、以律注经

所谓以律注经，指注经过程中，引用当时的律令制度为儒家经典中的相关内容作注。这其实属于经学研究的范畴。汉儒群体既尝以经注律，又曾以律注经。相较于以经注律而言，以律注经之作品流传下来的较多，其中最具代表性者有二：一为何休注《公羊传》，即以汉律之内容规定注释《公羊传》；一为郑玄注"三礼"，即以汉代诸种国家礼仪制度注释《周礼》《礼记》《仪礼》。如果从最狭义的"律"，即仅指汉律条文本身而不包括以此为基础所建立的庞大的国家制度的角度出发，何休注《公羊传》显然更具有典型意义。何休既深谙公羊之学，又熟悉通晓汉律。史载他曾"以《春秋》驳汉事六百余条，妙得《公羊》本意"[2]。在这六百余条汉故事中，正存在不少与汉代律令相关的旧事先例。从何休注《公羊传》的文本内容来看，其援引的汉代律令不仅数量多（二十余条），而且范围广（涵盖当时之盗律、贼律、具律、杂律四类）。通观何休注《公羊传》，不难发现"以律注经"主要可分为以下几类：

（一）解释经文中的法律概念

解释经文中的重要语词概念，为传统意义上的训诂，是探讨经书大

---

〔1〕（东汉）郑玄注，（唐）孔颖达正义：《礼记正义·月令》，北京大学出版社1999年版，第521页。

〔2〕（刘宋）范晔：《后汉书·儒林列传下》，中华书局1965年版，第2583页。

义的重要方法。这一点尤其表现在对《春秋》一经的解读上。《春秋》惩恶劝善之功能往往是通过细密精确的用语与含蓄深远的记载笔法表达出来的。其每用一字一词皆十分慎重，意图将自己的褒贬态度蕴含于其中。作为汉代《春秋》之显学，《公羊传》尤重此点，其通过对历史事件的“褒”“讥”“贬”等来揭示出《春秋》当中的微言大义，并试图探究孔子制经的本意，以为现世所用。故而其对语词概念的表述与解释较之《左氏》《谷梁》更为考究。因此解释其中关键词语的意义就显得异常重要。从法学角度来看，《公羊传》一书中包含不少律令、诉状以及其他司法行政文书中出现频率较高的法律语词，因此需要对它们进行合理的解释。此处兹举两例为证。

例一：

诈称曰矫。〔1〕

此为何休释“矫”一字。原经文见《公羊传·僖公二十三年》“遇之殽，矫以郑伯之命而犒师焉”。在汉律中“矫”专指“矫制（诏）”之罪，是擅自假托君主命令的罪行。颜师古曰：“挢，讬也。讬天子之制诏也。挢音矫。”〔2〕在与汉代有关的史料中存在许多对矫制（诏）行为进行处罚的案例。如“御史大夫张汤劾偃矫制大害，法至死”〔3〕；浩侯王恢“坐使酒泉矫制害，当死，赎罪，免”〔4〕。张家山汉墓出土的《二年律令·贼律》中也有“挢（矫）制，害者，弃市”〔5〕的规定。可见“矫”多是作为一个法律专用术语出现在史料中。此句经文中的“矫”也具有法律概念的意味，“矫……

〔1〕（东汉）何休解诂，（唐）徐彦疏：《春秋公羊传注疏·僖公三十三年》，北京大学出版社1999年版，第271页。

〔2〕（东汉）班固：《汉书·高五王传第八》颜师古注，中华书局1962年版，第1994页。

〔3〕（东汉）班固：《汉书·严朱毋丘主父终王贾传》，中华书局1962年版，第2818页。

〔4〕（东汉）班固：《汉书·景武昭宣元成功臣表》，中华书局1962年版，第660页。

〔5〕朱红林：《张家山汉简〈二年律令〉集释》，社会科学文献出版社2005年版，第17页。

命”其实就是假托君主的命令。在汉人看来便是“矫制（诏）”之罪。故而何休将该字释为“诈称”，其实就是在解释经文中出现的法律概念。

例二：

刑人于市，与众弃之，故必于臣子集迎之时贬之。[1]

此句出于何休对《僖公元年》“贬必于其重者”一句的解释。何休以“弃市”这一法律概念的定义为例对何为重者进行了阐述。“弃市”实源于秦律，为秦汉时期常用的一种死刑方式。在行刑时，犯罪者的生命于大庭广众之下被剥夺，十分残酷。该种刑罚所惩治的多为严重破坏国家统治秩序、伦理规定以及严重危害人身财产安全的罪行。如“元狩五年，侯戎奴坐谋杀季父，弃市，国除”[2]；“匈奴入雁门，太守坐畏愞弃市”[3]。《二年律令·贼律》中也有“贼燔城、官府及县官积聚，弃市”[4]；“伪写彻侯印，弃市”[5]；“贼杀人，及与谋者，皆弃市”[6]以及“子牧杀父母，殴詈泰父母、父母叚（假）大母、主母、后母，及父母告子不孝，皆弃市”[7]等规定。所谓弃市之本意，《礼记·王制》即认为其取“刑人于市，与众弃之”之义。颜师古在为《汉书》作注时也持类似观点。可见此为解释弃市的通说。因此何休在这里可能直接参考、引用了前人的语言（或许是《礼记》的编著者）来为弃市作解释。

（二）明引律条以说明经义

何休在对经文之义进行解释说明时，也采取直接援引汉律条文规定的

---

〔1〕（东汉）何休解诂，（唐）徐彦疏：《春秋公羊传注疏·僖公元年》，北京大学出版社1999年版，第204页。

〔2〕（西汉）司马迁：《史记·惠景间侯者年表》，中华书局1959年版，第982页。

〔3〕（东汉）班固：《汉书·武帝纪》，中华书局1962年版，第204页。

〔4〕朱红林：《张家山汉简〈二年律令〉集释》，社会科学文献出版社2005年版，第9页。

〔5〕朱红林：《张家山汉简〈二年律令〉集释》，社会科学文献出版社2005年版，第16页。

〔6〕朱红林：《张家山汉简〈二年律令〉集释》，社会科学文献出版社2005年版，第28页。

〔7〕朱红林：《张家山汉简〈二年律令〉集释》，社会科学文献出版社2005年版，第39页。

方法。或者说，他用汉律的明文规定来解释、分析《公羊传》中记载的历史事件。不过，何休所引用的汉律未必同经文中的事件相契合。也就是说，该律文规定并非被他借用来对《公羊传》中的历史事件进行评判，而是用以对这些事件进行比附，使读者能够对《公羊传》记载这些事件之意图以及其中所体现的微言大义有更直观的了解。在何注当中，采这一方法者共四例。

例一：

> 贱而去其爵者，起其见卑贱，犹律文立子奸母，见乃得杀之也。[1]

此番话是何休对陈国君主陈陀因淫于蔡国而被蔡人杀害一事的解释与评价。在《公羊传》作者看来，《春秋》不称“陈君”而称“陈陀”是因为陈君“贱”，不配享有爵位。对此，何休直引“立子奸母”之罪名比附，并附以“见乃得杀之”的法律后果，使读者更易理解与接受。“立子奸母”虽未见于现存史籍与出土文献之中，但其当为汉时刑名无疑。《汉书·王子侯表》中有“乘丘，嗣侯外人，元康四年，作为子时与后母乱，免”之说。《汉书·王尊传》也曾记载了一起“假子以母为妻”而被司法官王尊“县磔著树，使骑吏五人张弓射杀之”的案件，可见当时确有关于母子乱伦之奸非罪的规定。与后母发生性关系以及视母为妻尚为汉律所不齿，强行性的“奸母”又岂能为汉律容忍？又“立子奸母”属于不孝行为之一，严重破坏国家统治所依赖的伦常关系，故而对它的刑事处罚往往十分严厉。何休将陈陀行为的严重性与危害性等同于汉律不孝罪中的“立子奸母”，以说明其罪大恶极，人人得而诛之。犯下如此滔天恶行的人卑贱至极，当然不配再享有尊者专属的爵位名号。

---

〔1〕（东汉）何休解诂，（唐）徐彦疏：《春秋公羊传注疏·桓公六年》，北京大学出版社1999年版，第87页。

例二：

明当以重者罪之，犹律一人有数罪，以重者论之。[1]

犹律一人有数罪，以重者论之，《春秋》灭不言入是也。[2]

何休两次引用汉律中“一人有数罪，以重者论之”的规定，意在解释说明《春秋》“书其重者”的特征，即只选取重大、重要、严重的情节进行评论，并通过语言用词的使用来反映某种历史事件或人物言行的轻重程度，以间接表明作者的态度。此正为《春秋》在语言选择上十分谨慎与考究的表现之一。何休为使《春秋》的这种写作特色能够更加直白地呈现于读者面前，便选取了汉律规定中数罪以重者论处的条文来解释说明。而作为论据的这一规定也确实是真实可靠的。《二年律令·具律》言：“一人有数/罪殴，以其重罪罪之。”[3]可见汉代之犯罪者出现数罪并发的情况时，立法明确规定司法官以其中最严重的犯罪所应受到的处罚论处。《具律》此条表述虽有缺失，却未对整体意思的表达造成很大影响。此句表述与何注语言几乎相同，而《二年律令》又是汉初至少不晚于吕后执政时的律令摘抄，故而可证何休此注完全本于汉律原文。

例三：

论季子当从议亲之辟，犹律亲亲得相首匿，当与叔孙得臣有差。[4]

此为何休对《闵公元年》“庆父弑君，何以不诛”一句的解释。从其注释来看，何休通过明言“律亲亲得相首匿”认可季友不诛其兄庆父的行

---

〔1〕（东汉）何休解诂，（唐）徐彦疏：《春秋公羊传注疏·庄公十年》，北京大学出版社1999年版，第142页。

〔2〕（东汉）何休解诂，（唐）徐彦疏：《春秋公羊传注疏·昭公三十一年》，北京大学出版社1999年版，第540页。

〔3〕朱红林：《张家山汉简〈二年律令〉集释》，社会科学文献出版社2005年版，第85页。

〔4〕（东汉）何休解诂，（唐）徐彦疏：《春秋公羊传注疏·闵公元年》，北京大学出版社1999年版，第190页。

为，可知此时“父子相隐”原则已然入律。其实早在汉初颁布的《二年律令·告律》中就有卑幼告尊长当被课以重刑的规定，即“子告父母，妻告威公，奴婢告主、主父母妻子，勿听而弃告者市”[1]。其除被视为政府严惩不孝行为的铁证之外，还可作为“亲亲得相首匿”的旁证。因为不允许卑幼控告尊属的规定实际上就蕴含了卑幼应当隐瞒尊属所犯罪行的意思。这正是“亲亲得相首匿”最为重要的一部分。至汉宣帝时，此原则最终被上升为立法规定：“自今子首匿父母，妻匿夫，孙匿大父母，皆勿坐。其父母匿子，夫匿妻，大父母匿孙，罪殊死，皆上请廷尉以闻。”[2]何休援引汉律此条规定，不仅道明了庆父不诛的缘由，更赞扬了季友通晓人情伦理，并支持其以《周官·小司寇》所载议亲之法处理庆父的罪行。

例四：

> 子赤，齐外孙，宣公篡，弑之。恐为齐所诛，为是赂之，故讳使若齐自取之者，亦因恶齐取篡者赂，当坐取邑。未之齐坐者，由律行言许受赂也。[3]

该评论源于鲁宣公以济西田贿赂齐国一事，而此事的起因则是鲁宣公杀掉子赤之后向齐国行贿才得以成为鲁国君主，而所谓的贿赂就是鲁国的土地“济西之田”。徐彦在解释何注“亦因恶齐取篡者赂，当坐取邑”时，认为“正以篡逆之贼天下共恶，齐乃许取其赂而与之同，似若汉律行言许受财之类，故云当坐取邑”[4]。所谓“行言”，即托言行贿。何休引用了汉律中受贿罪的相关规定来阐发自己的观点，主张齐人当坐取邑。汉史中亦有类似事例，如灌贤“行赇罪，国除”[5]。关于“赇”字之义，《说文·贝部》：

[1] 朱红林：《张家山汉简〈二年律令〉集释》，社会科学文献出版社2005年版，第100页。
[2] （东汉）班固：《汉书·宣帝纪》，中华书局1962年版，第251页。
[3] （东汉）何休解诂，（唐）徐彦疏：《春秋公羊传注疏·宣公元年》，北京大学出版社1999年版，第322页。
[4] （东汉）何休解诂，（唐）徐彦疏：《春秋公羊传注疏·宣公十年》，北京大学出版社1999年版，第344页。
[5] （西汉）司马迁：《史记·高祖功臣侯者年表》，中华书局1959年版，第896页。

“赇，以财物枉法相谢也。”段玉裁注：“枉法者，违法也。法当有罪，而以财求免，是曰赇；受之者亦曰赇。”[1]即“赇”为贿赂之义。《二年律令·盗律》中有“受赇以枉法，及行赇者，皆坐其臧（赃）为盗。罪重于盗者，以重者论之”[2]的规定；敦煌汉简也有“行言者若许，多受赇以枉法，皆坐臧为盗，没入（官）□□行言者本行职□也”[3]的记载，足知汉代对行贿与受贿的处罚都较为严厉，故而受赇与行赇在当时都是严重罪名。何休正是借此之义来贬斥齐人受贿放纵恶行的行为。

（三）以律意比附经义

这一解释方法在《公羊传》何注中使用较多。它指不明引汉律的条文规定，而是在解释某一事件时很自然地套用汉律中的相关内容作为论据。具体来看，与上述“明引律条以说明经义”方法不同的是，此种解释方法不使用“犹律（言）”这样的提示语词来告知读者将引用汉律的具体规定来进行论证，而是直接以律文的内容大意来言说解释。或者说，是将律文内容暗自掺入了解释论证之中。兹举几例以说明。

例一：

> 君亲无将，见辜者，辜内当以弑君论之，辜外当以伤君论之。[4]
>
> 巢不坐杀，复见辜者，辜内当以弑君论之，辜外当以伤君论之。[5]

---

〔1〕（东汉）许慎撰，（清）段玉裁注：《说文解字注》，上海古籍出版社1981年版，第282页。

〔2〕朱红林：《张家山汉简〈二年律令〉集释》，社会科学文献出版社2005年版，第58页。

〔3〕《疏勒河流域出土汉简》339，转引自李均明：《张家山汉简所见职务犯罪的类型与对策》，载“沈家本与中国法律文化国际学术研讨会”组委会编：《沈家本与中国法律文化国际学术研讨会论文集》（下册），中国法制出版社2005年版，第665页。

〔4〕（东汉）何休解诂，（唐）徐彦疏：《春秋公羊传注疏·襄公七年》，北京大学出版社1999年版，第425页。

〔5〕（东汉）何休解诂，（唐）徐彦疏：《春秋公羊传注疏·襄公二十五年》，北京大学出版社1999年版，第456页。

此两条均用来说明《襄公七年》与《襄公二十五年》所记“伤而反，未止乎舍而卒”这一经文原句。何休在解释时皆援用了“保辜”这一法律规定，以说明郑伯以及吴子的死因缘于受伤。所谓“保辜”，以现代法律术语而言，是指被害人被加害人伤害后，未即时死亡，法律特设立一法定期限：若被害人于此期限内死于加害人先前的伤害，则对加害人以杀人罪论处，除此以外则以伤害罪论处。保辜作为一种制度由来甚久：《公羊传》中的记载表明保辜至迟在春秋时就已经存在。徐彦在为《公羊传》作疏时则明确了汉律中已存在保辜制度：“其弑君论之者，其身枭首，其家执之。其伤君论之者，其身斩首而已，罪不累家，汉律有其事。然则知古者保辜者亦依汉律，律文多依古事，故知然也。”〔1〕“保辜”一词在史料中也确实多见。据《汉书·高惠高后文功臣表》：“元光五年，侯德嗣，四年，元朔三年，坐伤人二旬内死，弃市。”“二旬”便是保辜之期限。《二年律令·贼律》中有“诸吏以县官事殴城旦舂、鬼薪白粲，以辜死，令赎死”〔2〕；居延新简中有“以兵刃索绳他物可以自杀者予囚，囚以自杀、伤人而辜二旬中死，予者髡为城旦舂……”〔3〕。何休在此引用“保辜”，与其说是为了追述某种古代的制度，不如说是受到了汉律规定的影响。

例二：

> 入庙当称妇姜，而称夫人者，夫人当坐篡嫡也。妾之事嫡，犹臣之事君同。〔4〕

这是何休对《春秋公羊传·僖公八年》“夫人何以不称姜氏？贬。何

---

〔1〕（东汉）何休解诂，（唐）徐彦疏：《春秋公羊传注疏·襄公七年》，北京大学出版社1999年版，第425页。

〔2〕朱红林：《张家山汉简〈二年律令〉集释》，社会科学文献出版社2005年版，第49页。

〔3〕《居延新简EPS4T2：100》，转引自徐世虹：《居延新简汉律佚文考》，载《政法论坛》1992年第3期。

〔4〕（东汉）何休解诂，（唐）徐彦疏：《春秋公羊传注疏·僖公八年》，北京大学出版社1999年版，第221页。

为贬？讥以妾为妻也”的解读。此事源于“僖公本聘楚女为嫡，齐女为媵，齐先致其女，胁僖公使用为嫡，故从父母辞言致”[1]。在何休看来，妻妾之间的关系属于尊卑上下之间的关系，以妾为妻是严重违反贵贱之序的，应当“坐篡嫡”，即因“篡嫡”之罪受到处罚。徐彦在作疏时也认为，“言入庙当称妇者，正以妇者，服也，对舅姑服从之辞也。今而称夫人，作不服之称，明其有篡嫡之心，欲得为夫人，是以称之曰夫人，见其当有篡嫡之罪矣”[2]。对“以妾为妻”的“篡嫡”行为的禁止也可追溯至周代，[3]汉代典籍中也多记载了因此受罚的事例。如《汉书·外戚恩泽侯表》有“孔乡侯傅晏，坐乱妻妾位，免”[4]之说，即对官员妻妾之间乱位的行为给予该官员免职的处罚，足见汉统治者严厉禁止妻妾易位或尊妾为妻。何休以此来贬斥经文中齐女姜氏以媵代夫人的行为，意在批评鲁宣公受齐国的胁迫不能维持礼制秩序之原貌，并以此来警示当世的统治者。

三、经律互注与经律融合

汉儒以经典释汉律，通过明引或概括经典内容以解释法律概念、明引经典之语以解释律条以及解释律意时彰显经义价值观等方式，使冰冷的汉律规定渐渐成为仁义道德的载体，具备了儒家所认可的正当性：“汉儒殚精竭虑，乐此不疲，无非是为了将儒家学说的经义贯注到法律的每一条、每

〔1〕（东汉）何休解诂，（唐）徐彦疏：《春秋公羊传注疏·僖公八年》，北京大学出版社1999年版，第221页。

〔2〕（东汉）何休解诂，（唐）徐彦疏：《春秋公羊传注疏·僖公八年》，北京大学出版社1999年版，第221页。

〔3〕《韩非子·说疑》引《周记》曰：“无尊妾而卑妻，无孽适子而尊小枝，无尊嬖臣而匹上卿，无尊大臣以拟其主也。”见张觉等撰：《韩非子译注》，上海古籍出版社2007年版，第715页。齐桓公在阳谷之会时也曾同诸侯盟誓：“无障谷，无贮粟，无易树子，无以妾为妻。”（东汉）何休解诂，（唐）徐彦疏：《春秋公羊传注疏·僖公三年》，北京大学出版社1999年版，第210页。可见“以妾为妻”是彼时较为普遍的乱象之一。

〔4〕（东汉）班固：《汉书·外戚恩泽侯表》，中华书局1962年版，第711页。

一个字上，他们企图在形式不变、条文依旧的前提下，改法家之律为儒家之律。"[1]经其改造后的儒家之律于当时而言符合了时代潮流与趋势，故而具有了更强的可接受性与适应性。此外，在以经注律的过程中，经典不再是纯粹的意识形态载体，经义渐渐获得了法律之规范性，成为法律效力得以产生的渊源之一，甚至成为可以评价律文并超越其上的看不见的"法"，而经典也就变成了隐性的法典。汉儒又以汉律注经典，通过解释经文中的法律概念、明引律条以说明经义以及以律意比附经义等方式，使抽象的经义更为形象具体且通俗易懂。从这一角度出发，"以律注经"从某种程度上"使儒学由圣人之学变成统治者的学说，使儒家的思想体系更具有实用性"[2]。具言之，经学同汉律的结合，使经义不再仅仅是一种空洞、抽象的说教，而变得更加形象具体，更容易为一般人所理解与接受。同时，在以律注经的过程中，儒家经义获得了汉律所具有的权威性，并逐渐能够被直接运用于政治实践，从一种法律原则渐变为一种法律规则。总之，以经注律与以律注经两者共同促进了法律实践与主流思想观念之间的沟通与契合，加速了经律融合的进程。分而言之，经律二者一具有内在约束性，一具有外在规制力。虽然在不少方面存在抵触甚至对立，但经过汉儒的努力，二者互摄互融，呈现出较强的互补性：经彰显王道，提倡以德礼育人却缺乏强制措施；律体现霸道，倾向以刑罚服人却缺少人文关怀。二者正相辅相成。汉儒长期共用经律的实践令两者渐渐出现融合之势。程树德曾指出："《礼乐志》叔孙通所撰礼仪与律同录藏于理官。《说文》引汉律祠宗庙丹书告，《和帝纪》注引汉律春曰朝秋曰请，是可证朝觐宗庙之仪，吉凶丧祭之典，后世以之入礼者，而汉时则多属律也。"[3]程氏此言意图证明汉时已有礼律不分之现象。但他将产生这一现象的原因简单归结为"顾

〔1〕 马作武：《略论中国传统法律的儒家化》，载《中山大学学报（社会科学版）》1997年第2期。
〔2〕 汪荣：《经学刑德观与汉代法律研究》，西南政法大学2008年博士学位论文，第176页。
〔3〕 程树德：《九朝律考》，中华书局1963年版，第11页。

其时去古未远，礼与律之别，犹不甚严”恐有不妥。如果此论断仅仅适用于汉初叔孙通制朝仪与《傍章律》一事上尚可，而将其贯穿两汉则有偏见之嫌，因为汉之礼律不分之现象在很大程度上是统治者与经学家努力的结果，是经律融合的必然产物。自董仲舒首开《春秋》决狱以来，儒法两家便开始由对立走向调和，法律与经学之间亦开始互动。其主要表现之一便是儒家之“经”与法家之“律”的相互渗透，其中又以前者对后者的指引作用为重，即儒家的精神配以法家的形式，实现儒法合一。不少学者称这种现象为“法律的道德化”或“道德的法律化”。汉律经过经学家的解释后得以应经合义，迎合了儒家经学的精神旨趣与价值内涵，其正当性渐渐增强；经义则具有了法典化的表现形式，得到了强制力量的支持与保护，成为司法实践中不可或缺的适用工具。通俗地讲，儒家经书中所倡导的仁义道德通过“以经注律”的方式内涵于汉律之中，而汉律则经由“以律注经”的方式成为推行道德教化的强制工具。于是，“经”成为“律”的实质，“律”成为“经”的形式。律令以经义为灵魂，经义以律令为外壳，经律之间实现了相互认同。有汉以降，儒生群体得以全面参与立法工作，法典的制定更加符合经义的要求，“纳礼入法”“礼法合一”之现象因此出现。自此以后，无论在立法还是司法活动中，律意与经义都保持着一致性，道德与法律呈现出水乳交融的趋势，这成为中华法系的独特之处。

第五章　强制保障：对不合经义行为的法律制裁

既然汉人视儒家经典为法典，则经义本身便起着类似于法律的规范性作用。或者说，经义本身就是一种法律规范。而法律规范最重要的特征之一就是具有强制性，违背者一定会遭到该规范或者其他规范相应的制裁。作为具有法律意义的经义也是如此：对于不符合经义规定的行为，由汉律予以刑事制裁。此为汉律对经义进行保护与救济的模式。用汉人自己的言语来表达便是“礼之所去，刑之所取，失礼则入刑，相为表里者也”〔1〕。此外，部分汉律条文所预设的行为模式本身就体现了经义要求，即行为人应当从事合于经义的行为或禁止从事不合经义的行为。而违反这一行为模式则必须承担法律责任。因而汉律本身也体现了经义的内容与精神。考诸史书，汉代“不合经义”之行为又可以细化为违反经义与妄用经义两种类型。它们无一例外都是儒家所否定的，同时遭到汉律严厉制裁。换言之，汉律对不合经义之行为的制裁正说明经义法律化本身就有国家强制力作为后盾。

〔1〕（刘宋）范晔：《后汉书·郭陈列传》，中华书局1965年版，第1554页。

第一节 违反经义之行为及制裁

所谓违反经义，是指行为与经典之义理相冲突。由于经义在家庭与国家中的政治表达为忠与孝，故违反经义之行为主要是指危害君主与国家政权以及破坏家庭伦理两种行为。此二者均被统治者视为不能容忍的极其严重的罪行，故常常以最为严厉的手段惩罚之。

一、危害君主与国家政权的罪刑

两汉时期，儒家普遍信奉君主受天命而治，是天之意志的世俗代理人。《白虎通义》云："或称天子，或称帝王何？以为接上称天子者，明以爵事天也。接下称帝王者，明位号天下至尊之称，以号令臣下也。"[1]天子被赋予了沟通天地之枢纽的地位。因此尊君忠君既是承载天道的经典之要求，又是规范地道（臣道）的法律之规定。同时，汉政权本身亦是君主实现代天牧民、为民父母的治理体制。因此，除了应尊敬、保护君主本人及具有君主人格属性的某些器物外，也应绝对服从以君主为核心的汉政权的统治。故危害君主个人与政权的行为既与经义相背离，又为汉律所不容，应当受到严厉的惩罚。

（一）危害君主自身安危的行为与处罚

按照汉代经义，皇帝体现天的意志，是天的代言人，具有至高无上的

---

〔1〕（东汉）班固撰，（清）陈立疏：《白虎通疏证·号》，中华书局1994年版，第47页。

权力。正所谓"天尊地卑，君臣定矣。卑高已陈，贵贱位矣"[1]，任何臣民必须绝对服从，不得抵触与违抗。因此，对皇帝人身的保护至关重要，任何危及以及有可能危及皇帝人身安全的行为都会受到严重惩罚。在这些行为中，最为恶劣的便是"谋反"，实属罪大恶极。通常来说，除个别谋反者因与皇帝具有特殊关系而仅被贬黜外，大多数谋反者所遭受的惩罚十分严酷：轻者诛杀本人，重者则延及族人、上下级、故交好友等。如"淮阴侯韩信谋反长安，夷三族"[2]；"鄂邑长公主、燕王旦与左将军上官桀、桀子票骑将军安、御史大夫桑弘羊皆谋反，伏诛"[3]；"楚王英谋反，废，国除，迁于泾县，所连及死徙者数千人"[4]等。张家山汉简《二年律令》也规定谋反"皆要(腰)斩。其父母、妻子、同产，无少长皆弃市"[5]。当然，皇帝也可能出于种种考虑而以其他刑罚代之，或者不牵连这么多人。对只有谋反心理而未付诸行动者，法律规定也并不心慈手软："齐孝王孙刘泽谋反，欲杀青州刺史隽不疑，发觉，皆伏诛"[6]；"淮阳王延谋反，发觉。癸丑，司徒邢穆、驸马都尉韩光坐事下狱死，所连及诛死者甚众"[7]。即是说，无论谋反者是否实行了谋反行为，只要造意，就处以死刑。可见，汉律严厉打击危及皇帝性命者。除去谋反外，还有其他诸种行为可能危及皇帝安全，如违抗君命、咒骂君主、妖言惑众等，其往往被归为"大逆不道"[8]一类罪行而同样

[1] (东汉)郑玄注，(唐)孔颖达正义：《礼记正义·乐记》，北京大学出版社1999年版，第1094页。

[2] (东汉)班固：《汉书·高帝纪下》，中华书局1962年版，第70页。

[3] (东汉)班固：《汉书·昭帝纪》，中华书局1962年版，第226页。

[4] (刘宋)范晔：《后汉书·显宗孝明帝纪》，中华书局1965年版，第117页。

[5] 朱红林：《张家山汉简〈二年律令〉集释》，社会科学文献出版社2005年版，第3页。

[6] (东汉)班固：《汉书·昭帝纪》，中华书局1962年版，第219页。

[7] (刘宋)范晔：《后汉书·显宗孝明帝纪》，中华书局1965年版，第120页。

[8] 日本学者大庭修认为，"大逆"其实是"不道"的一种类型，它包括取代现在的天子或加害于天子的身体的企图或行为、破坏宗庙及其器物、危害天子的后继者的企图及行为。而"大逆"行为中又包括了"谋反"，因此谋反、大逆、不道三者其实是包含关系。对此笔者表示同意。从这一论述还可以看出，"大逆"具有较广的范围，许多不危害君主自身安全但是破坏宗庙及器物的行为也属于大逆。参见[日]大庭修：《秦汉法制史研究》，林剑鸣等译，上海人民出版社1991年版，第102～112页。

遭受极刑。如平通侯杨恽“不悔过，怨望，大逆不道，要斩”[1]；“躬母圣，坐祠灶祝诅上，大逆不道。圣弃市，妻充汉与家属徙合浦”[2]；“奏赐、孟妄设祅言惑众，大逆不道，皆伏诛”[3]等。对这类威胁君主人身安全而被归入“大逆不道”的行为，汉律也规定“父母妻子同产皆弃市”[4]。

以上为从刑名角度对危害皇帝自身的罪行所作的考察。若从潜在犯罪主体来看，则两汉时期最有可能危害皇帝人身安全者当属藩王与外戚。故对这两者防范尤甚，甚至单纯与他们交好都属于明令禁止的行为，会招致杀身之祸。如汝昌侯傅商“元寿元年，坐外附诸侯免”[5]；有利侯钉“坐遗淮南王书称臣弃市”[6]。相比之下，刺探中央官僚机构的机密并私自传达给诸侯王的行为尤为恶劣，故而处罚亦重：“淮阳王舅张博、魏郡太守京房坐窥道诸侯王以邪意，漏泄省中语，博要斩，房弃市。”[7]可见，公卿大臣以及郡县长官私交藩王在两汉统治者看来是不能容忍的。除藩王外，与掌权外戚交好也可能面临不测，当某一外戚倒台时，往往会有一批官员被视作其朋党而遭到清洗。史载，“延熹二年，大将军梁冀诛，广与司徒韩縯、司空孙朗坐不卫宫，皆减死一等，夺爵土，免为庶人”[8]，“其他所连及公卿列校刺史二千石死者数十人，故吏宾客免黜者三百余人，朝廷为空”[9]。则当皇帝欲惩治掌权外戚时，与其关系密切者会被视为潜在的威胁而遭到铲除，这也正体现出经义所塑造的帝王形象神圣不可侵犯和法律对皇权至上性的保护。

---

〔1〕（东汉）班固：《汉书·宣帝纪》，中华书局1962年版，第266页。
〔2〕（东汉）班固：《汉书·蒯伍江息夫传》，中华书局1962年版，第2187页。
〔3〕（东汉）班固：《汉书·两夏侯京翼李传》，中华书局1962年版，第3154页。
〔4〕（东汉）班固：《汉书·景帝纪》引如淳注，中华书局1962年版，第142页。
〔5〕（东汉）班固：《汉书·外戚恩泽侯表》，中华书局1962年版，第712～713页。
〔6〕（东汉）班固：《汉书·王子侯表上》，中华书局1962年版，第460页。
〔7〕（东汉）班固：《汉书·元帝纪》，中华书局1962年版，第294页。
〔8〕（刘宋）范晔：《后汉书·邓张徐张胡列传》，中华书局1965年版，第1509页。
〔9〕（刘宋）范晔：《后汉书·梁统列传》，中华书局1965年版，第1186页。

(二)对君主不敬的行为与处罚

以经义而言，皇帝是尊长，臣民为卑幼，君尊臣卑，臣民应尊敬皇帝。《左传》中即有“人有十等，下所以事上，上所以共神也。故王臣公，公臣大夫，大夫臣士，士臣皂，皂臣舆，舆臣隶，隶臣僚，僚臣仆，仆臣台”[1]之说，明确要求下级臣服于上级。处于顶端的便是最高统治者“王”，其余九等人都是臣服于他的“民”，故应对其绝对尊敬。以法律而言，“亏礼废节谓之不敬”[2]。则“不敬”一词主要是指不遵守人臣之礼。对此史书多有记载。如“不举孝，不奉诏，当以不敬论”[3]；秺侯商丘成“坐为詹事侍祀孝文庙，醉歌堂下曰‘出居，安能郁郁’，大不敬，自杀”[4]；“尚书奏伦探知密事，激以求直。坐不敬，结鬼薪”[5]；武安嗣侯田恬“坐衣襜褕入宫，不敬，免”[6]；高平嗣侯魏弘“坐酎宗庙骑至司马门，不敬，削爵一级为关内侯”[7]；“信阳侯就倚恃外戚，干犯乘舆，无人臣礼，为大不敬”[8]；“内幸因此谮康援引亡国，以譬圣明，大不敬，槛车征诣廷尉”[9]；“巴为尚书，正朝大会，巴独后到，又饮酒西南噀之。有司奏巴不敬”[10]。通过上述史料的引证，不难发现，不敬之罪名所涉及的行为种类颇多，大到失职不奉诏、探知密事而邀功、干犯称舆、不遵朝仪等，小到衣冠不整、援引亡国事例等都被包括在内。一言以蔽之，有亏臣道、有辱帝王名声者即为不敬。对这些行

[1] (西晋)杜预注，(唐)孔颖达正义：《春秋左传正义·昭公七年》，北京大学出版社1999年版，第1237页。

[2] (唐)房玄龄：《晋书·刑法志》，中华书局1974年版，第928页。

[3] (东汉)班固：《汉书·武帝纪》，中华书局1962年版，第167页。

[4] (东汉)班固：《汉书·景武昭宣元成功臣表》，中华书局1962年版，第663页。

[5] (刘宋)范晔：《后汉书·儒林列传上》，中华书局1965年版，第2564页。

[6] (东汉)班固：《汉书·外戚恩泽侯表》，中华书局1962年版，第685页。

[7] (东汉)班固：《汉书·外戚恩泽侯表》，中华书局1962年版，第696页。

[8] (刘宋)范晔：《后汉书·宣张二王杜郭吴承郑赵列传》，中华书局1965年版，第943页。

[9] (刘宋)范晔：《后汉书·郭杜孔张廉王苏羊贾陆列传》，中华书局1965年版，第1113页。

[10] (刘宋)范晔：《后汉书·杜栾刘李刘谢列传》李贤注引《神仙传》，中华书局1965年版，第1842页。

为，轻者削爵、免职，重者则直接处以肉刑甚至剥夺生命。实际上，不少未在文献中被称为“不敬”罪名者亦在事实上构成对皇帝的不敬。例如，平阳嗣侯宗“征和二年，坐与中人奸，阑入宫掖门，入财赎完为城旦”〔1〕；“又桀妻父所幸充国为太医监，阑入殿中，下狱当死”〔2〕；安丘嗣侯张拾“坐入上林谋盗鹿，又搏揜，完为城旦”〔3〕；“伪写皇帝信玺、皇帝行玺，要（腰）斩以匀（徇）”〔4〕；“挢（矫）制，害者，弃市；不害者，罚金四两”〔5〕；新甫侯王嘉“元寿元年，罔上，下狱瘐死”〔6〕。则阑入宫殿、犯跸、擅入上林、伪造玺书、矫诏、欺君罔上等都是有损臣礼、对皇帝不尊敬的表现。其处罚方式也是对轻者施以肉刑，重者处以死刑。这些举动或者侵犯了皇宫及其附属器物的神圣性，或者冒犯了皇帝诏命的权威性，都可以被归入“不敬”。同时，对君主本人的不敬亦可延伸至对其先祖的不敬。因为在时人看来，汉家社稷是先帝所得所治，当朝皇帝本人亦是先帝的血脉延续，故今世的一切都与过去先帝的行为有关，不敬先祖就是不敬今上不敬汉家社稷的表现。先祖虽已故去，但宗庙及其中的物品作为奉祀他们的场所与器具仍然存在，并具有象征意义，故侵犯宗庙神圣性的行为就是侵犯先祖侵犯今上的行为，为汉律所不容。如“其后人有盗高庙座前玉环，得，文帝怒，下廷尉治。案盗宗庙服御物者为奏，当弃市”〔7〕；“三月，临江王荣坐侵太宗庙地，征诣中尉，自杀”〔8〕等。就惩罚措施而言，对这类场所及其物品的侵犯并不轻于对皇帝本人的侵害，甚至因其侮辱先祖而更为严重，更倾向于适用死刑，这也体现了对君主权威性与神圣性的保障。

---

〔1〕（东汉）班固：《汉书·高惠高后文功臣表》，中华书局1962年版，第532页。
〔2〕（东汉）班固：《汉书·外戚传上》，中华书局1962年版，第3959页。
〔3〕（东汉）班固：《汉书·高惠高后文功臣表》，中华书局1962年版，第592页。
〔4〕朱红林：《张家山汉简〈二年律令〉集释》，社会科学文献出版社2005年版，第15页。
〔5〕朱红林：《张家山汉简〈二年律令〉集释》，社会科学文献出版社2005年版，第17页。
〔6〕（东汉）班固：《汉书·外戚恩泽侯表》，中华书局1962年版，第712页。
〔7〕（东汉）班固：《汉书·张冯汲郑传》，中华书局1962年版，第2311页。
〔8〕（东汉）班固：《汉书·景帝纪》，中华书局1962年版，第146页。

（三）危害国家政权的行为与处罚

除上述两者外，还有一类行为也会被儒家经典认定为不忠，那就是危害汉政权的行为。《尚书》言："社稷宗庙，罔不祇肃"[1]，国家政权和先王祭祀都值得当前统治者恭谨而严肃对待。通常而言，皇帝的意志即等同于国家的意志。但事实上两者之间又不完全重合。在儒家经典的记载中，忠于君命与忠于国家社稷亦非完全相同，故有"大夫受命，不受辞。出竟有可以安社稷利国家者，则专之可也"[2]之说。具体至两汉政治实践而言，钱穆曾指出，彼时的皇室和政府是分开的，"皇帝只有一个笼统的尚书处，只有一个书房。最先的尚书也仅有四人，而宰相府下就有十三个机关。这相府十三曹，比诸皇室尚书的范围大得多"[3]。因此，"汉代一切实际事权，照法理，该在相府，不在皇室，宰相才是政府的真领袖"[4]。钱穆发现了统治集团内部在职权划分上的区别以及在决策管理上可能存在的冲突，因而其观点具有一定的道理。由此而论，汉王朝并不是完全以皇帝的意志为转移，而是以皇帝的决策为核心，配合其他公卿大臣的意见。这些意见整合为一后被交由各级官吏去贯彻落实。这其实亦是君臣共治天下的一种表现。皇帝的意志有时并不能代表官僚群体的意志，因此才有"事下公卿""事下三公""事下群公""事下三府"这样需要高级官员集议的举动。故从严格意义上来说，汉政权代表的是皇帝、宗室外戚以及整个官僚集团的利益，甚至还包括没有入仕的有影响力的士人、大地主以及富商等文化、经济领域的垄断者。从这个层面上来看，危害国家政权行为的客体是整个统治集团的利益与尊严，而非皇帝的个人利益与尊严，虽然这两者

---

〔1〕（西汉）孔安国传，（唐）孔颖达正义：《尚书正义·太甲上》，北京大学出版社1999年版，第208页。

〔2〕（东汉）何休解诂，（唐）徐彦疏：《春秋公羊传注疏·庄公十九年》，北京大学出版社1999年版，第159页。

〔3〕钱穆：《中国历代政治得失》，生活·读书·新知三联书店2001年版，第4～5页。

〔4〕钱穆：《中国历代政治得失》，生活·读书·新知三联书店2001年版，第5页。

在诸多情况下是重合的。对于这类行为，经书与汉律亦予以禁止。考察汉史可知，这种行为的发生多与对外军事征战有关。由于战争中的诸多行为关乎胜败，可能危及整个统治集团的安危，故而其属于危害国家政权的行为无疑。例如，“吏当广亡失多，为虏所生得，当斩，赎为庶人”〔1〕；“广汉使长安丞按贤，尉史禹故劾贤为骑士屯霸上，不诣屯所，乏军兴”〔2〕。战争中死伤过多、不按期增兵、谎报军情、逗留不前、不在指定地点屯驻以及缺乏军需物资等都可能导致战争失利，从而危及汉政权的安危。故对此类行为都予以相应的刑罚处罚，其力度则视情节严重程度有所不同。与这些行为相比，投降、逃跑更为恶劣，属于背叛自己的国家或者置自己国家之安危于不顾，因此应受到严惩。例如，“匈奴入雁门，太守坐畏懦弃市”〔3〕；李凌降匈奴后，“族陵家，母弟妻子皆伏诛”〔4〕；“武陵蛮叛，寇江陵，南郡太守李肃坐奔北弃市”〔5〕等。此外，还有其他行为也会对汉朝安全构成威胁，从而危害国家政权，如私自携带违禁物品出入关。其中最为明显的便是携带兵器、黄金、铁等。兵器是重要的作战工具，黄金是权力与财富的象征，铁则是重要的战略资源，它们的进出口都由官方严格把持。这些器物决不能落入敌方之手，否则便会在无形中增强其实力，威胁汉政权的安全。因此汉政府严厉禁止之：“制诏御史，其令诸关，禁毋除私金□□。或以金器入者，关谨籍书，出复以阅，出之”〔6〕；“胡市，吏民不得持兵器及铁出关”〔7〕。

〔1〕（东汉）班固：《汉书·李广苏建传》，中华书局1962年版，第2443页。
〔2〕（东汉）班固：《汉书·赵尹韩张两王传》，中华书局1962年版，第3204页。
〔3〕（东汉）班固：《汉书·武帝纪》，中华书局1962年版，第204页。
〔4〕（东汉）班固：《汉书·李广苏建传》，中华书局1962年版，第2457页。
〔5〕（刘宋）范晔：《后汉书·孝桓帝纪》，中华书局1965年版，第311页。
〔6〕朱红林：《张家山汉简〈二年律令〉集释》，社会科学文献出版社2005年版，第289页。
〔7〕（东汉）班固：《汉书·张冯汲郑传》引应劭注，中华书局1962年版，第2321页。

二、破坏家庭伦理的罪刑

在传统家国关系中，家是构成国的基本单位，是国得以存在的基础。儒家经典认为，“欲治其国者，先齐其家”[1]；“父父、子子、兄兄、弟弟、夫夫、妇妇而家道正，正家而天下定矣”[2]。治家之作用至大，家不齐则国不治，家的稳定影响着国之安危。因此儒家十分重视家庭关系的和睦，要求“齐家”“正家”。为实现这一目的，儒家以父慈子孝、兄友弟悌为核心，构建起了一套别上下、尊卑、长幼、男女的家庭伦理秩序，并将之推广至整个家庭生活之中。只要不遗余力地维护这一秩序，使家庭成员各处其位、各安其分、各尽其责，便能够实现家庭生活的和谐。两汉奉儒家学说为正统，并以孝治天下，因而十分重视对家庭伦理秩序的保护，其在提倡儒家经书中所要求的家庭美德的同时，亦严厉制裁违反家庭伦理的行为。我们不妨从以下两个方面进行分析。

（一）从实体法领域制裁违反家庭伦理的犯罪

在实体法领域，汉统治者列举了一系列侵害家庭伦理的行为，并规定了严厉的处罚措施，主要包括以下三类：

第一，殴、杀家庭成员的行为。

家庭成员有长幼尊卑之分。子、弟、妻为卑，父（母）、兄（姊）、夫为尊。在经义所要求的等级制之下，对卑幼殴、杀尊长之行为的处罚往往比较严重。传世史料中有不少关于此类案件处罚的记载，如“殴父也，当枭首”[3]；“杀母以大逆论”[4]；梧齐嗣侯戎奴“坐使人杀季父，弃市”[5]；驺丘

---

[1] （东汉）郑玄注，（唐）孔颖达正义：《礼记正义·大学》，北京大学出版社1999年版，第1592页。

[2] （魏）王弼注，（唐）孔颖达正义：《周易正义·家人》，北京大学出版社1999年版，第158页。

[3] （北宋）李昉：《太平御览·刑法部六》引董仲舒《春秋决狱》，河北教育出版社1994年版，第42页。

[4] （唐）杜佑：《通典·杂议上》，中华书局2016年版，第4275页。

[5] （东汉）班固：《汉书·高惠高后文功臣表》，中华书局1962年版，第619页。

嗣侯毋害“坐使人杀兄弃市”[1]。但这些传世文献的记载比较简洁，未能明引当时的律条全文，对全面认识以卑犯尊之行为有一定的难度。幸而有张家山汉简《二年律令》的出土，才使我们得以窥见汉律对此类犯罪规定的全貌。《二年律令》规定：“妻殴夫，耐为隶妾”[2]；“子贼杀伤父母，奴婢贼杀伤主、主父母妻子，皆枭其首市”[3]；“子牧杀父母，殴詈泰父母、父母叚（假）大母、主母、后母，及父母告子不孝，皆弃市”[4]；“妇贼伤、殴詈夫之泰父母、父母、主母、后母，皆弃市”[5]；“殴兄、姊及亲父母之同产，耐为隶臣妾。其会訽詈之，赎黥”[6]；“殴父偏妻父母、男子同产之妻、泰父母之同产、及夫父母同产、夫之同产，若殴妻之父母，皆赎耐。其会訽詈之，罚金四两”[7]。将这些内容与传世文献的记载进行比对，不难发现汉律关于此类犯罪之规定具有以下特点：首先，尊长的范围除去经常提到的夫、父、母、兄、姊、季父母、祖父母等外，还包括假大母（庶祖母或继祖母）、主母（家长之正妻）、后母、父母之同产、夫父母之同产、夫之同产、妻之父母、父偏妻父母等。概言之，汉代可以被归入受法律保护的尊亲属者甚多。其次，对尊亲属的侵犯不仅限于殴与杀，还包括“詈”，即辱骂，这与日后《唐律》《宋刑统》《大明律》《大清律例》的规定是一致的。最后，卑幼与尊长的远近亲疏不同，处罚的力度便不同。关系越近，处罚越重；关系越远，处罚越轻。例如，殴打兄姊及亲父母同产之处罚为“耐为隶臣妾”，而殴打父偏妻父母、男子同产之妻、祖父母同产之妻、夫父母同产、夫同产以及妻父母等之处罚则为“耐赎”，则对血缘关系较近的旁系亲属尊长的保护力度要大

〔1〕（东汉）班固：《汉书·王子侯表上》，中华书局1962年版，第462页。
〔2〕朱红林：《张家山汉简〈二年律令〉集释》，社会科学文献出版社2005年版，第38页。
〔3〕朱红林：《张家山汉简〈二年律令〉集释》，社会科学文献出版社2005年版，第38页。
〔4〕朱红林：《张家山汉简〈二年律令〉集释》，社会科学文献出版社2005年版，第39页。
〔5〕朱红林：《张家山汉简〈二年律令〉集释》，社会科学文献出版社2005年版，第45页。
〔6〕朱红林：《张家山汉简〈二年律令〉集释》，社会科学文献出版社2005年版，第45页。
〔7〕朱红林：《张家山汉简〈二年律令〉集释》，社会科学文献出版社2005年版，第46页。

于对血缘关系较远的姻亲尊长的保护力度。

尊长殴、杀卑幼的情况则较为复杂。探讨这一问题时需要区分“殴”与“杀”两者。事实上，两汉时期父母殴笞子女的行为颇为常见，但始终不见有律文的处罚。如“窋既洗沐归，闲侍，自从其所谏参。参怒，而笞窋二百”[1]；“无采及中兄孝少失母，附王后，王后以计爱之，与共毁太子，王以故数击笞太子”[2]；“丹子有同门生丧亲，家在中山，白丹欲往奔慰。结侣将行，丹怒而挞之，令寄缣以祠焉”[3]等。故可以推断，尊长尤其是父母殴笞卑幼的行为是一种管教方式，因而不受法律处罚。此外，《二年律令》中有“妻悍而夫殴笞之，非以兵刃也，虽伤之，毋罪”[4]的规定，则夫殴伤不服从的妻子也不受法律追究，除非其使用“兵刃”。盖卑幼本身便有服从教令的义务，违反之当然应受责罚。即便父母因一时气愤将子女殴死，也只受到较轻的处罚：“父母殴笞子及奴婢，子及奴婢以殴笞辜死，令赎死。”[5]汉律实际上通过保障尊长对卑幼的责罚权来体现尊长所具有的权威。但如果尊长直接杀死卑幼，则另当别论。《白虎通义》曰：“父煞其子当诛何？以为天地之性人为贵，人皆天所生也，托父母气而生耳。王者以养长而教之，故父不得专也。”[6]人为天地所生，父母只是承载天地之气者，故父母不得擅自杀害之；人不仅为父母所养而教，还为王者所养而教，两者共同承担着教化的职责，故父母亦不得专权杀害之。这一要求也理所当然地扩大到整个家庭关系之中，并反映于汉律之中。如宜成嗣侯“坐杀弟弃市”[7]；“小民困贫，多不养子，彪严为其制，与杀人同罪”[8]；“若有

[1] （西汉）司马迁：《史记·曹相国世家》，中华书局1959年版，第2030页。
[2] （西汉）司马迁：《史记·淮南衡山列传》，中华书局1959年版，第3096页。
[3] （刘宋）范晔：《后汉书·宣张二王杜郭吴承郑赵列传》，中华书局1965年版，第931页。
[4] 朱红林：《张家山汉简〈二年律令〉集释》，社会科学文献出版社2005年版，第37页。
[5] 朱红林：《张家山汉简〈二年律令〉集释》，社会科学文献出版社2005年版，第44页。
[6] （东汉）班固撰，（清）陈立疏：《白虎通疏证·诛伐》，中华书局1994年版，第216页。
[7] （东汉）班固：《汉书·王子侯表上》，中华书局1962年版，第442页。
[8] （刘宋）范晔：《后汉书·党锢列传》，中华书局1965年版，第2216页。

生子不养，即斩其父母，合土棘埋之”[1]，则对卑幼的生命权之保护可见一斑。

第二，与家庭成员间具有不正当关系的行为。

在儒家经义影响下的中国，“性的禁忌在父系家族团体以内是非常严格的，不但包括有血统关系的亲属，也包括血亲的配偶在内”[2]。儒家一向以家庭的安定、团结、有序为本，而与家庭成员之间的不正当关系则恰恰对此造成了破坏，使其标榜的伦理关系出现了混乱，这是儒家最不能容忍的，亦是复古尊儒的汉代学者所痛斥的。在诸种乱伦行为中，最为严重的便是与母奸：“律文立子奸母，见乃得杀之也”[3]；乘丘嗣侯外人“坐为子时与后母乱，免”[4]；“春正月，美阳女子告假子不孝，曰：‘儿常以我为妻，妒笞我。’尊闻之，遣吏收捕验问，辞服。尊曰：‘律无妻母之法，圣人所不忍书，此经所谓造狱者也。’尊于是出坐廷上，取不孝子县磔著树，使骑吏五人张弓射杀之，吏民惊骇”[5]。此处之“母”应做广义解释，不仅包括生母，还包括庶母、继母等与己身有拟制母子关系者。一方面，其为自己的母辈尊长；另一方面，其又为自己父亲的妻妾。故于理于法都禁止与之发生关系。对“母”的理解甚至可以延伸至“父之御婢”，即被父亲宠幸的奴婢。盖御婢地位虽然低贱，但毕竟与父亲有性关系，故将其视为母辈也无可厚非。因而与之发生关系也为汉律所禁止，如汝阴嗣侯“坐与父御婢奸罪，自杀，国除”[6]。同理，“复兄弟、孝（季）父柏（伯）父之妻、御婢，皆黥为城旦舂。复男弟兄子、孝（季）父柏（伯）父子之妻、御婢，皆完为城旦”[7]。此

---

〔1〕（刘宋）范晔：《后汉书·酷吏列传》，中华书局1965年版，第2501页。

〔2〕瞿同祖：《中国法律与中国社会》，中华书局1981年版，第49页。

〔3〕（东汉）何休解诂，（唐）徐彦疏：《春秋公羊传注疏·桓公六年》，北京大学出版社1999年版，第87页。

〔4〕（东汉）班固：《汉书·王子侯表上》，中华书局1962年版，第467页。

〔5〕（东汉）班固：《汉书·赵尹韩张两王传》，中华书局1962年版，第3227页。

〔6〕（西汉）司马迁：《史记·樊郦滕灌列传》，中华书局1959年版，第2667页。

〔7〕朱红林：《张家山汉简〈二年律令〉集释》，社会科学文献出版社2005年版，第131页。

处之“复”即为“报”，“汉律：淫季父之妻曰报”[1]。则其他尊亲属如叔伯之妻与御婢亦在禁止的范围内。此外便是与同产相奸，也是比较严重的罪行：安城嗣侯寿光“坐与姊乱，下狱病死”[2]；“同产相与奸，若取（娶）以为妻，及所取（娶）皆弃市。其强与奸，除所强”[3]。由此可知，如果该行为是强奸而非和奸，则只惩罚强奸者本人。而在通常情况下，对犯奸非罪者（和奸双方）往往不分男女长幼尊卑一并惩罚。还有一种极端的乱伦行为，被称为“禽兽行”，更为汉律严厉制裁。汉史曾记载两例：“范延寿，宣帝时为廷尉。时燕赵之间，有三男共娶一妻，生四子，长各求离别；争财分子，至闻于县，县不能决断，谳之于廷尉。于是延寿决之，以为悖逆人伦，比之禽兽生子属其母，以子并付母。尸三男于市。奏免郡太守、令长等无师化之道，天子遂可其言”[4]；“定国与父康王姬奸，生子男一人。夺弟妻为姬，与子女三人奸。……下公卿，皆议曰：‘定国禽兽行，乱人伦，逆天道，当诛。’上许之。定国自杀，立四十二年，国除”[5]。从这两个案例可以看出，“禽兽行”一般是指严重违反伦理秩序至令人发指的行为，如“三男共娶一妇”或者同时与家族内的多名不同辈分者有不正当关系的行为。这类行为已经突破了常人所能接受的道德底线，不仅为儒家经典所痛斥，亦为最普通的庶民所不齿。故制裁也尤为严厉。

第三，在家庭成员服丧期间寻欢作乐的行为。

《礼记》曰：“丧礼，哀戚之至也。”[6]又云：“丧礼，与其哀不足而礼有余也，不若礼不足而哀有余也。”[7]儒家认为，“以‘礼’为代表的宗法伦理

---

〔1〕（西晋）杜预注，（唐）孔颖达等正义：《春秋左传正义·宣公三年》，北京大学出版社1999年版，第604页。

〔2〕（东汉）班固：《汉书·王子侯表上》，中华书局1962年版，第435页。

〔3〕朱红林：《张家山汉简〈二年律令〉集释》，社会科学文献出版社2005年版，第130页。

〔4〕（北宋）李昉：《太平御览·职官部二十九》引谢承《后汉书》，河北教育出版社1994年，第209页。

〔5〕（东汉）班固：《汉书·荆燕吴传》，中华书局1962年版，第1903页。

〔6〕（东汉）郑玄注，（唐）孔颖达正义：《礼记正义·檀弓下》，北京大学出版社1999年版，第264页。

〔7〕（东汉）郑玄注，（唐）孔颖达正义：《礼记正义·檀弓上》，北京大学出版社1999年版，第214页。

观念和行为规范，是以内心的真实感情为基础的”[1]。丧礼便以显示出服丧者的内心哀戚为重，相较而言，外在的仪式表现倒是次要的。与其太注重仪式表现而忽视了内心之哀伤，倒不如以显示出内心哀伤而忽视外在表现为好。进而论之，丧仪本身就是为了烘托服丧者内心之哀伤而设，礼仪不足或可被宽恕，但哀戚不足则无法被原谅。如若子女在为父母服丧时一点也不哀伤，反而寻欢作乐，更应当受到口诛笔伐。这一点也为汉律所认可。史载：“赵相奏乾居父丧私娉小妻，又白衣出司马门，坐削中丘县”[2]；“民有赵宣葬亲而不闭埏隧，因居其中，行服二十余年，乡邑称孝，州郡数礼请之。郡内以荐蕃，蕃与相见，问及妻子，而宣五子皆服中所生。蕃大怒曰：‘圣人制礼，贤者俯就，不肖企及。且祭不欲数，以其易黩故也。况乃寝宿冢藏，而孕育其中，诳时惑众，诬污鬼神乎？’遂致其罪”[3]。则在服丧期间未显哀伤、寻欢作乐、行为不轨者，汉律都给予了较重惩罚。轻者削封地，重者当处死。可见汉代统治者十分重视服丧过程中行为人心志是否合于经典所要求的“哀戚”，并将之作为是否定罪处罚的依据。如赵宣一案，其“不闭埏隧，因居其中，行服二十余年”可称得上是“礼有余”，甚至有些“过礼”的意味，似乎能够体现出其内心之“哀”，故而“乡邑称孝，州郡数礼请之”。后来陈蕃却发现其在服丧期间生有五子，便被视为对先祖不孝不敬的典型而处以刑罚。由此可知，汉代服丧奸之罪，其成立方式为通过行为以反推其服中之心志，未能达到哀戚标准者便立罪并予以制裁。

（二）从诉讼法领域维护家庭成员之间的伦理关系

家庭成员之间的伦理关系不仅受汉代实体法的保护，还以汉代的诉讼法为后盾。无论尊长告卑幼抑或卑幼告尊长都不为汉代统治者所提倡，因

〔1〕 武树臣：《儒家法律传统》，法律出版2003年版，第276页。
〔2〕 （刘宋）范晔：《后汉书·宗室四王三侯列传》，中华书局1965年版，第559页。
〔3〕 （刘宋）范晔：《后汉书·陈王列传》，中华书局1965年版，第2159～2160页。

为在他们看来，家庭成员之间的诉讼是由于欠缺社会教化造成的，“廉让生而争讼息”[1]。与其通过处理争讼来平息矛盾，倒不如施以教化更能令争讼双方认识到自己的错误。以教化消解诉讼，这当然是儒吏理想中的处理方式，但事实并非全然如此，家庭内部的诉讼行为仍然时常发生。在这种情形下，既要解决诉讼争端，又要顾及伦理秩序，因而只能于告诉中辨别长幼、体现尊卑。这也是诉讼法维护家庭伦理的主要方式。具言之，若卑幼侵犯尊长，尊长告卑幼不孝，通常要对卑幼严厉处罚：“贼杀伤父母，牧杀父母，欧(殴)詈父母，父母告子不孝，其妻子为收者，皆锢，令毋得以爵偿、免除及赎”[2]；“杀伤大父母、父母及奴婢杀伤主、主父母妻子，自告者皆不得减”[3]。由此可以看出汉律对被告不孝者予以特别规定，其不适用“爵偿”与“赎刑”等优待措施，即便自告亦不能免除刑罚。此外，律文的表述似乎还表明：只要尊长告卑幼不孝，就对卑幼进行处罚，并不需要查证属实。或者说，告不孝这一行为比案件事实本身更值得重视，因为“告”已经公开显示了家庭生活的不和谐。但尊长行使告诉权也有一定的限制，即“其子有罪当城旦舂、鬼薪白粲以上，及为人奴婢者，父母告不孝，勿听。年七十以上告子不孝，必三环之。三环之各不同日而尚告，乃听之”[4]。也就是说，不能告正在服刑期间或为人奴婢的子女不孝，因为其本身就无力尽孝；七十岁以上的老人告不孝，必须要反复告三次，官员才能受理。“这是由于秦汉律中，高龄及幼弱者在触犯法律时享有宽免待遇，因此法律也限制其诉讼权利，以免这类人恃特权而滥讼。”[5]此外，可能还有考虑到老年人有可能对自己的行为认知不清故而谨慎对待的意味。

反观卑幼告尊长，则情况完全不同：“及太子爽坐告王父不孝，皆

〔1〕（东汉）班固：《汉书·食货志上》，中华书局1962年版，第1123页。
〔2〕朱红林：《张家山汉简〈二年律令〉集释》，社会科学文献出版社2005年版，第43页。
〔3〕朱红林：《张家山汉简〈二年律令〉集释》，社会科学文献出版社2005年版，第99页。
〔4〕朱红林：《张家山汉简〈二年律令〉集释》，社会科学文献出版社2005年版，第39页。
〔5〕朱红林：《张家山汉简〈二年律令〉集释》，社会科学文献出版社2005年版，第41页。

弃市"[1]；"子告父母，妻告威公，奴婢告主、主父母妻子，勿听而弃告者市"[2]。针对卑幼告尊长的行为，不仅不听其告，而且要对之行"弃市"之罚。或者说，不论其告之内容如何，亦不论所告是否属实，只要有"告"之行为就足以证明卑幼"不孝"，就应该受到制裁。不过，这亦非绝对，若尊长的行为属于"公室告"的范围，则告发实为卑幼的义务，理应被官府接受，不告发反而会受到制裁。《睡虎地秦简·法律答问》："'公室告'何也？'非公室告'何也？贼杀伤、盗它人为'公室告'；子盗父母，父母擅杀、刑、髡子及奴妾，不为'公室告'。子告父母，臣妾告主，非'公室告'，勿听。"[3]承秦律而来的《二年律令》也规定："劫人、谋劫人求钱财，虽未得若未劫，皆磔之；罪其妻子，以为城旦舂。其妻子当坐者，偏(遍)捕、若告吏，吏捕得之，皆除坐者罪。"[4]由于这类犯罪所侵犯的客体不是家庭内部成员之间的关系，因此不受"告诉"之限制，同居亲属不分长幼均有告发义务。

第二节 妄用经义之行为及责任

所谓妄用经义，是指扭曲利用经典之义理而达到某一特殊政治目的的行为。与违反经义者不同的是，妄用者之行为并没有与经义之要求相悖。其不仅与之相吻合，还因为对之过度解释而超出了容忍限度，具体可以从以下两个角度入手：一为援引经义时"过之"，不符合当朝统治者的政

〔1〕(东汉)班固：《汉书·淮南衡山济北王传》，中华书局1962年版，第2156页。
〔2〕朱红林：《张家山汉简〈二年律令〉集释》，社会科学文献出版社2005年版，第100页。
〔3〕睡虎地秦墓竹简整理小组：《睡虎地秦墓竹简》，文物出版社1990年版，第117～118页。
〔4〕朱红林：《张家山汉简〈二年律令〉集释》，社会科学文献出版社2005年版，第66页。

治理念；一为践行经义时“过之”，不符合正统士人群体的价值观念。前者会被视为“妖言惑众”“造作图谶”而遭到法律制裁，后者则会被当作“愆礼”“过誉”而受到学者批判。

一、妖言惑众与随意援引、造作图谶的行为及制裁

如前所述，两汉时人认为灾异之产生与统治者不行德政、民众充满怨恨有关，故灾异所具有的警戒作用理应受到统治者的关注。但对灾异的解释权往往掌握在儒生的手中，进而言之，儒生将灾异作为一种工具以约束、规范皇帝的言行，意图使之不滥用权力。“在儒吏看来，对灾异的解释并不局限于灾异与时政之间的简单对应关系，他们意欲实现的目的是将灾异本身纳入经典所包含的知识范围中以确立一种持久性的以儒术约束皇权的言论机制。”〔1〕在这一“机制”中，儒生掌握着主动权，扮演着劝谏者与引路人的角色。这显然对维护帝王的统治地位与稳固社会秩序具有重要意义。但是，这一角色亦具有一定的危险性，因为其对天意的阐述与时政的指责往往会挑战皇帝的权威，甚至对皇权统治构成一定的威胁。而当某些儒生对某些灾异进行过度解释时，就无法为皇帝所容忍了。此时皇帝就会对儒生进行制裁，而其借口便是“妖言”。

两汉史料中有两种“妖言罪”：“妖言罪涵义有二：其一与诽谤相同；其二是‘妖妄之言’，借助阴阳五行，灾异等自然现象或迷信来指责皇帝的过失”〔2〕。前一种“妖言”即汉惠帝与汉文帝时期废止的“妖言”，主要是指诽谤君主、诟病国事的行为，其与经义之间没有必然联系。后一种“妖言”即

〔1〕 朱腾：《渗入皇帝政治的经典之学——汉代儒家法思想的形态与实践》，中国政法大学出版社2013年版，第149页。

〔2〕 盛建国：《中国古代“刑即法”的基本特征》，载陈金全、李鸣、杨玲主编：《中国传统法律文化与现代法治》，重庆出版社2000年版，第31页。

是通过援引经义解释某种灾异现象来表达自己的政治观点。其解释过程合理，但得出的结论却是对统治者本人甚至整个汉政权具有危险性的“妖妄之言”。《汉书》中载有事例一件最能对此说明：

孝昭元凤三年正月，泰山莱芜山南匈匈有数千人声，民视之，有大石自立，高丈五尺，大四十八围，入地深八尺，三石为足。石立后有白乌数千下集其旁。是时昌邑有枯社木卧复生，又上林苑中大柳树断枯卧地，亦自立生，有虫食树叶成文字，曰“公孙病已立”，孟推《春秋》之意，以为“石柳皆阴类，下民之象，(而)泰山者岱宗之岳，王者易姓告代之处。今大石自立，僵柳复起，非人力所为，此当有从匹夫为天子者。枯社木复生，故废之家公孙氏当复兴者也。”孟意亦不知其所在，即说曰：“先师董仲舒有言，虽有继体守文之君，不害圣人之受命。汉家尧后，有传国之运。汉帝宜谁差天下，求索贤人，禮以帝位，而退自封百里，如殷周二王后，以承顺天命。”孟使友人内官长赐上此书。时，昭帝幼，大将军霍光秉政，恶之，下其书廷尉。奏赐、孟妄设祆言惑众，大逆不道，皆伏诛。[1]

眭孟作为公羊学大师，对彼时的怪异现象之解释并不违反经义。其认为，“石柳皆阴类，下民之象，(而)泰山者岱宗之岳，王者易姓告代之处”，从时人的观念与经义的说教上来看，都是合理的。但是其得出的结论“当有从匹夫为天子者”以及“故废之家公孙氏当复兴者也”却是不可接受的，其政治诉求“汉帝宜谁差天下，求索贤人，禮以帝位，而退自封百里，如殷周二王后，以承顺天命”更是任何一个皇帝所绝对不能容忍的。在皇帝看来，这种结论对自身的统治乃至整个汉家社稷都构成了极大的威胁，一旦

[1]（东汉）班固：《汉书·眭两夏侯京翼李传》，中华书局1962年版，第3154页。

被士人及民众所接受，后果不堪设想。因此，这种言论必须被冠以“妖言”而制止，鼓吹者也必须遭到严惩。这是一个比较极端的案例，汉代的儒生很少有似眭孟不懂变通且言辞激烈者。不过，由于两汉时期特别是西汉时期改制行为众多，统治者内部就某一制度的构建通常各抒己见，构想不符合政治现实者确实会被以“妖言”罪处罚。兹举以下两例：

后二十七年，元凤三年，太史令张寿王上书言：“历者天地之大纪，上帝所为。传黄帝《调律历》，汉元年以来用之。今阴阳不调，宜更历之过也。”诏下主历使者鲜于妄人诘问，寿王不服。妄人请与治历大司农中丞麻光等二十余人杂候日月晦朔弦望、八节二十四气，钧校诸历用状。奏可。诏与丞相、御史、大将军、右将军史各一人杂候上林清台，课诸历疏密，凡十一家。以元凤三年十一月朔旦冬至，尽五年十二月，各有第。寿王课疏远。案汉元年不用黄帝《调历》，寿王非汉历，逆天道，非所宜言，大不敬。有诏勿劾。复候，尽六年。《太初历》第一，即墨徐万且、长安徐禹治《太初历》亦第一。寿王及待诏李信治黄帝《调历》，课皆疏阔，又言黄帝至元凤三年六千余岁。丞相属宝、长安单安国、安陵杯育治《终始》，言黄帝以来三千六百二十九岁，不与寿王合。寿王又移《帝王录》，舜、禹年岁不合人年。寿王言化益为天子代禹，骊山女亦为天子，在殷周间，皆不合经术。寿王历乃太史官《殷历》也。寿王猥曰安得五家历，又妄言《太初历》亏四分日之三，去小余七百五分，以故阴阳不调，谓之乱世。劾寿王吏八百石，古之大夫，服儒衣，诵不详之辞，作袄言欲乱制度，不道。奏可。[1]

初，成帝时，齐人甘忠可诈造《天官历》、《包元太平经》十二卷，以言“汉家逢天地之大终，当更受命于天，天帝使真人赤精

---

〔1〕（东汉）班固：《汉书·律历志上》，中华书局1962年版，第978页。

子，下教我此道。"忠可以教重平夏贺良、容丘丁广世、东郡郭昌等，中垒校尉刘向奏忠可假鬼神罔上惑众，下狱治服，未断病死。贺良等坐挟学忠可书以不敬论，后贺良等复私以相教。哀帝初立，司隶校尉解光亦以明经通灾异得幸，白贺良等所挟忠可书。事下奉车都尉刘歆，歆以为不合五经，不可施行。而李寻亦好之。光曰："前歆父向奏忠可下狱，歆安肯通此道？"时郭昌为长安令，劝寻宜助贺良等。寻遂白贺良等皆待诏黄门，数召见，陈说"汉历中衰，当更受命。成帝不应天命，故绝嗣。今陛下久疾，变异屡数，天所以谴告人也。宜急改元易号，乃得延年益寿，皇子生，灾异息矣。得道不得行，咎殃且亡，不有洪水将出，灾火且起，涤荡(人民)〔民人〕。"哀帝久寝疾，几其有益，遂从贺良等议。于是诏制丞相御史："盖闻《尚书》'五曰考终命'，言大运壹终，更纪天元人元，考文正理，推历定纪，数如甲子也。朕以眇身入继太祖，承皇天，总百僚，子元元，未有应天心之效。即位出入三年，灾变数降，日月失度，星辰错谬，高下贸易，大异连仍，盗贼并起。朕甚惧焉，战战兢兢，唯恐陵夷。惟汉兴至今二百载，历纪开元，皇天降非材之右，汉国再获受命之符，朕之不德，曷敢不通夫受天之元命，必与天下自新。其大赦天下，以建平二年为太初(元将)元年，号曰陈圣刘太平皇帝。漏刻以百二十为度。布告天下，使明知之。"后月余，上疾自若。贺良等复欲妄变政事，大臣争以为不可许。贺良等奏言大臣皆不知天命，宜退丞相御史，以解光、李寻辅政。上以其言亡验，遂下贺良等吏，而下诏曰："朕获保宗庙，为政不德，变异屡仍，恐惧战栗，未知所繇。待诏贺良等建言改元易号，增益漏刻，可以永安国家。朕信道不笃，过听其言，几为百姓获福。卒无嘉应，久旱为灾。以问贺良等，对当复改制度，皆背经谊，违圣制，不合时宜。夫过而不改，是为过矣。六月甲子诏书，非赦令也，皆蠲除之。贺良等反道惑众，奸态当穷竟。”皆下狱，光禄勋平当、光禄大夫毛莫如与御史中丞、廷尉杂治，当贺良等执左道，乱朝政，倾覆国家，诬罔主上，不道。贺良等皆伏诛。寻及解光减死一等，徙敦煌郡。[1]

这两个事例都与制度改革有关：一涉及改历，一涉及改元。两者发生的背景也均与灾异有一定关联：昭帝元凤年间“阴阳不调”，哀帝建平年间“久疾，变异屡数”。这些反常现象都被解读为上天对帝王的谴告。在这种情形下，总有意图改革者出现。在改历事件中，以寿王为首者认为太初历是导致阴阳不合的罪魁祸首，主张以自己调用过的黄帝历代之，这便与以妄人为首的太初历支持者产生了冲突。两者进行了长期的校历比试，最终太初历因误差最小、更为准确而胜出。寿王及待诏李信又与丞相属宝、长安单安国、安陵桮育就黄帝登基距今年限产生了争议。双方各以经典所载为据进行辩诘。寿王所言可能确实由来有自，但却被正统观念视为异端而“不合经术”。最终他被劾以“诵不详之辞，作祅言欲乱制度，不道”而下狱。从表面上看，两方所争执的只是历法学理上的问题，但由于历法涉及正朔，并且是天道的体现，因此往往与汉政权的正统性与合法性相关。寿王非议自武帝起一直沿用的太初历，认为其导致了“乱世”，但自己所治的黄帝历无法弥补缺陷，且援引的理论依据又不为正统所承认，故而被视作“妖言”。在改元事例中，夏贺良秉受甘忠可的《天官历》《包元太平经》，认为汉代已经中衰，即将被上天抛弃，如欲再受命而兴，必须改元易号。这一论断恰恰是儒家经典中的灾异理论所支持的，因而也就得到了一些善言灾异者的支持。夏贺良的主张起初并未涉及变更政权，仅仅是在形式上改元易号。因此也得到了哀帝的认可。夏贺良之灾异谴告、改元易号再受天命的改革理论符合经义，手段亦不激进，本来有可能产生更大影响。但

[1] （东汉）班固：《汉书·眭两夏侯京翼李传》，中华书局1962年版，第3192～3194页。

由于其未能应验，使统治者丧失信心。且改革者又欲借此变政事黜大臣，遭到了统治集团的合力反对，故而被以“妖言”问罪。盖此类“妖言”的理论依据均符合经义要求，最起码不违背之。但由此而推出的结论往往危及汉代皇帝的权威性、汉政权的正当性与合法性或者统治集团的切身利益。故而汉代统治者不能任由这种言论传播下去，因此常常以“妖言”制止之，并处以极刑。至东汉时期，亦有不少妖言案发生。《后汉书》中记载了四次赦免妖言罪的诏令，正说明彼时妖言之多：

> 往者妖言大狱，所及广远，一人犯罪，禁至三属，莫得垂缨仕宦王朝……诸以前妖恶禁锢者，一皆蠲除之，以明弃咎之路，但不得在宿卫而已。[1]
>
> 乙亥，诏自建初以来，诸祅言它过坐徙边者，各归本郡；其没入官为奴婢者，免为庶人。[2]
>
> 其自永建元年迄乎今岁，凡诸妖恶，支亲从坐，及吏民减死徙边者，悉归本郡；唯没入者不从此令。[3]
>
> 又诏赦除建武以来诸犯妖恶，及马、窦家属所被禁锢者，皆复之为平人。[4]

与西汉相比，东汉的妖言又具有了新的特征，即与谶纬相结合。“自中兴之后，儒者争学图纬，兼复附以訞言”[5]，也就是说，对谶纬的附会与阐发很可能成为妖言。盖谶纬与妖言两者本来就具有相似性。它们均以阴阳五行、灾异来比附、解释经典之义，且皆意图表露一定的政治诉求。如上述史料中甘忠可所言“汉家逢天地之大终，当更受命于天，天帝使真人

---

〔1〕（刘宋）范晔：《后汉书·肃宗孝章帝纪》，中华书局1965年版，第147～148页。
〔2〕（刘宋）范晔：《后汉书·孝安帝纪》，中华书局1965年版，第215页。
〔3〕（刘宋）范晔：《后汉书·孝桓帝纪》，中华书局1965年版，第293页。
〔4〕（刘宋）范晔：《后汉书·皇后纪上》，中华书局1965年版，第422页。
〔5〕（刘宋）范晔：《后汉书·张衡列传》，中华书局1965年版，第1911页。

赤精子，下教我此道”，其实就类似谶言，只不过表述形式略显粗糙，不够简短精炼。两汉之际，谶纬获得了长足的发展，其表述形式更加完善，预言占验性质更强，受到乱世中各方势力的青睐，并被他们援用作为论证自己受命统治的神学依据。汉室中兴后，刘秀在继续利用谶纬的同时意识到了任其流传对自身统治所具有的潜在危险性，故采取校订图谶并颁布天下的举措，使“《河洛》、《六艺》，篇录已定”[1]，即“《河洛》五九，《六艺》四九’，谓八十一篇也”[2]。于此，未进入官方认可的“八十一篇”者被禁止援引，援引之便属于“妖言惑众”，应受到法律制裁。援引尚且如此，造作更不必言。史载“有司奏英招聚奸猾，造作图谶，擅相官秩，置诸侯王公将军二千石，大逆不道，请诛之”[3]；“永平中，有上书告延与姬兄谢弇及姊馆陶主婿驸马都尉韩光招奸猾，作图谶，祠祭祝诅”[4]。《唐律疏议·贼盗》有“诸造祆书与祆言者，绞”之规定。注曰：“造谓自造休咎及鬼神之言，妄说吉凶，涉于不顺者。”疏议曰：“‘造祆书及祆言者’，谓构成怪力之书，诈为鬼神之语。‘休’，谓妄说他人及己身有休征。‘咎’，谓妄言国家有咎恶。观天化地，诡说灾祥，妄陈吉凶，并涉于不顺者，绞。”[5]鬼神之言、国家咎恶正是图谶的内容，则自造休咎与以鬼神之言并说吉凶其实就是擅造图谶的行为。故而不利于统治稳定的图谶实际上就是妖言、妖书。唐律如此，其蓝本汉律大概亦如此。从这个角度出发，造作图谶者以图谶妄言天意、擅测国家兴衰与帝王吉凶，确实有不轨的意图，并严重危及当朝统治者统治的合法性与正当性，必然受到严厉打击。

---

〔1〕（刘宋）范晔：《后汉书·张衡列传》，中华书局1965年版，第1912页。

〔2〕（刘宋）范晔：《后汉书·张衡列传》引《张衡集》，中华书局1965年版，第1913页。钟肇鹏认为，“即指《河图》、《洛书》这两类谶书凡四十五篇，合于五九之数。再加《七经纬》三十六篇，所谓‘六艺四九’，两者加起来共八十一篇，这即是张衡说的‘篇录已定’”。参见钟肇鹏：《谶纬论略》，辽宁教育出版社1991年版，第28页。

〔3〕（刘宋）范晔：《后汉书·光武十王列传》，中华书局1965年版，第1429页。

〔4〕（刘宋）范晔：《后汉书·光武十王列传》，中华书局1965年版，第1444页。

〔5〕（唐）长孙无忌等：《唐律疏议·贼盗》，中华书局1983年版，第345页。

二、“愆礼”“过誉”与东汉社会的过礼现象

“过礼”，是指在践行经义的过程中超过经义对践行者所要求之最高限度的现象。《后汉书》中记有简单事例，例如，郅恽“年十二失母，居丧过礼”[1]；樊鯈“事后母至孝，及母卒，哀思过礼，毁病不自支”[2]；申屠蟠“九岁丧父，哀毁过礼。服除，不进酒肉十余年。每忌日，辄三日不食”[3]等。最为详细收录“过礼”行为者当属东汉泰山太守应劭的《风俗通义》一书。在此书中，应劭将“过礼”分为“愆礼”与“过誉”两种行为。愆礼指违反礼义、滥用礼义的行为；过誉指名不副实、以假乱真的行为。“过誉”常常通过“愆礼”表现出来，“愆礼”之最终目的亦是求得“过誉”。因此，两种行为实为“你中有我、我中有你”，或者说一者偏向表现形式，一者偏向目的追求。在其作品中，应劭共选取了17个事例来表现当时普遍存在于士人阶层的违背礼制要求、滥用经义的现象，不妨从政治关系与伦理关系两个角度来进行考察。

（一）政治关系上的过礼现象

应劭所举事例中有不少牵涉政治上之关系，主要包括同岁关系、举荐者与被举荐者关系以及属吏与官长关系三种。众所周知，汉代最重要的入仕途径为察举征辟，自被举荐（或征辟）之日起，同年被举荐者之间以及举荐者与被举荐者之间就具有了一定的关系；入仕做官后，属吏又与自己的官长之间产生了隶属关系；属吏调任或晋升后，又同旧官长（旧君）之间具有故属关系。故而应劭所举事例实际囊括了所有政治关系。其中，最容易发生违礼现象的是隶属关系，也就是属吏与现任官长之间的关系，这其实与东汉时期属吏与官长之间具有君臣之义不无相关。在时人的观念中，被

〔1〕（刘宋）范晔：《后汉书·申屠刚鲍永郅恽列传》，中华书局1965年版，第1023页。
〔2〕（刘宋）范晔：《后汉书·樊宏阴识列传》，中华书局1965年版，第1122页。
〔3〕（刘宋）范晔：《后汉书·周黄徐姜申屠列传》，中华书局1965年版，第1750页。

征辟的属吏要将征辟自己的官长视为君，以臣道事之。但是，属吏为了自己的政治前途，往往倾向于做出一些与君臣之义不符的行为，如替主隐瞒病情、彰显自己聪慧之处以及藐视官场成规等，意欲表现自己的特立独行。对此，应劭评价道：

何有上欺天子，中诬方伯，下诳吏民，扶辅耄乱，政自己出，虽幸无阙，罪已不容于诛矣。为人谋而不忠，爱人而以姑息，凡人不可，况于君子乎？〔1〕

不即弹黜奸佞，而须于万人之中，乃暴引之，是为陷君。君子不临深以为高，不因少以为多，况创病君父，以为己功者哉？〔2〕

君子之仕，行其道也，民未见德，唯诈是闻，远荐功曹，策名委质，就有不合，当徐告退，古既待放，须起乃逝，何得乱道，进退自由，傲很天常，若无君父？〔3〕

应劭实际上为属吏设立了一套应当奉行的行为准则：作为属吏，不应当将善归于自己而将恶归于官长以自夸；当官长老病不能为政之时不当隐瞒而应如实上报；入仕为官后进退都当符合礼仪规定不可恣意妄为。而针对同岁关系以及属吏与旧君之间的关系，应劭则坚决反对以此而因私废公：

凡所按选，岂得复为君臣者耶？〔4〕

何有同岁相临，而可拱默者哉？〔5〕

在他看来，属吏一旦晋升或调任便与原官长之间不再具有任何关系，

〔1〕（东汉）应劭撰，王利器校注：《风俗通义校注·过誉》，中华书局1981年版，第178页。
〔2〕（东汉）应劭撰，王利器校注：《风俗通义校注·过誉》，中华书局1981年版，第173～174页。
〔3〕（东汉）应劭撰，王利器校注：《风俗通义校注·过誉》，中华书局1981年版，第205页。
〔4〕（东汉）应劭撰，王利器校注：《风俗通义校注·愆礼》，中华书局1981年版，第147页。
〔5〕（东汉）应劭撰，王利器校注：《风俗通义校注·过誉》，中华书局1981年版，第196页。

不应再顾忌先前的“君臣之义”；而所谓的“同岁”只不过是恰巧在同一年被举荐，甚至相见不须“拱默”。因此，该二者本身就不应当成为一种特殊的关系。应劭的这番言论其实是对东汉时期普遍存在的故吏与旧主以及同岁被举荐者这两个特殊政治集团的批判与否定。

总而言之，由于此类政治关系而造成的察举失真乃至徇私舞弊为应劭所不齿。在这样的社会环境之下，士人阶层之所以在处理政治关系时违反礼制与经义的相关规定也是为了赢得舆论的认可，以求得立足与发展。而他们也确实靠这种行为得到了“好评”。针对郅恽的举动，“而论者苟眩虚声，以为美谈”[1]；韩稜虽曾“坐禁固”，但“章帝即位，一切原除也”[2]，可见他的行为颇受皇帝认可；赵仲让行为古怪不合礼仪法度，但“太守以其宿有重名，忍而不罪”[3]。也就是说，他们的行为非但没有遭到批判，反而成为一时美谈，甚至以此得到上级乃至最高统治者的欣赏，成为评判贤能高士的标准。而东汉中期以后，举荐制度在相当程度上失去了公正性，私情、恩惠等非理性因素充斥其中。早在明帝时期，樊儵就曾指出，“郡国举孝廉，率取年少能报恩者，耆宿大贤多见废弃”[4]，认为举孝廉这种选官方式已经出现了问题，选官者多怀私心，致使贤者不能被任用。比应劭略早的王符和同时代的仲长统对这一现象也有比较清醒的认识。王符认为，“夫志道者少与，逐俗者多畴，是以朋党用私，背实趋华。其贡士者，不复依其质干，准其才行，但虚造声誉，妄生羽毛。”[5]由此可知，在士大夫之间结党营私成为汉代中后期的一大特色。从举荐者的角度来看，各士大夫集团之间多欲吸纳名声高洁者以为己用，扩充自己的党羽势力，故察举必然失真，贡士多为声誉高但未必具有真才实干者。从被举荐者的角度来看，

---

〔1〕（东汉）应劭撰，王利器校注：《风俗通义校注·过誉》，中华书局1981年版，第174页。

〔2〕（东汉）应劭撰，王利器校注：《风俗通义校注·过誉》，中华书局1981年版，第177页。

〔3〕（东汉）应劭撰，王利器校注：《风俗通义校注·过誉》，中华书局1981年版，第203页。

〔4〕（刘宋）范晔：《后汉书·樊宏阴识列传》，中华书局1965年版，第1122～1123页。

〔5〕（刘宋）范晔：《后汉书·王充王符仲长统列传》，中华书局1965年版，第1638页。

在这种选拔者视乡曲名声重于实学笃行的标准下，能入仕者当然有不少凭借“过礼”行为出名的沽名钓誉之徒，其能力甚至不及“中人”，而其目的只为升官以攫取政治利益，因此官僚队伍不免出现鱼龙混杂的情形。故彼时政治上的混乱可见一斑。

(二)伦理关系上的过礼现象

除政治关系外，应劭所举的事例亦包含母子、夫妻、同胞、师生、朋友五者。由这些事例不难看出，几乎所有的伦理关系都受到了一定程度的冲击。但受害最严重者当属同胞关系。在与其相关的四例中，一例涉及同生之恩情，一例涉及侍奉之礼仪，两例涉及“让与”之行为，即将官位(皇甫规例)或财产(戴幼起例)让与给自己的兄弟。针对这些事例，应劭分别评价为：

> 何有同生之家，而顾钱者哉？伤恩薄礼，弊之至也。〔1〕
>
> 凡兄弟相爱，尚同舆而出，同床而寝；今相校三年耳，幸无骨肉之属，坐作鬼怪，旦朝言恐。〔2〕
>
> 立朝忘家，即戎忘身。身且忘之，况于弟乎？……何有挟功，苟念去位？弟实隽德，不患无位。〔3〕
>
> 凡让财者类与弟，子弟尚幼，恩情注，希有与兄。既出之日，可居冢下，冢无屋，宗家犹有赢田庐田，可首粥力者耳，何必官池客舍。〔4〕

其中比较引人注意的是所谓兄弟之间相互让与的现象，其在汉代绝不仅仅只有《过誉》中记载的两例。清人赵翼在其《二十二史札记》中总结

---

〔1〕(东汉)应劭撰，王利器校注：《风俗通义校注·愆礼》，中华书局1981年版，第153页。
〔2〕(东汉)应劭撰，王利器校注：《风俗通义校注·愆礼》，中华书局1981年版，第157页。
〔3〕(东汉)应劭撰，王利器校注：《风俗通义校注·过誉》，中华书局1981年版，第188页。
〔4〕(东汉)应劭撰，王利器校注：《风俗通义校注·过誉》，中华书局1981年版，第200页。

道："西汉时韦贤卒，子玄成应袭爵，让于庶兄弘，宣帝高其节许之。至东汉邓彪亦让封爵于异母弟，明帝亦许之。刘凯让封于弟宪，逃去十余年，有司请绝其封，帝不许，贾逵奏当成其让国之美。乃诏宪嗣。此以让而得请者也。桓荣卒，子郁请让爵于兄子汎，明帝不许，乃受封。丁綝卒，子鸿请让爵于弟盛，不报，鸿乃逃去，以采药为名，后友人鲍骏遇之于东海，责以兄弟私恩绝其父不灭其基，鸿感悟，乃归受爵。郭躬子贺，当袭，让与小弟而逃去，诏下州郡追之，不得以乃出就封。徐防卒，子(贺)[衡]当袭，让于弟崇，数岁不归，不得已乃就封。"〔1〕赵翼在其著作中共列举了7个事例，其均记载于《汉书》《后汉书》之《列传》中。从中不难看出，两汉时期实行这种行为者不在少数，亦不乏当时名儒，故兄弟相让实为士人阶层之普遍情形。由于此行为多得到帝王的首肯与赞扬，因此让与者最终往往既袭得了爵位，又获得了名声，可谓一箭双雕。不过，这些行为貌似合理，实则或不重经义，或扭曲经义。其反映出的是这些"名士"的虚伪之处，即他们意图通过这种行为替自己博得好名声，从而顺利进入仕途。在东汉时期这种行为确实大行其道。如"伯大为议郎、益州太守，子敬辟司徒，公车徵"〔2〕，皇甫规"后为中郎将，督并、凉、益三州"〔3〕，戴幼起"后举孝廉，为陕令"〔4〕。正是他们先前的这种不符合礼制要求的行为，为他们赢得了察举征辟所需要的舆论支持，使其从众多备选者中脱颖而出。士人这种沽名钓誉的倾向也反映在其他几件事例上，如应劭针对"山阳太守汝南薛恭祖不为己妻恸哭服丧""大将军掾敦煌宣度为己师太常张文明制杖"两事分别批评道：

---

〔1〕（清）赵翼著，王树民校证：《廿二史劄记校证》，中华书局1984年版，第103页。
〔2〕（东汉）应劭撰，王利器校注：《风俗通义校注·愆礼》，中华书局1981年版，第155页。
〔3〕（东汉）应劭撰，王利器校注：《风俗通义校注·过誉》，中华书局1981年版，第186页。
〔4〕（东汉）应劭撰，王利器校注：《风俗通义校注·过誉》，中华书局1981年版，第199页。

此为矫情，伪之至也。[1]

凡今杖者，皆在权戚之门，至有家遭齐衰同生之痛，俯伏坟墓，而不归来，真不爱其亲而爱他人者也；无他也，庶福报耳。[2]

这种“矫情”的目的正在于得到某种“福报”，而此种福报则多为社会威望与舆论支持。于是，在这样一种利益驱动之下，士人争相以一种扭曲乃至极端化的形式将伦理亲情表现出来，将自己塑造成一个重情义的角色。但实质上这些行为恰恰与经义相悖。如兄弟之爱当“同舆而出，同床而寝”，绝不是邓子敬对张伯大的“坐作鬼怪，旦朝言恐”[3]；又如任公职者当“立朝忘家，即戎忘身”[4]并以公事为先，绝不是皇甫规挟功去位让与己弟。这些行为所表现的正是士人刻意扭曲、随意滥用经义以达到自己的个人目的，展现出了彼时士风的污浊与混乱。

统而言之，“过礼”行为实质上是一种对礼制与经义的“破坏”。此处之“破坏”并非将其弃之不用或完全废除，而是对此类礼制与经义的滥用。具言之，这些事例中的当事人往往以一种超过经典认可的古怪乃至扭曲的行为来表达自己的情感，以展示自己异于常人，而其目的则在于为自己赢得美名，进而获得高官厚禄。这种局面出现的背后自有其深刻的历史原因。应劭在《风俗通义》中将之归结为经书章句之乱所导致的经学不醇、经义尽失、圣意难察。除此之外，笔者认为还有两点原因不能忽视：其一，自东汉起，由天子至郡县官吏均对礼过度推崇。就帝王层面看，光武帝礼遇儒生、兴太学、建三雍；明帝则亲于三雍之中行养老礼并坐明堂朝诸侯；章帝曾行《月令》迎气乐；安帝顺帝亦行巡狩、柴祭与祠明堂之礼。故而从整体来说东汉皇帝多亲身践行礼之规定以为表率，并求行为符合古制古

[1] (东汉)应劭撰，王利器校注：《风俗通义校注·愆礼》，中华书局1981年版，第142页

[2] (东汉)应劭撰，王利器校注：《风俗通义校注·愆礼》，中华书局1981年版，第141页。

[3] (东汉)应劭撰，王利器校注：《风俗通义校注·愆礼》，中华书局1981年版，第157页。

[4] (东汉)应劭撰，王利器校注：《风俗通义校注·过誉》，中华书局1981年版，第188页。

义，这一点远胜于西汉诸帝。就郡县官员层面看，与《汉书·循吏列传》相比，《后汉书·循吏列传》中有更多关于郡县官员“以礼训人”以及设立礼则的事例，可见东汉时的地方官对经典之规定极为熟悉，并学以致用地将其运用到处理地方事务之中。两者对礼的过度推崇渐渐导致礼的仪式性增强但观念性降低，致使士人重仪式而轻内涵，企图在仪式上追求新奇以表现自己。换句话说，礼最质朴的人之感情反而让位于复杂乃至作秀式的仪式表演。士人们已经不能满足于仅仅因循礼制与经义的规定，他们需要“突破”之，即将适用范围扩大延伸至本不属于礼所调整的社会关系中（对已故母亲同姓的老妇人、对旧君、对同岁等），或者用一种看似高明的方式来践行礼制与经义的规定（取食于同胞而留钱、让财与官于自己的兄弟、哭坟后无谒刺等），以表明自己真正通晓礼之精髓。其二，自儒家定于一尊后，经学便与仕途相挂钩而带有了一定的功利性，造成了一大批急功近利之士的出现。而东汉时期的选官制度又将治经与修德相提并论，尤为重视个人的品行。如欲在激烈的孝廉竞争中占据有利地位，则必须具有较高的名节与声望。因此仅仅使自己的行为应经合义似乎还不能证明自身德行高尚，只有那些超乎传统的符合经义的行为才能使自己凸显出来，战胜其他众多的竞争者而赢得好名声。故而急功近利之徒往往会以特立独行的行为表现出自己的高洁，而这些行为恰恰因为“过之”而为礼制与经义所不容。

第六章　经义法律化的影响与价值

经义法律化是两汉时期一种极为普遍的法律现象，是儒家经典在政治实践领域的贯彻落实，促成了经学与汉律的交流与融合。它对古代中国的法制发展具有极大的影响，主要体现于法律制度、法律思维与法律样式三个层面。其虽然为帝制中国的产物，存在诸多消极因素，却对现代中国的法治建设具有一定的借鉴意义，故而在当今社会也具有一定的价值。尤其是它对道德作用的认可、对法官素质的强调以及对民众接受能力的重视值得我们深思。

第一节　历史影响

经义法律化是通过经律的融合与互诠而完成的，是汉家王道霸道配合杂用的主要表现。其对彼时的司法实践乃至政治实践的影响不可谓不大。这一法律现象在汉亡以后并未立即消失，而是继续存在，在传统中国法律领域发挥着重要作用。

一、法律制度方面

在经义被作为法律规范适用的过程中，诸多以之为理论基础的法律制度也渐渐出现。在汉世制度化较为成熟者即有秋冬断狱与亲亲相隐两者。秋冬断狱之系统论述见于《礼记·月令》，其有孟秋“命有司修法制，缮囹圄，具桎梏，禁止奸，慎罪邪，务搏执。……审断、决狱，讼必端平。戮有罪，严断刑”，仲秋“乃命有司申严百刑，斩杀必当”，季秋“乃趣狱刑，毋留有罪”，孟冬“是察阿党，则罪无有掩蔽”，仲冬“其有相侵夺者，罪之不赦”〔1〕之说。汉代统治者也确实在实践中确立了这一准则，如“汉旧事断狱报重，常尽三冬之月”〔2〕“宜及秋冬理狱，明为其禁”〔3〕。史书中关于皇帝、地方官员秋冬之时刑杀罪人以及汉官因秋冬断狱受到褒扬或不遵时令断狱受到批评的事例也不可胜数，足见这一经义早已成为一项制度规定。亲亲相隐之说则分别见于《论语》与《春秋》。《论语·子路》曰：“父为子隐，子为父隐，直在其中矣。”〔4〕《公羊传》与《谷梁传》均有“缓追逸贼，亲亲之道也”〔5〕之说。董仲舒已在司法实践中适用亲属容隐原则，〔6〕而其制度化则始于宣帝时期。宣帝地节四年（公元前66年）诏曰：“自今子首匿父母，妻匿夫，孙匿大父母，皆勿坐。其父母匿子，夫匿妻，大父母匿孙，罪殊死，皆上请廷尉以闻。”〔7〕这份诏书肯定了容隐的合法性，使这一儒家准则最终外化为固定制度。但此时的亲属容隐仍主要是单向的，即卑为尊隐，尊为卑隐则须满足“罪殊死”的条件，还要在程序上“上请廷尉以

〔1〕（东汉）郑玄注，（唐）孔颖达正义：《礼记正义·月令》，北京大学出版社1999年版，第521～556页。这里值得注意的是，通常所说的秋冬当指三秋三冬，但《月令》中并无季冬断刑狱的相关记载。盖季冬为冬之最后一月，阳气已萌，万物即将复苏，农事也将复起，此时不当再以刑杀断狱为务。

〔2〕（刘宋）范晔：《后汉书·郭陈列传》，中华书局1965年版，第1550页。

〔3〕（刘宋）范晔：《后汉书·肃宗孝章帝纪》，中华书局1965年版，第146页。

〔4〕（魏）何晏注，（北宋）邢昺疏：《论语注疏·子路》，北京大学出版社1999年版，第177页。

〔5〕《春秋公羊传·闵公二年》称赞季友不诛庆父，《春秋谷梁传·隐公元年》谴责郑庄公追杀共叔段都指出“缓追逸贼，亲亲之道也”。即认可统治者（执政者）对犯罪的兄弟“开恩”。参见（东汉）何休解诂，（唐）徐彦疏：《春秋公羊传注疏·闵公二年》，北京大学出版社1999年版，第195页；（东晋）范宁注，（唐）杨士勋疏：《春秋谷梁传注疏·隐公元年》，北京大学出版社1999年版，第5页。

〔6〕参见（北宋）李昉：《太平御览·刑法部六》引董仲舒《春秋决狱》，河北教育出版社1994年版，第42页。

〔7〕（东汉）班固：《汉书·宣帝纪》，中华书局1962年版，第251页。

闻"[1]。这两项成熟于两汉时期的法律制度被日后历代王朝所继承，并被写入其治国法典之中。

自曹魏代汉后，立法中开始大量出现经典之制。其中最具有说服力的莫过于八议、五服、官当、十恶四者。"八议"原见于《周官》"八辟丽邦之法"，是天子对亲、故、贤、能、功、贵、勤、宾八种特殊身份的人在犯罪后的优待，它本为儒家经典所记载的理想政治制度。东汉时已在司法实践中适用八议，但在法律上并无明确规定。史载："中平元年，黄巾贼起，故武威太守酒泉黄隽被征，失期。梁鹄欲奏诛隽，勋为言得免。隽以黄金二十斤谢勋，勋谓隽曰：'吾以子罪在八议，故为子言。吾岂卖评哉！'"[2]至曹魏时首纳八议入法。《三国志》载："（许允）明帝时为尚书选曹郎，与陈国袁侃对，同坐职事，皆收送狱，诏旨严切，当有死者，正直者为重。允谓侃曰：'卿，功臣之子，法应八议，不忧死也。'"[3]如果说"罪在八议"还是一种司法惯习的话，那么"法应八议"则直接将之写入法条。这可能正发生于魏明帝制定《新律》后不久。虽然这八类特权阶层的具体涵盖范围历代略有差异，但曹魏以后的法典中皆将八议规定为一种法律制度却无改变，"自魏、晋、宋、齐、梁、陈、后魏、北齐、后周及隋皆载于律"[4]，唐、宋、元、明、清亦将之明文规定于律典之中。"准五服以制罪"的规定首次出现于晋代。"五服"制度是礼制所要求的为死去亲属服丧的制度，被详细收录于《仪礼》与《礼记》之中。该制度根据血缘远近不同的亲属所服丧服类型不同，将亲属分为五等，由亲至疏依次是：斩衰、齐衰、大功、小功、缌麻。这

---

〔1〕《唐律》将亲属容隐扩大为同居容隐，且不再刻意区分尊卑之别，而是以服制作为体现容隐强度的标准。《唐律》规定，在亲属关系中，大功以上亲及外祖父母、外孙、若孙之妇、夫之兄弟及兄弟妻犯罪可以容隐且不受处罚，而小功以下亲犯罪之容隐需减凡人三等处罚。参见（唐）长孙无忌等撰：《唐律疏议·名例》，中华书局1983年版，第130页。

〔2〕（刘宋）范晔：《后汉书·虞傅盖臧列传》李贤注引《续汉书》，中华书局1962年版，第1880页。

〔3〕（西晋）陈寿《三国志·诸夏侯曹传第九》裴松之注引《魏略》，团结出版社1996年版，第291页。

〔4〕（唐）李林甫等：《唐六典·尚书刑部》，中华书局1992年版，第187页。

样做的目的是“上杀、下杀、旁杀，而亲毕矣”。郑玄注曰：“杀，谓亲益疏者，服之则轻。”〔1〕“上杀”“下杀”“旁杀”即上至父祖、下于子孙、旁达叔伯而降服，即由近及远地穷尽人们之间的亲属血缘关系。晋武帝泰始三年颁布的《泰始律》中吸纳了这一礼制规定，要求“峻礼教之防，准五服以制罪也”〔2〕。此是说在处理亲属之间的侵犯、伤害等行为时，必须首先根据服制所确立的亲等来辨别亲属关系间的尊卑、远近、亲疏，然后处以刑罚，处罚的基本原则大体上可归结为亲者重而疏者轻。〔3〕自此以后，准五服治罪成为传统法律的基本制度之一，〔4〕并被统治者高度重视，如元代时曾将丧服图六附于法典之后，明清两代则置丧服八图于卷首。“官当”之刑也出现于晋代。晋律有“除名比三岁刑”以及“免官比三岁刑，其无真官而应免者，正刑召还也”〔5〕的规定，在发展两汉先请制度〔6〕的基础上系统地论述了以官当罪之原则。这一制度延续至南北朝时期，如北魏律中有“王官阶九品，得以官爵除刑”〔7〕，陈律亦有“五岁四岁刑，若有官，准当二年，余并居作。其三岁刑，若有官，准当二年，余一年赎。若公坐过误，罚金。其二岁刑，有官者，赎论。一岁刑，无官者亦赎论”〔8〕。官当这一制度虽未在经典中明确规定，但确可由之衍生而出。《礼记》曰：“夫礼者，所以章疑

---

〔1〕（汉）郑玄注，（唐）孔颖达正义：《礼记正义·丧服小记》，北京大学出版社1999年版，第960页。

〔2〕（唐）房玄龄：《晋书·刑法志》，中华书局1974年版，第927页。

〔3〕此处亦有一例外：亲属之间的财产犯罪往往是血缘关系越近处罚越轻。

〔4〕秦汉时期即有根据亲等处理亲属之间犯罪的规定，如“父盗子不为盗”，“殴父当枭首”等。但对亲属犯罪提出定罪量刑的成熟原则并对之进行系统处理则自《晋律》始。

〔5〕（北宋）李昉：《太平御览·刑法部十七》引《晋律》，河北教育出版社1994年版，第117页。

〔6〕《汉书·高帝纪下》载高祖有“春，令郎中有罪耐以上，请之”之诏。（东汉）班固：《汉书·高帝纪下》，中华书局1962年版，第63页。《汉书·宣帝纪》载宣帝也曾诏曰：“举廉吏，诚欲得其真也。吏六百石位大夫，有罪先请，秩禄上通，足以效其贤材，自今以来毋得举。”（东汉）班固：《汉书·宣帝纪》，中华书局1962年版，第274页。《后汉书·光武帝纪上》载光武帝诏曰：“吏不满六百石，下至墨绶长、相，有罪先请。”（刘宋）范晔：《后汉书·光武帝纪上》，中华书局1965年版，第35页。则两汉时期一定级别以上的官吏在犯罪当受处罚时，廷尉不得擅自处理而应先向皇帝报告，请其作出决定。一般而言，凡被“请”者均能被减免处罚。

〔7〕（北齐）魏收：《魏书·刑罚志》，中华书局1974年版，第2874页。

〔8〕（唐）魏徵：《隋书·刑法志》，中华书局1973年版，第703页。

别微，以为民坊者也。故贵贱有等，衣服有别，朝廷有位，则民有所让。”[1]《荀子》曰：“由士以上则必以礼乐节之，众庶百姓则必以法数制之。”[2]则官当之产生实为对礼之贵贱有序要求的法律化，亦是对“刑不上大夫”这一传统理念的制度化确认。隋唐时，官当制度进一步系统化，规定更为详尽复杂，官吏所享有的特权也更为丰厚。明清法律中尽管未明确规定“官当”之制，却代之以罚俸、革职等一系列类似制度，以继续维护官僚的特权。最能体现经义强制性的“重罪十条”则出现较晚。史书记载首见于北齐时期：“一曰反逆，二曰大逆，三曰叛，四曰降，五曰恶逆，六曰不道，七曰不敬，八曰不孝，九曰不义，十曰内乱。其犯此十者，不在八议论赎之限。”[3]隋唐时期，对这十条重罪略作修改，定为“十恶”之罪：“一曰谋反，二曰谋大逆，三曰谋叛，四曰恶逆，五曰不道，六曰大不敬，七曰不孝，八曰不睦，九曰不义，十曰内乱。”[4]长孙无忌认为，“五刑之中，十恶尤切，亏损名教，毁裂冠冕，特标篇首，以为明诫”[5]。则这十种行为的选取标准就在于其“亏损名教，毁裂冠冕”。所谓的“亏损名教”是指其严重冲击经义所要求的价值观，而所谓的“毁裂冠冕”则说明其严重破坏人之所以为人的伦理道德，就如同禽兽之行为一般。由此可见，经义所倡导的忠孝价值观成为评判人们行为是非的标准，其具有相当程度的约束力，违反其将遭到最严厉的惩罚。

秋冬断狱、亲属相隐、八议、五服制罪、官当、十恶六者因保护忠孝之道与尊卑之序而成为最能体现经义规范性的法律制度，并一直被视为我国儒家化法典的标志，也颇为历代学者与统治者所称颂。除此之外，还有诸多制度也因经义而设，如同姓不婚、近亲不婚、七出、立嫡。这些制度之所

---

〔1〕（东汉）郑玄注，（唐）孔颖达正义：《礼记正义·坊记》，北京大学出版社1999年版，第1403页。

〔2〕（清）王先谦：《荀子集解·富国》，中华书局1988年版，第178页。

〔3〕（唐）魏徵：《隋书·刑法志》，中华书局1973年版，第706页。

〔4〕（唐）魏徵：《隋书·刑法志》，中华书局1973年版，第711页。

〔5〕（唐）长孙无忌等：《唐律疏议·名例》，中华书局1983年版，第6页。

以能够成为中华法系之代表，实与两汉时期尊儒重经之政策息息相关。从经义法律化的角度来看，两汉时期的经义已具有类似于法律的规范性，而经典则成为承载着主流意识形态的法典。治经者凭经典入仕并担任高级官员，在政治生活中处处以此为据，显现出儒生治国的特色，即便是文吏出身者也虚心研习并时时称引之，以经术润饰吏事渐成一时风气。司法判决与皇帝诏令中处处可见经义之痕迹，甚至成为这些法律文书的灵魂与精髓。东汉中后期的经律互注则令经律进一步融合，以法律之外衣配经学之内理成为统治阶层最常使用的统治之术，而经义也完全成为一种可以直接适用的法律规则。这种浓厚的经典政治风气必定孕育着新的法律制度，而这些法律制度又均可以从经典中找到理论支持。不过，总体来说，两汉时期依据经典所确立的法律制度并不多，这是因为秦代所构建的法律制度体系仍在有效运转，而在这一过程中儒生几乎未能切身参与。当儒生登上政治舞台后，秦制已经转变为较成熟稳定的汉制，成为皇帝遵奉的"祖制"，故而他们所能做的仅是改造与修正，还不能马上将之推翻而重新立法。不过，后世诸多制度又确实见于两汉的法律实践活动中。如东汉时期已有在实践中适用八议者；准五服以制罪实吸取了汉代对亲属尊卑犯罪的相关规定；官当萌芽于两汉先请制度；十恶演变自两汉不敬不道之罪。从这些法律制度中亦不难窥见经义之影响。汉亡之后，由汉武帝开创的政风并未随之消失，故经义法律化的进程亦未戛然而止，而是有了进一步发展：因汉律苛杂繁多难以适用于新朝代而迫切需要对之删改以制定新法典的状况反而使儒生经师得以名正言顺地进入立法当中，故经义得以被立法所吸纳，成为法律的渊源，于是诸多以此为蓝本的法律制度也就顺利产生了。

二、法律思维方面

关于法律思维的定义，学界历来颇有争议。郑成良教授认为，"所谓法律思维，也就是按照法律的逻辑（包括法律的规范、原则和精神）来观察、分析和解决社会问题的思维方法”。其重心“则在于合法性的分析，即围绕合法与非法来思考和判断一切有争议的行为、主张、利益和关系”[1]。谌洪果教授认为，“法律思维，系指生活于法律制度架构之下的人们对于法律的认识态度，以及从法律的立场出发，人们思考和认识社会的方式，还包括在这一过程中，人们运用法律解决问题的具体方法”，“法律思维要解决的问题反映在法学的学理问题上，就是要使得其问题意识、研究策略都要符合法律的特性和传统，使其在研究思路上显现出解释和解决实践问题所应有的理论力度”[2]。陈金钊教授认为，法律思维包含三个方面，即法律思维结构、法律思维方法与法律思维程序：法律思维结构是法律思维的前见，由法律心理、法律理论和法律经验三部分构成；法律思维方法是法律思维的手段和工具，包括作为思维过程的操作方法和作为理论工具的方法，如法律解释、法律推理、法律论证和价值衡量等方法；法律思维程序是法律思维从一个环节向另一个环节有序过渡的流向，其基本程序为从法律出发，根据法律进行思维，最终达到维护法治的目的。[3]上述三位学者的论述均有一定道理，其共同点在于将法律思维视为人们依照法律之逻辑，从法治的立场出发，运用法律规范以评析、解决现实问题的方法，注重法律群体如何在司法领域准确适用法律。不过，他们都将法律思维置于近现代的背景下，定位于维护法治实践的立场之上。故而其定义可能不完全符合中国古代社会。在中国古代，司法权由皇权派生而来，法律思维亦受制于作为主流意识形态的经学思维。但是，彼时之法律思维亦强调法官如何在司法领域中正确解释并适用法律，以应对疑难案件。其目标并非维护法治，而是在于通过平息狱讼来使社会保持“君君”“臣臣”“父父”“子子”

---

〔1〕 郑成良：《论法治理念与法律思维》，载《吉林大学社会科学学报》2000年第4期。

〔2〕 谌洪果：《法律思维：一种思维方式上的检讨》，载《法律科学》2003年第2期。

〔3〕 陈金钊：《法律思维及其对法治的意义》，载《法商研究》2003年第6期。

的稳定秩序，实现尊卑贵贱长幼之别。也就是说，传统法律思维将法律视为一种合于儒家经典的治世工具，寓教化于其中，力求通过断案、释律等方式将儒家理念普及于社会之中，以实现社会的繁荣稳定。

经义法律化促进了儒学与法律的融合，塑造了这种独特的法律思维方式。自汉代始，经典成为隐性法典，对经义的遵循成为历代法官的共识。在对司法案件的审理过程中，经义始终影响着法官的思维，成为其断案时的“前见”。因此，在断狱听讼中，当现行法律无具体规定或者适用之显然不合情理时，法官群体均倾向于通过解释而挖掘出相关法律的伦理内涵，使之应经合义；或者干脆直接诉诸经义而排斥法律规定。这可以从上文所举两汉时人以《春秋》之义裁断、评判案件的事例中得出，程树德所著《九朝律考》中亦有专门收录。此种观念并未在汉亡后消失，而是已经深入历代法官的心目中，尤其体现于承汉而立的魏晋时期。《九朝律考》中收录了魏时经义折狱史料5条，晋时经义折狱史料9条，则彼时缘经义以断案仍是一种颇为流行的司法方法，亦是法官惯用的思维模式。北魏时有“以有司断法不平，诏诸疑狱皆付中书，依古经义论决之”[1]的规定，程树德亦收录了北魏时经义折狱史料5条，北齐时经义折狱史料1条，北周时经义折狱史料2条。南朝诸律一因晋律之旧，当多重经义决狱，故可知南北朝时期亦有审案当中诉诸经义以决断的现象。自隋唐礼法合一后，经义已经融合于律文规定之中，故它在司法裁判中的地位有所降低，但其仍然是说明判决与所依据法律之合理性的重要依据。换句话说，唐以后诸律本身已然应经合义，成为经义的外在表现形式。即便如此，法官仍然习惯于援引经典来证明自己判决与所依法条的合理性。韩愈就曾指出，“夫律虽本于圣人，然执而行之者，有司也。经之所明者，制有司者也。丁宁其义于经，而深

〔1〕（北齐）魏收：《魏书·刑罚志》，中华书局1974年版，第2875页。

没其文于律者，将使法吏一断于法，而经术之士得引经以议也”[1]。有司所执行的律已与经实现了一致，故经在此的作用便是“议律”。当然，不仅经术之士得引而议之，有司亦可引而议之，这体现在他们对自己经手的疑难案件的自圆其说上。南宋的《名公书判清明集》就有以“《春秋》之义”说理论证者，如审理《出继子破一家不可归宗》一案的司法官就曾援引“《春秋》书莒人灭鄫，传者曰：立异姓为后，灭亡之道也。然春秋不罪鄫，而罪莒者，过莒之包藏祸心也”[2]来说明家祸由何存忠以己子为别人后这一行为所招致。清代名幕汪辉祖的《病榻梦痕录》中也载有以经义指导司法的案例，如在“浦四童养媳与浦四叔通奸”一案中，如何界定法律规定中不存在而社会生活中普遍存在的“童养媳”之地位，即为本案疑点。汪辉祖最终从经义中找到了答案：“《礼》，未庙见之妇而死，归葬于女氏之党，以未成妇也。今王未庙见，妇尚未成。且《记》曰：‘附从轻。’言附人之罪，以轻为比。《书》云：‘罪疑惟轻’。妇而童养疑于近妇。”[3]最后从轻判其枷号三月并离异。由这些事例可见，法官确实以法律规范来评判、分析、解决所面临的案件，但该法律规范在适用过程中本身是否具有正当性则取决于其运用于某一具体案件中能否符合经义，或者说至少不与经典之要求相背离。只有与经典之义相符合的法律才可以真正被称为法律。此种思维方式已深深植根于传统法官的心目之中，成为这一职业群体特有的思维方式。

三、法律样式方面

经义法律化对中国古代的法律样式具有深远影响。法律样式是一种

---

〔1〕（北宋）欧阳修、宋祁：《新唐书·孝友列传》，中华书局2000年版，第4295页。

〔2〕《名公书判清明集》，中华书局1987年版，第225页。

〔3〕（清）汪辉祖：《病榻梦痕录》，载上海古籍出版社编：《续修四库全书》（第555册），上海古籍出版社2002年版，第614页。

法律运行的机制与具体操作模式。武树臣教授认为,“法律样式是法律文化的重要支柱。它是法律实践活动的宏观程序,即立法和司法活动的基本工作方式。当然,广义的法律样式还应当包括法律规范的微观具体的表现形式,如法典、法规、法令、判例等”[1]。由此出发,他把世界上的法律文化类型归结为三类:成文法类型、判例法类型与混合法类型,后者的典型代表便为古代中国,即成文法与判例法共存并用、相辅相成。具言之,“国家一方面按照法定程序由专门立法机关制定成文法典作为审判的依据,另一方面也允许法官在法无明文和现行法律不宜适用之际创制、适用判例,并将这些判例加以选择、核准,纂辑成判例汇编,一俟时机成熟,便通过立法渠道将判例所体现的法律原则加工上升为法条并纳入法典”[2]。由此出发,中国法律之发展史其实就是成文法与判例法之间的互动史:成文法在法律实践中发挥的作用自不必多言,而其固有的滞后性与涵盖不完全性等缺陷也能够经由创制与适用判例而得到弥补,两者之间相互循环、互为补充。其中,作为混合法法律样式之重要组成部分的判例之形成则与经义之适用密切相关。经义实为汉以后诸多判例性法律形式(比、例等)的核心内容。

经义与判例之间的关系发端于西汉中期,归功于董仲舒的创造。作为将经义运用于司法领域的第一人,董仲舒首创春秋决事比这一法律形式。他将《春秋》中记载的事例视为古老的判例,从中发现可以适用的法律原则,再以当前情形比附之而形成裁决。这一案例连同其裁决又被作为新的判例供后世参考、援用。由此而形成的比便是春秋决事比。在这类比中具有核心地位的便是“《春秋》之义”,可以被视为整个“比”的灵魂与精华。陈顾远先生认为,“两汉至南北朝,有司依《春秋》经义而断狱,

〔1〕 武村臣:《中国法律样式的反思与重构》,载《学习与探索》1994年第5期。
〔2〕 武树臣:《中国古代法律样式的理论诠释》,载《中国社会科学》1997年第1期。

系比已行之故事为法，后世例所创始，此固不失为一种渊源，而汉代之比则更然也”[1]。他将《春秋》决事比当作后世常用之“例”这种判例形式的渊源。其实，决事比对后世的影响不仅体现在法律形式上，更体现在判例内容上。判例的主要作用之一就是在成文法健全时，着眼于情理，优先考虑特殊情况，以实现情理法兼顾。而法官之所以在断狱听讼中援引经义，亦是出于对公道、人情的考量：经典上通天意，下顺人情，正是情理的载体。“情理之说能对既定的法的规则进行实践领域的矫正或纠正。汉代春秋决狱盛行的原因之一，即是如此。后世虽未必以春秋决狱，但大量司法实践，也均仿此。”[2]故《唐律》有“原情议罪，称定刑之律而不正决之”[3]以及“临时科断，须究本情”[4]的规定。可以断言，以经义指导司法正是法官心目中实现情、理、法相统一的最佳模式。而由此形成的判例也包含了情、理、法的因素。因此，经义成为判例的主旨。古人在制定、编排判例时也往往注重对经义的吸收与借鉴。如明人杨昱所著《牧鉴》，即以经义、史例、评论三者结合而成，此当为研究与创制判例最为贴切的方法。如其在卷六“讯谳”条中首列常用之经义7条：“《王制》曰：凡五听之讼，必原父子之亲，立君臣之义，以权之。意论轻重之序，慎测浅深之量，以别之。悉其聪明，致其忠爱，以尽之。疑狱，汜与众共之。众疑赦之。必察小大之比以成之”；“《吕刑》曰：非佞折狱，惟良折狱，罔非在中。察辞于差，非从惟从。哀敬折狱，明启刑书，胥占，咸庶中正。其刑其罚，其审克之。又曰：明清于单辞”；“《中孚》大象曰：泽上有风，中孚。君子以议狱缓死”；“《周礼·小司寇》以五声听狱讼，求民情。一曰辞听，二曰色听，三曰气听，四曰耳听，五曰目听”；“子曰：‘片言可以折狱者，其由也与？’子路无

[1] 陈顾远：《汉之决事比及其源流》，载《复旦学报》1947年第3期。

[2] 霍存福：《中国传统法文化的文化性状与文化追寻——情理法的发生、发展及其命运》，载《法制与社会发展》2001年第3期。

[3] （唐）长孙无忌等：《唐律疏议·名例》，中华书局1983年版，第32页。

[4] （唐）长孙无忌等：《唐律疏议·名例》，中华书局1983年版，第85页。

宿诺。又曰：‘听讼，吾犹人也。必也使无讼乎。’”〔1〕随后又列举了历史上发生的以上述经义为指导的名人断案事迹，包括吴佑、仓慈、何敞、杜几、宋文帝、辛公义等41例，说明其断狱听讼行为做到了应经合义、情理兼顾。后再附以前人或时人的评论以印证之。这种将经义、史例与评论相结合的论述与研究模式突出了经义在判例中所起到的作用。故而我们可以断定，经义对混合法法律样式中判例之形成与发挥作用具有极大影响。此外，经义之规范性作用除在断案中被作为规则直接使用外，亦彰显于其所具有的约束力当中，而这一约束力也正得益于它是由判例中抽象出来的法律原则。从这一角度来看，经义能够被作为法律原则而指导司法实践，很大程度上得益于中国古代混合法体系中判例的存在。故经义法律化与混合法相互影响、双向互动。

当然，经义法律化也产生了不少消极影响，主要表现为以下几点：首先，其将“经”的地位置于“律”之上，使之成为一种超越法律的渊源而存在，故而法律的制定、适用以及解释不得不屈从于儒家的伦理道德要求，其固有的权威也就未能树立起来，反而使儒家经典在司法实践中渐渐凸显出至上的意义。由此，法律渐渐成为经义的附庸，法典成为经典的“婢女”，法律以及围绕其而形成的法学都未能具有独立性。其次，经书中的许多表述较为抽象，必待经师解释而明，但不同经师以及司法官对同一表述的理解与解释不同，因而其“义”便具有相当的弹性甚至随意性。而且经义彼此之间的位阶并不明确，儒家经师并没有在其适用中规定一个清晰明确的上下位关系。于是在很多情况下，不同甚至相互冲突的经义可以同样适用于类似乃至相同的案件中。〔2〕这就造成了同罪异罚的现象，并使断案标准过于灵活，为部分司法官上下其手、舞文弄墨、奉迎上意、徇私舞弊

〔1〕（明）杨昱:《牧鉴·讯谳三之五》，商务印书馆1937年版，第65页。

〔2〕比如在皇亲国戚犯罪的案例中，既可以适用《春秋》“君亲无将，将而必诛”的规定，又可以适用《春秋》“为亲者隐”的规定，而这两条规定恰恰是直接对立的。

提供了便利之门。于是，吏治与司法的腐败便更容易产生。最后，经义法律化将经典之义理当作法律原则乃至法律规则来适用，其实质是一种意识形态的法律化，即直接将官方主流哲学作为法律的内在精神，一切具体规定都必须以彰显这一主流哲学为目标。在此基础上，法律就彻底变成了政治的工具，完全沦为统治者控制与管理民众的手段。在尤重长幼尊卑的经学意识形态的影响下，维护、规范等级秩序的法律便显得异常发达，而确认、保障个人权利以及调整平等主体关系的法律便相对落后。这便造成了传统法律体系的畸形发展，阻碍了传统社会向近代社会的转型，使权利、自由、民主等近现代概念范畴无法具备产生与发展的意识与制度土壤。

第二节　当代价值

经义法律化对中国古代社会的影响已如上述。由于其产生并被运用于传统社会，且存在一系列弊端，因此其与当前建设法治社会的时代主题似乎格格不入。但细细考察后不难发现，其绝非一无所用应被彻底否定的糟粕，而是在当前的法治建设中具有一定的可借鉴性。

一、道德的辅助作用

从当代视角出发，经义之要求实为一种道德义务。所谓道德义务，是指“道德上带有强制性的应尽的责任或要求”[1]，任何违背了道德义务的行为都是道德上不允许的行为，应受到人们的遣责，却不一定遭到法律的

〔1〕 陈真：《道德义务与超道德的行为》，载《伦理学研究》2008年第5期。

制裁。而法律义务则是指法律预设的对某人为或不为某种行为的强制性要求，违背法律义务者必然遭到法律的制裁。两者本有较大区别。但在传统中国似乎不然。从宏观上来看，自两汉始，法律往往作为统治者践行经典政治的工具而存在，故任何违反经典中所规定道德义务的行为都会承担法律责任，受到法律制裁，此即“礼之所去，刑之所取，失礼则入刑，相为表里者也”〔1〕。从这点来看，两种义务合二为一。举例而言，忠与孝是经义所要求的道德义务，忠君与孝父是为人之本。“无父无君，是禽兽也。”〔2〕同时，不忠不孝又皆为重罪，会遭到法律的严惩，因此又可以被视为法律义务。进而论之，在皇权的控制下，道德有法律的威严，法律有道德的精神，故无论是法律的儒家化，还是经义的法律化，其实就是道德与法律的混同。关于这点，陈顾远先生在论述中国文化的精神时，曾有一段精辟的言语：“道德与法律的关系乃系一个本质两个概念，国家社会需要道德而为治时，便归之于道德；需要法律而为治者，便归之于法律。两者既非异源异流，也非同源同流，更非同源异流，乃同质异态的一种事物而已！换句话说，道德与法律无非一个‘法身’两个‘法相’，需要慈祥相时便露出道德的面孔，需要庄严相时便露出法律的面孔，从而在其发挥‘法力’上也就有了绝大的不同。”〔3〕陈先生生动而形象地为后代学者阐明了传统中国道德与法律之间的关系：两者为一个事物的两个不同方面，集教化性与惩罚性于一体。因此，中国古代的法律被称为伦理法或道德法也就不足为奇了。

在当代法治社会，我们当然不能如人治社会一般将法律义务与道德义务混同，以强制手段要求一般人履行道德义务。究其根本，则是两种义务

〔1〕（刘宋）范晔：《后汉书·郭陈列传》，中华书局1965年版，第1554页。

〔2〕（东汉）赵岐注，（北宋）孙奭疏：《孟子注疏·滕文公章句下》，北京大学出版社1999年版，第178页。

〔3〕陈顾远：《从中国法制史上看中国文化的四大精神》，载《中国文化与中国法系：陈顾远法律史论集》，中国政法大学出版社2006年版，第56页。

不分使公权力过于强大，个人权利易受侵害，不符合法治社会以权利约束权力的基本理念。“法律义务和道德义务不分使国家和公民各自应尽的法律义务模糊不清了，从而无法约束公权力。它使本来仅仅属于公民的道德义务，却因国家公权力的肆意扩张而变成了‘法律义务’，如果不能履行这种‘法律义务’，公民将会受到严厉制裁；与此相对，本来属于国家法律义务的，却因没有法律强制力作为后盾，而变成了单纯的道德义务。因此追根溯源，正是由于法律义务和道德义务没有明确的区分造成了法律不能约束公权力这一现象。”〔1〕故以法律手段来行德教已被法治国家所摒弃。不过，法治社会虽然要求法律之治，排斥德主刑辅的传统治理模式，但并不反对道德自身的作用。相反，我们应当重视道德在社会生活中所起的作用，人们具有较高的道德素养反而更有利于实现法治。众所周知，法治建设必须存在于一定的社会文化环境之中，这是任何立法者与决策者都必须认识的现实，离开文化环境而空谈法治建设是不切实际的。就中国之情形而言，由于儒家思想几千年来一直处于主流意识形态的地位，因而整个社会文化都以德教礼让为核心。在法律实践中，道德更是积极介入，经义的法律化与法律的道德化便是其重要表现。而传统法律之所以能在几千年中有效地稳定社会秩序，亦可归功于儒家道德的支持与主导。这种“德主刑辅”“明刑弼教”的法律文化环境经历了几千年的积淀，已经深入人心，影响直至今日，不可能立即改变。此为部分学者心目中建设法治国家在文化层面可能遇到的最大障碍。其实，这种传统道德对于传统法律运行的有效支持不仅是我们必须承认的事实，而且应当成为当代法治建设中吸纳道德为之服务的历史依据。换言之，既然我们无法彻底摆脱传统社会带来的影响，那么就应当正视道德在社会生活尤其是政治生活中所起的作用并加以利用。在当今的法治进程中辅以道德建设亦不失为一条行之有效的进

〔1〕 袁建平：《构建和谐社会应区分法律义务与道德义务》，载《清华法学》2010年第5期。

路，其所具有的优势至少有以下几点：首先，推广道德教育能够使民众提高自身的道德修养，从而更主动、自觉地守法，减少违法行为的发生，从而降低了适用法律的成本。其次，有德者受人尊敬，其立法、执法、司法也更容易令民众信服与认可，从而减少了法律在制定与实施中可能出现的阻力。而且通常来说，只有有德者才可能制定良善的法律，并积极推动法律的实现，使法治朝着正确的方向运作。最后，通过考察大量史料可知，道德教化相较于法律规定而言更有利于移风易俗。即是说，推广德育更便于改造传统习俗使之适应现代社会，亦利于在潜移默化中使人们形成符合法治社会的行为习惯。这一切都在于道德是一种内在行为准则，是一种“攻心之术”，即能够使人自觉去为或不为某种行为。这较之于具有外在强制性的法律而言具有一定的优势。因此，我们虽然不能要求道德在法治进程中发挥决定作用，却仍可以利用、借鉴传统而使之发挥辅助作用。

二、法官的主观能动性

经义能够实现法律化，直接作为一种规范被应用于司法活动与法律解释活动当中，同司法官个人的推动密不可分。正是以董仲舒为代表的儒家司法官在实践中活用经义以断案，才使它能够以一种法律原则的形式进入司法领域，从而开启了以司法推行德教进而践行经典政治的举动；也正是这样一批司法官与律学家以经义解释汉律，以汉律比况经义的举动使经义能够直接成为一种法律规则被运用于政治活动中，从而导致了经律融合、礼法合一等现象的发生。因此，在传统社会，法官在司法活动中的作用不容小觑。从另一个角度而论，对法官个人能力与素质的重视亦是混合法国家的主要表现与必然要求。由上面论述可知，混合法这一法律样式的特征便是成文法与判例法并用共存，且相互转换吸收。当成文法难以被贯彻实施或者其在实施过程中出现不符合当前社会之实际情形时，就应当允许法官凭借自己的认识来创制或适用判例，以应对司法中出现的新问题。历代法律条文都规定允许法官比附类推便是最好的例证。汉高祖七年（公元前200年）诏曰："自今以来，县道官狱疑者，各谳所属二千石官，二千石官以其罪名当报之。所不能决者，皆移廷尉，廷尉亦当报之。廷尉所不能决，谨具为奏，傅所当比律令以闻。"〔1〕《唐律·名例律》云："诸断罪而无正条，其应出罪者，则举重以明轻；其应入罪者，则举轻以明重。"〔2〕《大明律·名例律》云："凡律令该载不尽事理，若断罪而无正条者，引律比附。应加应减，定拟罪名，转达刑部，议定奏闻。"〔3〕《大清律例·名例律》云："凡律令该载不尽事理，若断罪而无正条者，（援）引（他）律比附，应加应减，定拟罪名，（申该上司）议定奏闻。"〔4〕即是说，法官在律无明文规定而比附他律的过程中，正是通过自己的理解与解释将他律之义运用到当前的案件审理之中，形成了新的裁决结果，进而在实际上完成了判例创制。正所谓"法者，治之端也；君子者，法之原也"〔5〕，法官在法律实践中的重要地位可见一斑。由于法官个人的能力与素质在断案中比较关键，因此在传统社会中，合格法官应该既知法律的规定，又晓法律的原理，尤其是后者。因为在无法适用法律的规定时，体现法官首创精神的正是其对法律的原理的理解与运用。只有这样，法官才能做到"其有法者以法行，无法者以类举"〔6〕，合理公正地解决司法当中遇到的难题，以维护社会的稳定。

在我国当前建设法治国家的进程中，法官个人在司法中的作用也应当得到重视，其主观能动性应得到一定程度的认可。"法官在法律适用中发挥主观能动性就是法官以经历、学识、素质、能力为基础，受道德、利益、

〔1〕（东汉）班固：《汉书·刑法志》，中华书局1962年版，第1106页。
〔2〕（唐）长孙无忌等：《唐律疏议·名例》，中华书局1983年版，第134页。
〔3〕《大明律·名例》，怀校锋点校，法律出版社1999年版，第23页。
〔4〕马建石、杨育棠主编：《大清律例通考校注·名例律下》，中国政法大学出版社1992年版，第305页。
〔5〕（清）王先谦：《荀子集解·君道》，中华书局1988年版，第230页。
〔6〕（清）王先谦：《荀子集解·王制》，中华书局1988年版，第151页。

观念等多种复杂因素的驱使，对法律作出理解与解释，对证据进行分析和认定，从而对案件作出判决的活动。”[1]在人们权利意识不断增强、诉讼大量增多的背景下，法官不能够只做博闻强记的司法工匠，还应该做有一定自由裁量权的法律解释者甚至是创制者，这样才能够更好地应对现实中遇到的新问题，在不失司法裁判确定性的前提下保证其具有一定的灵活性。具言之，法官在司法中发挥其主观能动性具有以下几点优势：其一，能够填补成文法本身所具有的漏洞。成文法所调节的行为往往都是其制定时最为一般且对绝大多数人皆可适用者。立法者在立法时难以将日后可能发生的情形全部纳入法律条文的规制之中，而时代的发展与社会的进步又使新情形的出现不可避免。故成文法就当然地具有一定的滞后性而可能无法解决新问题。此外，立法者也不可能将每一种特殊情况都考量在内，故而其只能抽象地规定某些最为普遍的行为，因此某些规定可能在特殊案件中并不合理。在这两种情形下，法官的主观能动性便可以发挥作用，其可以在不违背法律精神的前提下通过对法律条文的解释而使该案件得到解决，从而有效弥补成文法无明文规定或规定不合理所造成的漏洞。其二，是实现实质正义的必然要求。立法者以合法的程序制定普适的法律，司法官以合法的程序依据成文法进行司法裁判，则形式正义已然实现。但实质正义却有可能被忽视。表现在司法实践中，就是个案正义恐难以得到保证。如前所述，成文法先天地具有抽象性与滞后性的特点，而现实生活中的案情却复杂多样，因此仅仅依据法定程序并援用成文法来审理案件可能反而造成结果的不公。而司法官发挥其主观能动性便能最大限度地克服这一问题：其可以将案件当中的特殊情形考量进去，并且以社会中普遍认可的价值观念为参考，辅以自己的司法经验来灵活审理，从而实现个案处理的公正。也就是说，经由法官的主观能动性，普遍的法律规范与具体

---

〔1〕 董皞：《法律适用中的法官及其能动性》，载《法律适用》（国家法官学院学报）2001年第8期。

的事例在司法实践中实现了统一，抽象的法律规则实现了具象化。这一过程既可能是一个法律解释的过程，也可能是一个创制与适用判例的过程。事实上，后者往往更需要法官的主观能动性：法官需要凭自己的经验与知识选择裁判规则、识别类似案件并进而类推比附法律条文或参考先前判例。总之，在应对变化无穷的现实之时，法官之主观能动性对案件的合理裁断所起到的作用是巨大而不容忽视的。

三、民众的接受能力

自武帝独尊儒术后，经义渐渐成为社会各个阶层所接受并信奉的普遍性准则，经典则成为几乎可以适用于社会各个方面的隐性法典。在这种经学空前兴盛的背景下，加之整个统治阶层对经典政治的践行与推广，普通民众对经学的热情远远胜过对法律的关注，经义的普及程度当远远大于汉律。普通民众学习经典的情形有据可查。《四民月令》云：正月“农事未起，命成童已上入大学，学《五经》，师法求备，勿读书传”[1]；“十一月……研冰冻，命幼童读《孝经》、《论语》、《篇章》、‘小学’”[2]；王国维先生也提出，“以后世之制明之：‘小学’诸书者，汉小学之科目，《论语》、《孝经》者，汉中学之科目，而‘六艺’则大学之科目也”[3]。则汉代授经习经风气浓厚，经典甚至已经进入乡村，成为幼童启蒙教育的一部分。这点恐是汉律所不能比拟的。因此，经义在社会生活中的接受程度比之于汉律而言较高。或者说，民众对经义往往更为信服，也更为心甘情愿地以此为依据来规范自己的言行。从这一点来看，不妨认为汉儒的经义折狱与经律互注其实就是将汉律之条文规定变得更容易为普通民众所理解与接受。有学者

---

〔1〕（东汉）崔寔撰，缪启愉辑释：《四民月令辑释》，农业出版社1981年版，第2页。

〔2〕（东汉）崔寔撰，缪启愉辑释：《四民月令辑释》，农业出版社1981年版，第104页。

〔3〕王国维：《观堂集林·汉魏博士考》，中华书局1959年版，第109页。

认为，“与其说‘春秋决狱’是判者们向儒家经典的俯首称臣，不如说是他们向民俗的妥协，或者是向民众日常生活方式的妥协”〔1〕。这一观点或许有过度突出传统司法官审判为民之嫌，但确实指出了民众之接受力在司法实践中的作用。如果裁判结果能够与民情民俗相一致，或者至少不与之相悖，则更容易为两造所信服，并赢得他们对这一结果的尊重与奉行，进而有利于维护社会的稳定与和谐。而经义作为深入民心的隐性准则，恰恰是连接政治与生活的桥梁，其说教性的语言表述同律文之惩罚性的话语系统相比对民众当然更具有吸引力，因而对他们而言也就更具有接受力。由此而论，经义折狱、援经入诏以及经律互注等行为的确有利于将普通民众纳入政治活动中来，使其自觉接受国家法律的管理。也正缘于此，历代立法者与司法官均尽力将国法与天理人情相结合，不仅使其得到政权的强力保证，还意图得到民众的真心拥护。“殊不知法意、人情，实同一体，徇人情而违法意，不可也，守法意而拂人情，亦不可也。权衡于二者之间，使上不违于法意，下不拂于人情，则通行而无弊矣。”〔2〕由此可见，将经义融入法律实践中并实现两者的一致正可以使民众自觉、主动地接受裁决及其所依据的法律，进而贯通上下两个阶层，在推行德化惩治犯罪的过程中实现社会与国家的稳定。

在当前法治国家的建设中，民众对法律的接受力也是一项十分重要的考量因素。法律只有在实践中获得了民众的支持和接受，才能真正取得统治和治理的实际效果。也就是说，依法断案并不意味着完全排斥人情，因为在某种程度上，判决需要得到当事人双方的认可才能够真正发生效力，而司法亦需要得到民众的支持才能够真正成为一种行之有效的救济手段。欲实现这一目标，笔者认为应注意以下几点：其一，司法裁决本身非但应

---

〔1〕 谢晖：《中国古典法律解释的哲学向度》，中国政法大学出版社2005年版，第157～158页。

〔2〕《名公书判清明集》，中华书局1987年版，第448页。

当减少触动社会基本道德的可能，反而应当在有条件的情形下彰显社会道德的内容与价值。如果能够在不损害法律尊严与权威的前提下，于裁判的说理过程中加强其与道德的联系尤其是与体现于其中的社会基本价值观念的一致性，其实更有助于裁判的落实与执行，因为温情脉脉的道德比之于冰冷严肃的法律而言往往更能被普通百姓所理解与接受。其二，裁决的社会效果应当被酌情考虑在内。依法断案确实要求法官以事实为根据、以法律为准绳去审理与宣判案件，但这并不是说整个司法就是一个完全不考虑任何法外因素的封闭系统。相反，司法裁决不应当忽视自身所带来的社会影响。如果一味地标新立异或者夸大依法的作用而彻底不顾及民众的反应，则该裁决本身就有可能失去民众的信任，司法行为也就存在失去群众基础的风险。长此以往，司法便会失去活力与信服力，法律条文也难以得到民众的认可与支持，更不必谈及遵守与信仰。因此，在坚持依法审判的前提下，考虑裁判是否为当事人双方乃至一般民众所接受以及其可能产生的社会效果就显得十分重要。从法律产生的背景来看，正是一国独特的人文社会环境孕育了该国的法律，故法律自产生之日起便带有较为深厚的人文烙印。这是不可避免也不应避免的。因此，法律的执行与适用便应当顺应这一本土文化环境以求为长期生活于该环境之中的民众所接受。一旦自诩为司法精英的法律职业者与民众脱节，在某些基本观念上发生较大冲突，那么法律之根基就不再稳定，其内容本身也会充满争议。这样的法律难以得到遵守，以此为依据的司法行为也就不易得到认同。因而，无论着眼于传统还是立足于当今，民众对司法的接受力都是司法官所不得不考虑与重视的，亦是法治社会顺利实现与否的重要因素。

结　语

经学是古代中国的主流意识形态，是传统社会学术文化的正统。古人视经为常道常典，经学便是研究恒常不易之准则的学问。在社会生活中，这一学问具有极大的功效："经学可以规定私人与天下国家之理想，圣君贤相经营天下，以经学为模范，私人生活以经学为楷式，故评论政治得失，衡量人物优劣，皆以经学为权衡，无论国家与私人之设施，皆须于经学上有其根据，经学与时王之律令有同等效用，而经学可以产生律令，修正律令。在吾国人心目中，国家之法律不过一时之规定，而经学则如日月经天，江河行地，万古长存，董生言'天不变，道亦不变'，是也。"〔1〕在古人心目中，经学成为包含一切的典籍，其义理成为衡量一切的标准。而这一标准实源于上天，是天意的体现，因此天不变，此标准便不变。这也是经学之义理得以被视为法律的重要原因之一。故"由秦汉至明清，经学为中国民族无上之法典，思想与行为、政治与风习，皆不能出其轨范"〔2〕。

古人对经学文献的研习传统由来已久。早在三代王官学时期，贵族集团所必须学习的典籍当中就已经蕴含了经学文献的雏形。《诗》《书》《礼》《乐》自不必多言，《春秋》虽为史书，但因其有以古明今的作用也受到了重视。唯有《易》作为卜筮之书被藏于太卜。王官学衰败后，出现了一批在民间研习与传授此类典籍，并以之为依据规范自己行为者。孔子就是其中之一。而他之所以能够在这些人中脱颖而出，成为公认的儒家创始人，

〔1〕 李源澄：《经学通论》，华东师范大学出版社2010年版，第4页。
〔2〕 蒙文通：《经学抉原》，上海人民出版社2006年版，第209页。

原因就在于其删定、整理、重述了这些典籍，使之成为后世遵奉的经典，并以此为据提出了自己的政治主张。以研习、教授、传播、践行这些经典为目的的学派便是儒家，其产生于春秋时期。至战国时期，儒家学派的理念一度成为显学，吸引了诸多信徒。彼时儒家经典得到了广泛普及，诸子言论中援六艺典籍为证者亦不在少数。但在大动荡大变革的乱世之中，空言经典中的仁义道德未免过于迂腐，以之为依据所提出的德治、礼治等政治理想又有些不切实际，反而阻碍了专制主义中央集权国家的产生与发展，因此战国中后期的新型君主均不甚重视儒家经典在治国当中的作用，转而信奉倡导法术势相结合的法家思想。秦统一后，因循并强化了这一政策，但其“专任刑罚”的方式最终导致了二世而亡的结局。继秦而起的汉王朝不得不在继承秦朝成熟政治制度的基础上反思并寻找新的治国理念。鉴于此，儒家经典又重新焕发了活力。以董仲舒为代表的汉代新儒家在运用阴阳五行方法、天人感应理论对经典中寄寓的儒家理念进行整合与重述后，儒家经典渐渐为汉代统治者所认可与青睐，迅速由先秦一家之言成为当时之主流意识形态与政治统治哲学，经学也真正成为一门官方的学问。经过儒家经师与汉代统治者的共同努力，儒家思想广泛渗透到汉代的政治、经济、思想、文化和生活等方面，经典之义成为社会各阶层的人们信奉和遵循的原则，从而形成了一种社会共有的价值观念和心理结构。当在社会实践活动中遇到重大问题时，经典中所蕴含的儒家仁义道德成为时人特别是统治阶层的“前见”和判断标准，指导着他们处理社会生活尤其是政治生活中的难题。因此才会出现皇帝与官吏的行政行为皆以经典为据的现象，以及统治者与儒家学者以经典中所载制度为蓝本的复古改制运动。而在汉代国家制度中，最能体现法家秦政残余影响的便是因袭秦律而来的法律制度，其尤为汉儒经师所不容，故反思、检讨不符合经义精神的汉律成为汉儒推行经典政治的突破口。但此时全盘推翻作为帝国根基的旧律并制定新律是不现实的，因此便出现了“引经折狱”“援经入诏”的现象，将经典义理渗透到司法与立法当中去，以驱除律令中的法家因素而使其彰显出儒家精神，由此也就开启了两汉“经义法律化”的进程。东汉时，明习经律的律学家以经义与律意互注，一方面将汉律改造成符合经典要求与汉儒理想的儒家式法律，另一方面使经义获得政治上的强制性与权威性。在他们的努力下，两者之间出现了交融乃至合一的趋势。经义进一步实现法律化，经典也真正具有了法典的意味。故从经学发展与传播的角度来看，经义之法律化是经典成为官方意识形态载体的必然结果。

经义法律化进程之所以不断加深，得益于两方面。其一，儒家经典自身的特质。也就是说，经典本身就具有能够成为规范性文本的可能性。这主要源于其中含有儒家所认可的天道、道德、王教、礼制等隐性规范。在儒家看来，这些规范正是建设并维持一个政权所必须的，是稳定和巩固社会秩序的基础，任何人都不可违反。虽然这些隐性规范因载于经典而非法典中而不具有必然的约束力，也没有国家强制力的介入，但在儒家团体之中却早已成为法律准则一样的存在。故有“夫儒者以六艺为法”〔1〕以及“六(学)[艺]者，王教之典籍，先圣所以明天道，正人伦，致至治之成法也”〔2〕之说。换言之，其本身作为承载王教的“政典”就具有规范人之外在行为的可能，只不过在国家政权对之认可与推广之前缺乏强制力的保障。更进一步来看，六经不仅作为一个整体因承载着理想社会中的制度而能够成为法典，还因每一经在塑造人格方面有不同的作用与影响。孔子认为，“其为人也温柔敦厚，《诗》教也。疏通知远，《书》教也。广博易良，《乐》教也。洁静精微，《易》教也。恭俭庄敬，《礼》教也。属辞比事，《春秋》教也”〔3〕。司马迁认为“《礼》以节人，《乐》以发和，《书》以道事，《诗》以达

〔1〕(西汉)司马迁:《史记·太史公自序》，中华书局1959年版，第3290页。
〔2〕(东汉)班固:《汉书·儒林传》，中华书局1962年版，第3589页。
〔3〕(东汉)郑玄注，(唐)孔颖达正义:《礼记正义·经解》，北京大学出版社1999年版，第1368页。

意,《易》以道化,《春秋》以道义"[1]。也就是说,《诗》《书》主要培养人的志向与智识;《礼》《乐》主要规范人的言语与举止;《易》《春秋》主要为人揭示天道与人事之规律。因此,欲成就儒家的理想人格,必须要接受经典的熏陶,以六经之每一经的要求严格约束自己,提高自己的内在修养与外在能力。故将经典本身视为规范性文本毋庸置疑。其二,统治者与儒家经师的合力推动。就皇帝而言,除汉初的高祖、惠、文、景四帝外,其余汉代诸帝均具有较高的经学素养。这实得益于武帝将儒家思想作为统治术,并将研习经学作为一种政治导向。于是,皇帝自幼就接受儒家经典的熏陶,熟读并通晓经书大义,以之作为治国之具。而且他们也看到了经典作为推行德教的载体所具有的优势,即在体现出重民尊君的同时,以一种温和的形式令民众从内心自愿履行所应承担的义务、服从自己的统治。故西汉中期以后的皇帝均大力提倡经学,通过立五经博士、设"弟子员"、兴太学郡国学等一系列措施,确立了经学在政治意识形态中的中心地位。在这种氛围下,经学思维主宰着士人阶层,经义成为士人的行为准则。大量因明经而成为公卿大夫以及地方官员者便以之作为为政处事、听讼断狱的理论依据,故以经术润饰吏事成为一种时尚。许多先前未曾研习经书的官僚受此风气影响也渐渐接受了经学的价值取向。儒家经师也在促成并维持这一局面中发挥了极大的作用。他们在地方上"各教授门徒,每一宿儒,门下著录者至千百人,由是学遍天下矣"[2]。于是经学思想传播甚远,妇孺皆知。而且在以经师为核心所形成的儒家学术团体中,师生关系本身便类似父子关系,反映尊卑孝悌之道。或者说,在经学研究盛行的背景下,出现以孝悌之道构建起来的儒家学术团体这一现象本身就是经义社会化的一个重要表现。同时,儒家经师还常常在社会生活中践行经义的要求与礼制

---

〔1〕(西汉)司马迁:《史记·太史公自序》,中华书局1959年版,第3297页。

〔2〕(清)赵翼:《陔余丛考》,商务印书馆1957年版,第296页。

的规定。其往往借助团体的力量演示、普及蕴含经义的礼仪行为。而在这种示范行为的带动下，吏民们仿而效之，经义便借由这种表现形式被他们所接受，在潜移默化中得到了传播与推广。当这些名儒被官府甚至皇帝本人征辟之后，其便能够在权力核心中发挥一定的影响力，亦有助于经典政治的推行与经义的法律化。此外，他们还常以兼明经律著称，以经义的教化性改造汉律，又以汉律的强制性保障经义，使两者之间产生互动，相得益彰，成为互助互融的治世工具。

而经义的法律化也确实对两汉乃至整个古代社会产生了深远影响，亦可为当今的法治建设提供一定的借鉴。就两汉之时而言，经义之规范性作用对维护社会稳定起到了极大的作用，其最主要之表现便是对人之行为起到了较大的约束，“故人识君臣父子之纲，家知违邪归正之路”〔1〕。也就是说，作为“礼”之集中表现的“孝”与“忠”为两汉统治者构建了一套尊卑分明、善恶有别的社会秩序，而处于这一秩序之中的普通民众能够自觉接受统治者的管理，并潜移默化地将经义作为指引、约束、规范自己行为的准则。在这样一种氛围中，“君君”“臣臣”“父父”“子子”由于成为人们的共识便在基本上得到了贯彻落实。遵守君臣父子之纲者得到了舆论的称赞、皇帝的奖励与法律的优待，而破坏君臣父子之纲者则遭到舆论的批判、皇帝的惩罚与法律的制裁。因此即便是在外戚、宦官、豪强等政治势力专权擅治时，也不得不在形式上尊重幼小或昏庸的皇帝，维护尊卑上下之序，尤其不敢冒天下之大不韪废帝自立，这皆因“人诵先王言也，下畏逆顺埶也”〔2〕，与经义之规范作用深入人心不无关系。由此出发，后人视两汉为帝制中国风俗政教最美之时亦不无道理。汉亡之后，经义法律化趋势并未消失，反而继续发展下去。汉末形成的以“累世经学”为特征的士族大家在

〔1〕（刘宋）范晔：《后汉书·儒林列传下》，中华书局1965年版，第2589页。
〔2〕（刘宋）范晔：《后汉书·儒林列传下》，中华书局1965年版，第2589页。

魏晋南北朝时期扮演了重要的角色。他们在智识层面所起到的垄断作用不得不引起帝王的重视，从而给予他们较高的政治地位，将他们吸引到新政权当中来。其表现之一就是与其一同制定新法典。由于深受经学的熏陶，这些士族成员在立法中便直接规定了经典中描述的理想制度，如八议、五服、官当、十恶等。于是，一系列以经典所载为依据的制度便得以在魏晋南北朝时出现，并被隋唐所继承，进而影响到宋元明清。因此经义法律化对法律适用的模式与法律制定的标准均有重要影响。此外，其亦影响着法律思维与法律样式。就法律思维而言，经义成为儒家司法官的“前见”，始终影响着其关于定罪量刑的判断。因此，经义与法律共同成为断狱听讼的依据：“诸立议者皆当引律令经传”〔1〕，“若非礼律所载，不得妄为判章，出外所犯之罪”〔2〕。而当法律无明文规定或者适用该规定不合常理时，已具有经学“前见”的司法官便会通过解释法律使之应经合义，或者直接诉诸经义。这成为汉以后形成的传统法律思维模式最为典型的特征之一。就法律样式而言，“汉代儒家之经学，既研究经文又研究经例，如礼经、礼例。把这种方法运用到法律上面，自然又研究法条，又研究法例。因此，汉代形成的混合法与经学传统及方法是分不开的”〔3〕。尤其是判例之形成与经义之适用密切相关。在许多情况下，经义实为汉以后诸多判例性法律形式的核心内容。经义上合天意，下顺人情，正是情理的载体，其可以在实践领域对既定的成文法规则进行矫正。这正是运用判例所欲实现的目的。故历代统治者在制定、编排判例时往往注重对经义的吸收与借鉴。作为深远影响中国古代社会的一种司法现象，经义法律化在当今也有不少值得借鉴之处。首先，传统社会中德主刑辅的治理方式虽已为法治社会所排斥，

---

〔1〕（唐）房玄龄：《晋书·刑法志》，中华书局1974年版，第939页。

〔2〕傅璇琮、徐海荣、徐吉军主编：《五代史书汇编》，杭州出版社2004年版，第2194页。

〔3〕武树臣：《法家的师承：出乎儒而返乎儒》，载《山东大学学报》（哲学社会科学版）2017年第1期。

但法律之治并不天然地反对道德本身的作用。道德的支持与引导正是法律得以长久、有效稳定社会秩序的关键所在。因此，道德在社会生活中所起的作用应当引起重视。人们具有较高的道德素养更有利于自觉守法，而且道德高尚之人所制定的法律才真正是法治所要求的“良法”。其次，法官个人在司法中的作用也应当得到积极认可，即赋予其一定的自由裁量权，允许其解释法律甚至在一定程度上创制判例。只有这样才能够更好地应对现实中遇到的新问题，填补成文法因滞后性、抽象性等固有缺陷所造成的法律漏洞，实现形式正义与实质正义的统一。最后，由于判决发生社会效果需要得到双方当事人的真心认可，司法真正成为一种行之有效的救济手段亦需要得到民众的支持，故依法断案并非将人情因素完全排除在外。因此在司法实践中应当适度彰显社会道德的内容与价值，并将裁决的社会效果酌情考虑在内，尤其注意考量普通民众对判决结果的可接受性。

参考文献

一、图书

1.(西汉)陆贾:《新语校注》,王利器校注,中华书局2012年版。

2.(西汉)刘安:《淮南子集释》,何宁集释,中华书局1998年版。

3.(东汉)刘熙:《释名》,中华书局2016年版。

4.(西晋)孔晁注:《逸周书》,浙江大学出版社2021年版。

5.(东晋)习凿齿:《汉晋春秋通释》,(清)汤球、黄奭辑佚,人民出版社2015年版。

6.(唐)徐坚等:《初学记》,中华书局1962年版。

7.(南宋)徐天麟:《西汉会要》,上海古籍出版社2006年版。

8.(南宋)徐天麟:《东汉会要》,上海古籍出版社2006年版。

9.(清)朱彝尊:《经义考》,吉林出版集团有限责任公司2005年版。

10.(清)王先谦:《汉书补注》,中华书局1983年版。

11.(清)王引之:《经义述闻》,上海古籍出版社2016年版。

12.(清)薛允升:《唐明律合编》,法律出版社1999年版。

13.《八家后汉书辑注》,周天游辑注,上海古籍出版社1986年版。

14.蔡万进:《张家山汉简〈奏谳书〉研究》,广西师范大学出版社2006年版。

15.陈苏镇:《〈春秋〉与"汉道"》,中华书局2011年版。

16. 韩星:《儒法整合:秦汉政治文化论》,中国社会科学出版社2005年版。

17. 金春峰:《汉代思想史》,中国社会科学出版社2006年版。

18. 李零:《郭店楚简校读记(增订本)》,中国人民大学出版社2007年版。

19. 吕思勉:《吕思勉读史札记》,上海古籍出版社1982年版。

20. 钱基博:《经学通志》,上海古籍出版社2011年版。

21. 邱汉平:《历代刑法志》,商务印书馆2017年版。

22. 瞿同祖:《汉代社会结构》,邱立波译,上海人民出版社2007年版。

23. 苏力:《法治及其本土资源》,中国政法大学出版社1996年版。

24. 孙德谦:《诸子通考》,华东师范大学出版社2013年版。

25. 王云度:《秦汉史编年》,凤凰出版社2011年版。

26. 谢桂华等:《居延汉简释文合校》,文物出版社1987年版。

27. 徐复观:《两汉思想史》,九州出版社2014年版。

28. 许雪涛:《公羊学解经方法:从〈公羊传〉到董仲舒春秋学》,广东人民出版社2006年版。

29. 杨鸿烈:《中国法律发达史》,中国政法大学出版社2009年版。

30. 于振波:《秦汉法律与社会》,湖南人民出版社2000年版。

31. 张涛:《经学与汉代社会》,河北人民出版社2001年版。

32. 赵伯雄:《春秋学史》,山东教育出版社2004年版。

33. 朱维铮:《中国经学史十讲》,复旦大学出版社2002年版。

二、学术论文

1. 陈壁生:《经义与政教——〈孝经〉"天地之性人为贵"为例》,载《中国哲学史》2015年第2期。

2. 陈长琦:《汉代郡政府行政职能考察》,载《暨南学报(哲学社会科学版)》1993年第4期。

3. 陈金花:《略论汉代循吏和酷吏的治政策略》,载《中州学刊》2009年第2期。

4. 陈锐:《中国传统律学新论》,载《政法论坛》2018年第6期。

5. 党超:《论两汉风俗观念的政治文化特性》,载《史学月刊》2012年第5期。

6. 丁佳伟:《两汉诏令中的皇帝身份——从“奉宗庙”到“承大业”》,载《史学月刊》2017年第3期。

7. 丁四新:《“灾异”新论:灾异、灾异思想与经学灾异说》,载《广西社会科学》2022年第3期。

8. 过常宝:《“春秋决狱”:汉儒话语权力的构成和实践》,载《北京师范大学学报(社会科学版)》2010年第1期。

9. 郭栋:《法理概念的经义指向及近代转型》,载《法制与社会发展》2021年第3期。

10. 吕宗力:《汉代“妖言”探讨》,载《中国史研究》2006年第4期。

11. 秦际明:《论汉代经学师法、家法与学官制度》,载《中国哲学史》2016年第3期。

12. 王成、武晓沙:《汉代主流政治价值观构造的理路——以“忠”为对象的解读》,载《山东大学学报(哲学社会科学版)》2011年第4期。

13. 王尔:《〈汉书·五行志〉“傅〈春秋〉”的逻辑结构与灾异家谱系构建》,载《中南大学学报(社会科学版)》2021年第3期。

14. 王志强:《清代成案的效力和其运用中的论证方式——以〈刑案汇览〉为中心》,载《法学研究》2003年第3期。

15. 谢维扬:《经典的力量:中国传统的现代去路——从汉代经学的发展对中国古代文献传统形成的影响谈起》,载《上海大学学报(社会科学版）》2011年第2期。

16. 喻中：《依经治国：董仲舒开创的法理命题》，载《清华大学学报（哲学社会科学版）》2021年第3期。

17. 张朝阳：《张家山〈二年律令〉与〈风俗通义〉中两则案例的对读》，载《史林》2009年第4期。

18. 张峰屹：《两汉谶纬考论》，载《文史哲》2017年第4期。

19. 张烁：《秦汉"三公"话语的生成及文化分析》，载《法学评论》2020年第4期。

20. 朱腾：《再论两汉经义折狱——以儒家经典与律令的关系为中心》，载《清华法学》2011年第5期。